KB069557

폴 틸리히의
인간이해와 기독교상담신학

임경수 저

학지사

(Paul Tillich, 1886~1965)

"틸리히는 인간 삶의 전 분야를 신학의 주제로 삼았기에 그의 신학지평은 그만큼 넓은 화폭을 가졌다. 그는 현대의 모든 신학자와 구별되는 예외적인 거인이다(New York Times, 1965. 10. 25.)"

서문

틸리히에 대한 사상, 특별히 심리학과 신학의 관계성에 대한 그의 학문 세계에 늘 관심이 있었는데, 이 책을 쓸 수 있는 기회를 얻은 것에 대해 감사드린다. 필자와 틸리히의 학문에 대한 인연은 유학시절 두 분의 선생님과 연관된다. 석사 시절 지도교수였던 애쉬브룩(J. Ashbrook) 교수와 박사과정의 지도교수였던 무어(R. Moore) 교수이다.

애쉬브룩 교수는 암 투병 중이었지만, 상담학자로서 자신이 앉아 있는 도서관 자리에 틸리히의 책이 가득했던 장면이 기억난다. 그분은 젊은 시절 비행기에서 우연히 만난 틸리히를 초청하여 학술대회를 열고, 그곳에서 틸리히와 나눈 대화를 풀어 『폴 틸리히와의 대화(*Paul Tillich in Conversation*)』(1988)라는 책으로 낼 만큼 틸리히에게 많은 관심을 가진 분이었다.

무어 교수는 융 분석가이면서 직접 학교에서 틸리히의 세미나를 교수한 분이었다. 성 프랜시스 계열을 이어가는 신학자로 틸리히를 소개하였고, 그 세미나는 틸리히 신학과 심리적인 요소를 구체적으로 배운 시간이자 학문의 즐거움을 더해 준 시간이었다. 이제 두 분은 세상을 떠나셨지만, 필자의 서가엔 지도교수가 직접 즐겨 읽던 틸리히의 책들이 가지런히 놓여 있다. 왜 이 책을 쓰려고 했을까를 생각하면 지도교수들이 던진 학문적 호기심이 가장 큰 요인이다.

그리고 인간이란 어느 한쪽으로만 살 수 없다는 모호성과 균형론에 대한 관심일 것이다. 또한 이러한 배움이 한국 기독교와 어떻게 연결될 수 있을까 하는 생각에서 시작되었다.

현재 한국 교회는 양적인 면이나 질적인 면에서 가장 큰 위기를 맞이하고 있다. 양적인 성장은 오래전에 멈추었고, 대형교회와 각 교단 중직자들의 비행으로 말미암아 기독교가 설 자리는 이 땅에서 점점 좁아지고 있다. 주일학교가 없는 교회가 60~70%에 이르고 있고, 젊은이들은 교회에 대한 관심보다는 외면과 비난을 하고 있으며, 교회는 차세대에 대한 희망이 없어지고 고령화의 침체성과 혼돈 속에 놓여 있다.

필자의 관점에서 보았을 때 오늘 한국 교회의 현실은 두 가지 문제가 있다. 첫째, 다원화 사회에 대한 도전에 직면하고 있다. 이 문제에 대해 어떠한 입장을 가져야 할지 명확하지 않기 때문에 자신에게 익숙한 생각과 구조 속에서만 말을 해 주고 있다. 둘째, 인간이 모호성(ambiguity)을 가진 생명체라는 것을 간과하고 있기에 인간에 대한 깊은 고민을 하고 있지 않다. 그러기에 우리 대다수는 정말 익숙하고 편한 습관 방식으로 신앙생활을 한다. 그러나 진리는 우리에게 익숙한 것이 아니다. 현장(human contexts)에 대해 생각하고, 말하고, 행동하는 것이 발생할 때 우리는 비로소 진리에 근접하게 되는 것이다(Capps, 1994).

1965년 시카고에서 사망한 틸리히에 대하여 『New York Times』는 다음과 같이 소개한다. "틸리히는 인간 삶의 전 분야를 신학의 주제로 삼았기에 그의 신학 지평은 그만큼 넓은 화폭을 가졌다. 그는 현대의 모든 신학자와 구별되는 예외적인 거인이다." 그는 인간 삶의 전 분야를 신학의 주제로 삼았기에 교회 안에만 갇혀 있는 하나님을 세상 밖으로 소개하기 위해 모든 것을 신학의 주제로 삼았으며, 그 것을 위해 일반인이 쉽게 이해할 수 있는 용어를 사용하기 시작하 였다. 즉, 하나님이 모든 인류의 근원인 것과 같이, 우리끼리의 기독 교가 아니라 기독교를 모든 사람이 알 수 있어야 한다는 점이다.

최근 권위적인 사회에서 개인과 소수인의 의견과 인권이 중요시 되는 사회로 치닫고 있다. 한편, 치열한 경쟁이 있지만 경쟁 속에 자신을 감금시켜 살기보다는 자기의 작은 실현을 중요하게 생각하 는 개인도 늘어나고 있다. 일상에서 느낄 수 있고, 작지만 확실하 게 실현 가능한 행복인 '소확행'을 꿈꾸는 것이다. 먹고 사는 문제 에서 벗어나 권위적인 틀에서 벗어남으로써 자기 스스로를 찾는 사람, 그리고 그 혼동 속에 사는 사회가 되었다.

그들이 교회의 구성원으로 있기 때문에 다양한 문제가 발생 한다. 그래서 사회는 이미 상담과 심리에 대한 관심이 오래전부터 시작되었으며, 이에 상담심리는 대학에서 인기 있는 전공 중 하나 가 되었고, 이것은 신학교에서도 마찬가지이다. 상호존중과 대화 의 중요성은 현 시대에서 유일하게 성장하는 커피산업과도 긴밀하 게 연관되어 있다. 커피와 베이커리는 수평문화인 대화의 현대적 상징들이다. 그래서 예전 같으면 교회에 금기시되던 카페가 교회 의 핵심으로 들어서고 있다. 하지만 스스로를 찾고자 발버둥치는 현시대에서도 여전히 교회와 목회자 그리고 신학자들은 심리학에 대한 관심이 적은 편이다. 그래서 교회의 현장은 신앙과 현상(懸 象)이 따로 놀고 있다.

틸리히는 문화와 종교의 관계를 '종교의 형식은 문화이고, 문화의 내용은 종교'라고 정의했다. 즉, 인간이 만들어 가는 문화에서 종교 는 감출 수 없는 핵심이라는 점을 강조하였다. 문화는 변화하여 개인과 단체의 생각과 구조는 변모하지만 그 내용인 종교는 감추어져 있을 뿐이다. 원시 문화부터 현대 문화에서조차도 종교의 내용이 있다는 것이다. 이러한 점에서 필자는 틸리히가 시도했던 번민하는 인간의 모호성에 대한 기독교상담심리학적 해석과 통찰은 정체성과 쇠퇴기를 직면하고 있는 한국 교회에 새로운 패러다임을 제공해 줄 수 있다고 생각한다. 동시에 이 책이 지닌 또 다른 의의는 틸리히가 단순히 조직신학자로서만 아니라, 인간에 대한 관심이 많았기에 심리학과 수많은 조우를 했고, 그것을 기독교상담신학적 관점에서 해석한 인물이라는 것을 소개할 수 있는 좋은 계기가 될 것이다.

신학자 폴 틸리히가 기독교상담에 관한 논문을 적어도 30편 이상 썼다는 사실을 아는 사람은 많지 않다. 그리고 그의 중요한 저서 대부분이 인간에 대한 관심에서 시작되었다는 것을 생각하는 사람도 드물다. 더구나 그를 성 프랜시스 계열의 경건주의 노선을 따르는 신학자로 여기는 사람도 많지 않다. 이러한 점에서 이 저술 계획은 틸리히의 방대한 신학에 대한 것이 아니라, 논문과 그의 저서 속에 녹아 있는 인간심리 이해와 기독교상담에 초점을 맞추어 오늘날 한국 교회와 신학계에 그의 해석과 재해석을 내어놓아 사람과 하나님에 대한 상관관계론적인 기독교상담신학 방법을 제시하는 데 있다. 파편처럼 흩어져 있는 인간에 대한 심리학적 해석을 모아서 연구자의 주관적 세계를 재해석한 것이다.

한국 교회나 신학계에서 기독교상담(심리학)에 대한 생각은 예전보다는 많이 호전되었지만, 여전히 부정적인 시각이 많다. 예를 들어, 『심리학에 물든 기독교』라는 책을 여전히 많은 사람이 지금도 읽고 있다. 필자는 이와 같이 부정적인 시각에 대해 두 가지 이유를 말하고 싶다. 첫째, 신학적 기반 없이 심리학이 일방적으로 교회와 신학교에 들어왔기 때문이며, 둘째, 실존을 생각하지 않고 본질만을 따지는 생각의 신학과 신앙의 편협성 때문이다. 틸리히의 기독교상담신학적 관점에서 보는 인간이해는 이러한 잘못된 편견을 깨트릴 수 있고, 앞으로 이 분야를 연구하는 모든 사람에게 심리학과 신학의 통합적 관점에서 발생한 기독교상담신학이 신앙 안에서의 자유로움을 줄 수 있을 것이라 생각한다.

책 내용은 크게 네 가지 입장에서 저술되었다. 첫째, 신학자 폴 틸리히는 한국 내에서는 조직신학자로서만 이해되었는데, 사실 그는 유니온 신학교와 하버드 대학교에서 재직하는 동안 뉴욕정신분석학회 회원들과 인간에 대한 숱한 대화를 한 사람이다. 그는 이 정신분석학회에서 활동하면서 학자들과 많은 교분을 쌓은 학자로, 사회심리학자인 에리히 프롬(Erich Fromm), 영국의 대표적 대상관계학자인 카렌 호나이(Karen Horney), 그리고 정신과 의사이면서 뉴욕신학교에서 신학을 공부한 롤로 메이(Rollo May) 등이 그와 교류하였다.

틸리히의 조직신학방법론을 '상관관계론적 방법론(correlational methodology)' 또는 '답해 주는 신학(answering theology)'이라고 칭하는 가장 큰 이유는 그의 신학의 출발점이 인간의 고민에서 시작하기 때문이며, 그는 신학은 이 고민에 대하여 답을 해 줘야 한다고 믿기 때문이다. 당시 대세였던 칼 바르트(Karl Barth)의 케리그마 신학에 반하여 틸리히가 이러한 방법론을 주장한 가장 큰 이유는 어떤 신학자보다 그는 인간에 대한 고민을 심리학적 관점에서 깊게 고민했고, 그 답을 신학에서 찾으려고 노력했기 때문이다. 실제로 당시에 유행하던 프로이트의 정신분석학 관점에서의 인간이해는 전통적 신학 아래 숨어 있던 인간의 죄성을 보게 하는 통찰이라고 했다(Tillich, 1984, p. 92).

10여 년에 걸쳐 틸리히 말년의 역작인『조직신학』은 신학을 다루고 있지만, 그 기초가 되는 부분은 인간의 가능성과 모호성에 대하여 많은 부분을 할애하고 있다. 하나님으로부터 창조된 인간 본질(essence)이라는 것은 우리가 가야 할 방향이지만, 인간의 실존(existence) 역시 무시할 수 없는 현실이기에 인간에게는 가능성과 모호성이 동시에 존재한다. 인간의 모호성과 실존을 이해하기 위해 그가 학제 간 대화 파트너로 사용한 심리학은 인간 삶의 전 분야를 신학적 주제로 다룰 수 있었고, 당 시대 사람들의 문제와 신학이 호흡할 수 있도록 기여하였다. 그래서 저술내용의 중요한 한 부분은 인간의 본질과 실존에 대해 심리학과 신학을 통한 틸리히의 고뇌와 번민 그리고 제안을 심도 깊게 소개하는 것이다.

둘째, 틸리히의 신학과 심리학은 매우 솔직하고, 독자에게 합리적인 질문을 통해 이성적이고 설득력 있는 답을 제시하는 특징이 있다. 이 책에서 그의 기독교상담신학론적인 학문의 방법을 소개하고 인간에 대한 그의 고민을 철저하게 소개할 것이다. 인간에 대한 고민은 그의 '중심된 자기(the Centered Self)'의 개념에서 출발한다. 그는 이 중심된 자기의 모호성과 완벽성을 자주 언급한다. 즉, 창조에 반해 인간의 실존현장에서 경험하는 왜곡된 자아, 파괴적 현상을 통해 인간의 모호성을 소개할 것이다. 인간이 동물과 자신을 구별하는 도구(기술과 언어)를 가짐으로써 가능한 것이지만, 인간은 이러한 도구를 통해 개인과 집단과 국가에게 늘 위협적인 존재로써 지금까지 생존해 왔다. 타 피조물과 다르다는 점을 강조하여 인간의 우월성을 강조하지만, 인간 개인 내면의 모순성과 집단의 광기에 여전히 현대에도 개인과 국가는 시달린다. 인간은 타 피조물과 달라서 종교, 도덕, 문화를 만들어 그것들을 향유하며 스스로를 미화하지만 이 세 가지를 통해 전쟁, 억압, 차별 등을 서슴지 않는 인간 마음속에 지킬 박사와 하이드를 가지고 있는 원초적인 동물이면서도, 때로는 이성이 있는 것처럼 행동한다. 틸리히는 철저하게 인간이 가진 동물적 본성을 불신앙, 오만 그리고 욕정이라고 말한다. 이것을 인정하지 않으려는 인간의 가면은 항상 교양 속에 은닉되어 있지만, 이것을 부정할수록 인간의 수치스러운 콤플렉스는 숨기고 과장된 자기만을 나타내는 불행이 우리에게 있다. 이러한 틸리히의 인간 정체성에 대한 신학과 심리학적 관점을 소개하는 것이다.

셋째, 틸리히 관점에서 보는 불안에 대한 소개와 재해석이다. 불안은 인간의 모든 문제를 발생케 하는 근원적인 요소이다. 우리는 불안하기에 더 집착하고 자신을 과대 포장한다. 개인은 더 많은 성공을 성취하려 하고, 국가는 더 강대국이 되려고 한다. 이 불안은 시간과 공간 등 영원한 것은 없다는 것이다. 생명은 시간과 공간이 보장되어야 생존하고 문화를 만들 수 있는데, 이 모든 것이 사라진다는 불안이다. 곧, 죽음불안이다. 엄격히 말해 인간의 문명은 이 죽음불안을 잊기 위해 계속 불을 켜고, 음악을 멈추지 않는 것이다. 그렇게 하지 않으면 불안해서 견딜 수 없기 때문이다. 인간이 이렇게 하면서 잃는 것과 얻는 것은 분명해진다. 즉, 인간과 인간의 문명은 이 불안을 종식시키기 위해 '영웅'을 만들어 낸다. 영웅은 성공과 성취를 말한다. 그래서 현대인에게 성취와 성공은 있지만 공허와 무의미가 가득 차 있고, 신경증적 불안에 시달리게 된다. 이것을 어떻게 이겨 낼 수 있을까? 혹 교회나 기독교는 더 많은 성공과 성취를 가지도록 격려하지는 않는가? 그러나 인간의 운명은 죽음을 직면하는 것이고, 자신의 운명을 수용하는 것으로부터 시작된다. 즉, 자신의 콤플렉스를 수용할 때 비로소 바르게 서는 것이다.

넷째, 기독교상담신학은 심리학을 통한 인간의 수평적 이해가 전제되어야 한다. 이러한 점에서 정신분석학이 기독교상담학에 주는 긍정적인 영향과 인간의 실존과 한계성을 세부화하여 불안과 긴장 그리고 극복을 틸리히 실존주의 심리학의 관점을 실존주의 심리학 관점에서 학제 간 대화를 나누려고 한다. 동시에 이러한 정신분석학이나 실존주의에 입각한 인간이해가 이해 정도를 더 깊게 하지만 인간의 뿌리가 하나님에게 있으며, 그 뿌리는 불가분의 관계임을 피력하는 틸리히의 신학에서 기독교상담신학은 바로 이 관계에 초점을 둔다. 하지만 이는 현재의 기독교를 포용하고 뛰어넘는 것이며, 하나님 위에 있는 하나님(God above gods), 합리적 이성을 수용하는 초월적 이성의 영역에 있는 분야임을 말한다.

조직신학자가 바라보는 틸리히의 학문 세계가 있겠지만, 이 책은 심리학적 관점에서 틸리히의 인간이해와 하나님 이해를 접근하였다. 어쩌면 틸리히가 바라보는 신앙과 기독교상담신학적 시각은 이 시대에 기독교와 교회가 세상과 호흡할 수 있는 재해석의 관점을 제공할지도 모른다. 끝으로, 편집에 수고를 한 편집부에 감사함을 전하며, 이 작은 책이 신학과 심리학, 기독교와 문화 구조에서 고민하는 분들에게 작은 징검다리가 되길 바란다.

2018. 9.

계명대학교 인문국제대학 영암관 교수실에서

저자 임경수

차례

Ⅰ. 심리적 인간이해와 기독교상담신학의 필요성

1. 한국 사회구성원의 의식적 변화

2. 규범에서 생명으로

Ⅰ. 심리적 인간이해와
기독교상담신학의 필요성

1. 한국 사회구성원의 의식적 변화

지금은 한국 교회의 질적 및 양적 성장에서 가장 힘든 시기를 보내고 있다. 이유는 사회가 급변하고 있는 것과, 이 변화의 흐름을 제대로 감지하지 못하는 교회가 있다는 것이 중요한 이유 중 하나이다. 우리 사회의 흐름에서 가장 중요한 것은 권위주의 구도에서 개인의 인권이 중요시되는 사회로 흐르고 있다는 점이다. 과거 수 년 사이에 한국역사에서 보기 드문 일이 많이 발생했다. 이유야 어찌 되었든 생각하는 국민들이 정치의 불합리와 독선 또는 방관에 대하여 참을 수 없었기에 광장으로 나오게 되었고 이것이 도화선이 되었다. 즉, 합리적이지 않은 권위에 대해 저항하고 바꾸려는 변화가 가정, 사회 그리고 교회에서 발생하고 있다.

기독교의 역사는 가부장적인 남성중심의 조직에서 시작되었다. 가부장적인 남성중심의 사회가 필요한 시기가 있었다. 그러나 이 가부장적 조직이 가진 불합리성의 획일적인 힘에 대항하는 운동은 르네상스 시대를 거쳐 인간 개인에 대한 존엄성이 표출되기 시작하였고, 종교개혁과 산업혁명을 통해서 신분의 다변화가 도모되는 사회로 가기 시작했다. 그리고 이 줄기 속에서 불과 한 세기 조금 안 되어 인간 개인에 대한 관심이 부각되면서 심리학에 대한 관심이 시작되었다. 사회심리학자 에리히 프롬에 의하면 심리학이 관심을 받는 가장 큰 이유는 권위적인 집단체계에 익숙하게 살았던 사람들은 현대화되면서 자신이 어떤 일을 생각하고 만들어 가는 것에 익숙하지 않기 때문으로 본다. 무엇이든지 권위적인 집단조직 안에서 규정해 주었기 때문이다. 그러나 이러한 조직들이 와해되면서 개인이 무엇이든지 다 해결해야 하는 개인중심의 사회가 되어 버리자, 개인들이 이 새로운 체계에 적응하지 못함으로써 심리적 불안의 문제들이 발생하고, 이 문제에 대한 고민이 곧 심리학에 대한 관심으로 나타났다고 보고 있다.

인간은 자신이 익숙하게 생각하거나 행동했던 것을 쉽사리 바꾸지는 않는다. 그리고 쉽게 바꾸기도 무척 어렵다. 이런 면에서 사람은 한순간에 변하기보다는 서서히 가족과 사회환경의 구조 속에 변형되는 것이다. 이것은 비단 남성이기 때문이기보다는 인간은 누구나 자신이 익숙하게 된 것으로부터 떨쳐 나오기가 쉽지 않기 때문이다. 동물도 다니던 길만 익숙하게 다닌다. 그래서 그 길에 사냥꾼들이 기다리거나 덫을 놓아서 포획을 한다. 인간 모두는 자기중심적인 사고에 파묻혀 있다. 그리고 이것이 굳어지면 더 이상 돌이킬 수 없는 벽이 생기고 가족과 사회에 단절된 상태로 될 것이다. 그러나 자기중심적 사고에 있는 이들은 자신의 관점이 정확하고, 자신의 것과 다른 것은 틀린 것이라고 생각한다.

코페르니쿠스와 갈릴레오의 지동설이 교황청과 신자들이 믿고 있던 천동설을 뒤흔들었을 때 당시 사람들은 이 두 사람을 부정했고 배교자와 같은 낙인을 찍었다. 과격한 이들은 코페르니쿠스와 갈릴레오가 하나님과 그 세계를 부정했다고 해서 자결로써 자신의 신앙을 표현하기도 했다. 우리는 이 사건을 통해서 인간은 마치 신앙하고 있는 것 같지만, 어떤 부분은 내가 믿고 싶어 하는 부분만을 신앙하는 것이고, 마치 신앙을 위해 죽는 것처럼 말하지만 자기분노에 밀려서 자결을 하는 것이다.

갈릴레오의 지동설은 그 당시 종교지배층이 믿고 있던 천동설을 위배하기 때문에 수용할 수 없는 것이었다. 즉, 하나님이 지은 지구는 이 우주의 중심이어야 하고, 인간은 최고의 피조물이라는 사실을 과거부터 교육받았기 때문에 지동설을 수용할 수 없는 것이었다. 지구가 태양을 중심으로 회전한다는 것은 곧 인간이 그리 뛰어난 피조물이 아니며, 인간보다 더한 피조물이 있다는 사실을 인정하는 것이라고 생각했을 것이다.

『순교자』를 저술한 소설가 김은국 씨는 1960년대 우리나라 사람으로 유일하게 노벨문학상 후보에 올랐다는 사실을 지금은 대다수가 잊고 있을 것이다. 이 소설은 한국전쟁과 여기서 발생하는 이념과 신앙 그리고 인간의 자기중심성을 보여 주고 있다. 요약하면 한 마을에서 신앙생활을 신실하게 하고 있던 사람 10명이 북으로 끌려갔는데, 그중에 1명이 생존해서 고향으로 돌아왔다. 일반적으로 끌려간 신앙인들이 살아왔다는 것은 배교를 한 것이고, 고향으로 돌아오지 않았다는 것은 신앙을 지키고자 했기에 순교를 했다고 생각하는 것이다. 그래서 마을에서는 살아온 사람에게는 배교자라는 낙인을 찍었고, 오지 않은 9명은 순교자로 생각하였다. 그러나 실상은 살아온 사람은 배교를 하지 않았기 때문에 산 것이고, 돌아오지 않은 이들은 배교를 했기 때문에 죽은 것이다. 이 사실을 알지 못하는 마을사람들은 통상적으로 자신이 생각하는 신앙에 따라 생각을 해서 진실된 사실은 왜곡되어 마을 사람에게 퍼져 있다는 사실을 알리는 소설이다.

이 소설도 결국 인간은 자신이 생각하는 방향으로 생각을 하고, 하나의 사실을 알기 위해 여러 가지로 고민하는 모습이기보다는 오래전부터 익숙하게 구조화된 생각을 가지고 살아가는 인간의 폐단을 보여 준다. 인간이 성숙하지 않으면 자기가 말하고 싶은 것만 말하고, 자기가 보고 싶은 것만 본다. 이렇게 되면 사람은 자신의 관점에서만 말하기 때문에 확고한 것 같지만 궁극적으로 다른 것을 보지 않으려 하기 때문에 다른 영역을 경험하지 못하는 매우 협소한 자리에만 머무르게 된다.

우리 사회는 이러한 대표적인 사건들이 있다. 모 교수 사건이다. 당시는 줄기세포를 통한 치료를 매스컴 및 정부에서 한창 홍보하였고, 국내외 뉴스에 많이 오르내렸다. 그러나 결과는 논문 조작으로 판명되었고, 국내만이 아니라 국외에서도 문제가 많이 되었다. 그런데 이렇게 과학적으로 잘못된 조작이라는 사실이 알려졌음에도 이 사실을 믿지 않는 사람들이 있었다. 그들은 그 교수의 줄기세포실험이 자신이 가진 질병을 치료할 수 있다는 희망을 가지고 살아가는 사람들이었다. 즉, 자신의 필요성에 의해 추종했기에, 논문의 진위에 관계없고 오히려 논문 조작을 말하는 사람들이 가진 또 다른 음모론을 제기한다. 앞에서 언급한 종교나 과학 분야만이 아니라 인간이 살아가는 모든 분야에서 사람은 잘못하면 자신의 필요성을 앞세워서 종교나 과학을 자신에게 편한 구조로 만들어 버리는 재주가 있다.

흑인의 투표권과 자율성을 존중하는 운동이 1950년대 미국에서 일어났다. 당시 오스트리아에서 목사로 있었고, 보스턴 대학교에서 교수로 활동한 종교사회학자 피터 버거(Peter Berger)는 인권운동이 한창이던 남쪽과 북쪽을 방문하면서 다음과 같은 광경을 목격하였다. 남쪽에 갔을 때 백인우월단체를 중심으로 예배집회를 하는데 그들이 부른 찬송은 '십자가 군병들아'였다. 이 찬송을 부르면서 흑인의 참정권을 반대하는 집회는 계속되었다. 그가 북쪽을 방문했을 때 흑인들의 참정권 및 자율성을 위한 집회에서도 '십자가 군병들아'라는 찬송을 부르고 있었다. 양쪽은 같은 찬송을 부르고, 같은 하나님을 믿는 것으로 자신의 신념을 집회에서 이야기하지만, 어느 한 편은 분명 신앙을 자신의 신념을 위해 이용하고 있었던 것이다. 오늘날 한국 사회에서는 태극기가 애국을 대표해서 나오고, 촛불이 민주주의 대표해서 나오고, 기독교 신앙이 반공을 위해 대표적으로 거론되지만 어떤 부분은 분명히 권력을 가진 개인이나 집단을 위해 이용되고 있다는 것을 부정할 수는 없다.

기독교상담학자인 캡스(D. Capps)는 심리학자 에릭슨(E. Erikson)의 인간발달단계를 통해 기독교상담적인 통찰을 제시하고 있다. 그는 현대인에게 진리라는 것은 반드시 인간이 살아가는 현장(human contexts)과 함께 호흡해야 한다고 본다. 작가 앙드레 지드(Andre Gide, 1869~1951)가 지적한 바와 같이 "진리를 찾았다는 사람을 믿지 말고 진리를 찾고 있다는 사람을 믿어라."는 말은 매우 공감되는 말이다. 사람은 불확실성을 참지 못하는 면이 있다. 그래서 모호한 것을 배격하고 확실한 것을 만들고 그것을 확신해 버린다. 이러한 버릇은 아마 인간이 불안하고 나약하기 때문에 모호성으로 균형을 잃을 것 같은 것은 배제해 버리는 것일 것이다. 그러나 진리를 찾았다고 말하는 것이 기독교에는 매우 익숙한 구조이다. 앙드레 지드의 이러한 확신에 찬 말은 자주 사람을 현혹시키기도 하고, 자신이 가진 불안으로 인해 확고한 것을 붙잡은 것이다. 그래서 이들은 진리를 찾고 있다는 합리적이고 보편적인 이야기를 수용하기가 어렵다.

불안이 강한 사람일수록 평범한 일상과 이야기는 귀에 들어오지 않는다. 그래서 신앙이나 교육이나 인간이 살아가는 모든 분야에서 답이 되는 것을 찾아다닌다. 종말운동에 심취한 사람은 평범한 신앙생활이 잘못되었다고 생각할 것이고, 성공에 목말라 있는 부모는 자녀들을 엄격한 교육의 틀에 집어넣고 단기간 내에 승부를 보려는 심리에 빠져들어 갈 것이다. 이러한 추세가 교회나 사회에 강조되면, 개인의 생명과 정서에 필요한 최소한의 시간의 공간이 침해당하고, 일상은 없어지고, 생존을 위한 경쟁만이 남아 일상이 없어질 것이다.

기독교는 독자적으로 진리를 가지고 있다고 생각하지만, 더 겸허하게 이 진리를 가지고 인간이 살아가는 현장에서 만나고, 여기서 발생하는 것들을 생각하고, 말하고 행동해야 할 것이다. 신학자 니버(R. Niebuhr)도 만일 기독교의 복음이 현장을 만나지 않으면 어리석은 복음(foolish gospel)이 된다고 생각한다. 그는 사회적 관점에서, 앞서 언급한 힘을 가진 개인이나 집단이 가진 이기주의가 있기 때문에 세상의 모든 사상, 이념 심지어 교리조차도 이것에서 자유로울 수는 없다고 본다. 그래서 이러한 요소들은 모두가 다 오염되어 있다고 본다. 이러한 관점에서 기독교의 의무 중 하나는 진리를 가지고 현장을 만나서 오염된 요소들을 하나둘씩 퇴출시키는 것이다. 그러지 않고는 중심에 있는 개인과 집단 이기주의에 의해서 신앙이 더 오염될 수 있기 때문이다.

기독교는 복음과 삶의 현장이라는 두 가지 축을 가지고 있다. 그런데 이 중 어느 한쪽으로만 치우친다면 균형을 상실하고 말 것이다. 예를 들어, 한 가정에서 가훈을 중시하는 부모가 이것을 집중적으로 교육하는 것도 중요하지만 자녀들이 어떠한 상황에 처해 있는지를 알아야 가훈이 더 의미를 가질 수 있다는 점이다. 우리는 복음과 현장이라는 두 가지 축을 가지고 항상 긴장과 균형을 가지면서 그 경계선을 가져야 할 것이다. 그리고 시대에 따라 그 경계선은 삶의 현장과 더 많이 교류해야 할 것이다.

복국 이야기를 해 보자. 복어는 요리하기 까다로운 재료이다. 그러나 이 복어가 주는 묘한 맛이 있다. 그래서 사람들이 복어를 찾게 되는데, 이 복어를 가장 잘 요리할 수 있는 것은 이 복어 독의 배합 능력에 있다. 즉, 복어의 독을 과다하게 섭취하면, 혼수상태가 되고 치사량이 넘을 경우 매우 위험하고, 복어의 독을 적게 넣으면 특유의 맛을 상실한다. 그래서 복어 요리를 잘하는 요리사는 복어의 독을 가장 적절하게 잘 섞어 맛을 내는 사람이다. 기독교의 복음과 삶의 현장은 복어의 독이 경계선을 적절하게 유지하여 진미를 보이는 것과 같다.

기독교의 진리는 변하지 않고 있으며 그것이 교리화되어 우리 주위에 있는 반면, 사회는 하루가 다르게 변화하고 있다. 집단주의 사회에서 개인주의 사회로, 남성중심주의 사회에서 여성과 어린아이의 인권이 중요한 사회, 그리고 한 국가와 하나의 국민에서 다국적을 가진 사람들을 만나는 다양한 사회구조에 살고 있다. 이러한 다양한 사회환경이 기독교의 진리에 질문하고 있다. 인간은 무엇이며, 무엇이 진리인지. 그리고 근본적으로 인간의 존재부터 실존에 이르는 질문을 우리에게 던지고 있다.

시대가 변하고 있고, 앞으로도 계속 변화할 것이다. 필자는 권위적이고 남성중심적으로 형성된 신학적 사고와 학문의 세계로 변해가는 대중과 기독교가 대화를 나누기에는 한계가 있다고 생각한다. 여러 이유 중 하나는 인간은 자기에게 익숙한 생각과 길을 포기하기가 어렵기 때문이다. 사회가 변화하고 있다는 것은, 과거 중요한 직업으로 생각했던 직종들이 서서히 중요시되지 않게 되고, 각 개인의 개성을 존중하는 직업으로 조금씩 전환되고 있다는 의미이기도 하다. 이제는 국가와 가정이 중요하기도 하지만, 우선은 나 자신에 대한 규정과 개발이 더 급하게 다가온 사회가 되었다.

권위적인 집단주의 사회에서, 힘을 가진 소수자로부터 좌우되던 시대에서 조금씩 탈피하고 있는 사회 분위기는 기독교에게 인간 개인이 가진 자기실현에 대한 관심을 가질 것을 부탁하고 있다. 기독교상담학자 폴 투르니에(P. Tourier)는 복음에는 두 가지 복음이 있다고 말한다. 즉, 자기실현의 복음과 자기헌신의 복음이다. 우리는 헌신이라는 것에 익숙하게 성장했다. 그래서 이 헌신이 가정, 교회 그리고 사회의 한 축에 공헌을 했다. 그러나 사회는 급속하게 변하고 있어 이제 헌신은 개인이 가진 자기실현의 과제로 옮겨가고 있다. 헌신이 중요시되던 사회에서 자기실현은 비신앙적이라고 여겨진 적이 있다. 그러나 필자는 신앙인이지만 자기실현에 문제가 있는 수많은 내담자를 만났다. 헌신은 있지만 자기실현에서 오지 않는 헌신은 사람들을 불만족과 괴리 속에 몰아넣었다. 즉, 지금은 권위주의적 교육과 교회의 구조방식에서 '자기실현'의 관심으로 가는 세대에 대해 합리성을 가지는 기독교의 대안을 줘야 할 시기이다. 그래서 틸리히의 경계선상의 신학을 통해 근본적인 신앙의 틀을 가지고 이 시대에 필요한 자기실현이라는 것이 어떻게 성서적으로 응용되어야 하는지, 그리고 그 실현의 장소인 인간의 내면세계와 사회구조 속에 사회의 경향이 던지는 질문에 신앙과 신학이 답을 해야 할 시간이다.

2. 규범에서 생명으로

수입의 증가와 의식주의 개선은 인간의 죽음이라는 한계성을 조금 더 멀찌감치 인간의 의식에서 멀어지게 만들었다. 프로이트(S. Freud)는 인간이 느끼는 불안은 세 가지에서 온다고 보았다. 죽음에 대한 두려움, 인간에 대한 두려움 그리고 자연에 대한 두려움이다. 의식주에 대한 결핍 가운데 살아가던 인류에게 이 세 가지는 인간의 한계성을 가지게 되는 중요한 환경적 요인이기도 하다. 이러한 면에서 인간은 처절히 한계성을 느끼고, 이 한계성을 극복하기 위하여 종교를 만든 것이고, 이 관점에서 그는 종교를 '환영(illusion)'이며 인류가 가진 보편적인 신경강박증으로 보았다. 즉, 이 불안이나 신경강박증은 인간이 예측할 수 없는 환경으로 인한 불안에서 만들어 낸 것이며, 이 환영을 가지고 있음으로 인간 자신이 불안해 하는 것으로부터 안전기저를 만들어 현실에 적응할 수 있도록 하기 위함이다.

프로이트가 종교를 환영이라고 비판한 이유 중의 하나는 사랑을 중요 가치로 생각하는 기독교가 역사상 비참했던 십자군전쟁과 노예제도를 시행한 이유로 보고 있다(Freud, 1961, p. 34). 이것은 기독교가 더 이상 사랑이 아니라는 것을 의미한다. 하나님의 이름을 부르고 있지만 기독교는 개인과 집단이기주의를 가진 자들의 도구로 전락하고 있다. 종교가 환영이라는 말에 동의를 하지 않지만, 현실적으로는 개인과 집단이 기독교를 이익을 위해 사용하는 많은 경우가 지금도 성행하고 있다. 판단력이 흐려진 사람들은 신앙의 이름으로 개인과 집단의 이기주의가 미화되기 때문에 분별력이 없어진 것이다. 같은 맥락에서 인류 역사상에 가장 비참한 제1, 2차 세계대전에 개신교의 종주국인 독일이 전범국가로 있다는 사실은 종교와 환영의 도식에 매우 의미 있는 사실을 말해 준다. 가톨릭의 부패를 지적하며 새로운 신앙을 시작한 개신교, 그리고 독일이라는 개신교의 뿌리가 되는 국가는 왜 인류상 가장 참혹한 전쟁을 일으킨 국가가 되었을까? 필자는 그 원인이 다양한 이유로 발생할 수 있다고 생각하지만 심리와 신학적인 관점에서는 '수직적 차원(vertical dimension)'을 상실한 것에서 온다고 생각한다. 수직적 차원은 틸리히가 그의 저서에서 구소련의 멸망을 예언하면서 사용한 용어이다. 구소련과 같이 수직적 차원, 즉 모든 이념, 종교 그리고 사상 위에 있는 하나님의 존재를 인정하지 않는 개인이나 국가가 언젠가는 붕괴한다는 점이다(Tillich, 1968). 신앙을 가진 개인, 집단 혹은 국가라 하더라도 자신의 신앙이나 신념이 절대적이라고 생각하면 스스로를 파괴하게 된다. 그래서 신앙을 가진 사람은 항상 주변에 대해서 열려있는 자세로 대화를 해야 한다. 그렇게 함으로써 우리가 믿는 진리에 대한 변증법적 사고와 행동의 지침을 가져야 한다.

문학과 음악의 예술 분야만이 아니라 철학과 신학 등의 분야에서 세계의 지식사회를 이끌어 가는 독일 사회는 기독교를 포함하여 자신이 가진 것들을 수직적 차원에서 바라보는 것에 익숙하지 않았기 때문에 모든 것의 중심에 서려는 욕망에서 전범국가가 되었다. 에리히 프롬은 제1차 세계대전 후 또 다시 제2차 세계대전을 일으킨 이유는 당시 독일 사회가 가지고 있는 대중의 가치 공허 때문으로 보았다. 전범국가로 경제와 모든 것이 빈곤한 상태에 이르게 되자 대부분의 국민은 선악에 대한 구별이 아니라 자신을 이러한 구덩이에서 구출한 지도자를 원했고, 그 지도자의 선과 악은 생각하지 않았다. 그렇기에 히틀러는 그들에게 구세주였다. 불안한 사회구조는 독일인 개인과 집단을 반추해 줄 수직적 차원에는 무관심했다. 그래서 개인과 집단은 항상 자신을 수직적 차원에서 바라보는 연습에 익숙해야 한다. 틸리히 신학은 바로 인간됨의 가능성과 인간됨을 초월하려는 인간의 모호성에서 인간의 경계선상을 알면서 살아가는 인간의 균형성을 말하고 있다. 그래서 한국 기독교가 성숙하려면 종교개혁 500주년만을 기념하는 행사만을 여는 것이 아니라, 개신교의 종주국이 되는 독일이 저지른 세계대전의 명암에 대한 통찰과 교훈을 가져야 그 가능성과 모호성을 배울 수 있다. 생명을 살리고 바른 신앙을 하려는 종교개혁과 생명을 말살한 처절한 전쟁이 다 한 국가에서 발생했다는 사실을 잊으면 안 된다.

　종교개혁과 제1, 2차 세계대전의 전범국가가 독일이라는 사실을 잊지 않는다는 작업은 바로 규범(norms)을 지키되, 규범에만 머무르지 않고 생명의 단계로 나아가지 위해서이다. 즉, 규범을 철저히 지키되 규범에만 머무르지 않는 것이다. 필자는 이러한 양가성에 대한 경계선상의 고뇌와 질문이 틸리히가 말하는 심연(abyss)의 경험이라고 생각한다. 이 심연의 경험은 정해진 규범과 구조의 가치를 초월하는 경험인 것이다(Tillich, 1936, p. 36).

불확실성을 배제하려는 인간의 본능, 그리고 인간 자신의 불안
으로 인해 자신을 보호해 줄 구원자를 찾으려는 인간은 모호성을
가지고 고민하기보다는 자기만을 위한 편향성을 가지기 때문에
고민을 하려는 모호성을 거부한다. 그래서 신앙을 고민하는 모호
성을 배제하려는 움직임은 어디서나 있다. 신학자 에밀 브루너(E.
Brunner)는 하나님을 인간의 지식 안에 가두려고 하지 말라고 했다
(Brunner, 1954). 그러나 인간은 하나님의 세계와 성서에 나온 신비
스러운 내용을 과학적인 범주에 넣어서 과학적으로 증명하려고 하
고, 그것이 사실이라는 점을 강조한다. 분명히 성서에는 과학적인
범주가 있다. 그러나 과학적 사실을 넘는 차원의 것도 얼마든지 있
다. 우리는 과학적 범주 안에서 인간의 이성적 이해 안에 모든 것
을 두어 증명하고 신뢰하려는 것이 매우 열정 있는 신앙으로 비치
기도 하지만, 깊은 차원에서 보면 이것은 하나님을 인간의 이성과
과학적 세계에서만 보려는 인간의 교만이다. 결국, 개인과 집단의
이념 욕망을 투사한 것이다. 하나님과 하나님의 세계는 인간의 언
어와 논리를 수용하기도 하지만 그것을 초월한 영역이 너무나 많
다. 마치 천체우주과학자 칼 세이건(C. Sagan)이 말하는 것과 같이
우주 안에 널려 있는 별의 수는 지구상의 바닷가의 모래알 수보다
도 많다는 사실을 인정한다면 하나님의 세계를 과학적 수단을 통
해서만 보려고 하지 않을 것이다.

중세기 신학자 토머스 아퀴나스(T. Aquinas)의 경험을 생각하면
이러한 사실을 지적하는 것에 대해 이해를 쉽게 할 수 있다. 그는
십자군전쟁 후에 접한 이슬람의 문명에 대한 놀라움과 신앙의 회
의를 가지게 되었다. 즉, 본질에서 다른 것을 신앙하고 있다는 이

슬람 문명이 기독교 문명보다 월등한 것이 많이 있었기 때문에 왜 이슬람 문명이 기독교 문명보다 더 앞서 있는 것일까에 대한 고민이 들었다. 즉, 아퀴나스가 고정관념으로 생각하는 자기우월성에 기초한 신앙은 기독교가 반드시 모든 면에서 이슬람보다 앞서야 한다는 생각이 지배적이고 당연한 것이었기 때문에 이 문제는 그에게 고민을 안겨 주었다. 후에 그는 이런 고민 속에서 생각해낸 것이 일반은총과 특별은총의 교리이다. 일반은총은 종교에 관계없이 모든 인종에게 미치는 하나님의 보편적인 은총이며, 특별은총은 예수를 믿고 따르는 사람들에게 미치는 특별한 은총이라는 점이다. 이 교리는 기독교인들로 하여금 전 세계의 다양한 지구상의 사람들을 이해하는 폭을 넓혔다.

그의 또 다른 경험은 꿈의 경험이었다. 당대 최고의 석학인 그는 꿈에 어린아이가 바닷가의 모래사장에 웅덩이를 파고 있는 장면을 목격하고 왜 그렇게 하는지를 물었다. 아이는 바닷물을 다 퍼서 이 웅덩이에 담으려고 한다고 말했고, 꿈을 깬 후 이 불가능한 일을 하는 아이가 곧 자신이라는 깨달음을 얻고 겸허해진 사건이다. 과학적인 사고 또는 인간 개인이 경험한 세계에 하나님과 그의 세계를 담으려는 인간의 무모한 시도는 예전에도 행해졌고 지금도 자행되고 있다. 이러한 것이 마치 아주 좋은 신앙, 열정 있는 신앙인 것처럼 보이지만 개인과 집단의 자기우월성에서 오는 마성(魔性)이다. 이것은 우리가 하나님의 편에 서는 것이 아니고, 하나님을 우리 편에 서게하는 우상주의이다.

인류의 습성은 프로이트의 지적처럼 자신의 불안을 방어하여 현재를 안정되게 살기 위해 자기편의적인 생각을 많이 만들어 내었다. 종교사회심리학자 피터 버거는 종교성에 대해 눈을 뜬 인류는

초기에는 자신의 부족이 신봉할 신에 집착하였고, 시간이 지나면
서 왕족들의 혈통이 곧 신의 가문과 연관있다는 논리를 가졌고, 후
에는 인간의 부족장이나 왕이 곧 신이라는 논리를 가지고 집단을
통치해 나갔다. 이러한 것은 인간 자신이 행동하고 결정하는 것에
대한 합리화와 정당성을 부여하기 위한 몸부림이며 일종의 통치수
단이었다. 신과 인간의 세계를 연결시키려는 것은 종교학자 엘리
야데(M. Eliade)가 말하는 것처럼 성스러움 대상에 대한 향수, 잃어
버린 인간 본향에 대한 향수라는 측면도 분명히 있기도 하지만, 개
인과 집단의 통치수단으로 사용된 경우도 많이 있다. 개인과 집단
의 우월성을 강조하면서 만든 것이 규범(norms) 또는 법이다. 이
규범이 개인과 집단의 특성을 나타내기도 하고, 통치의 수단으로
사용되기도 한다.

　피터 버거가 인류 의식의 발달을 '혼돈(chaos)-규범(Norms)-질
서(cosmos)'로 보는 것은 개인의 의식 발달에도 적용이 된다. 즉,
한 개인이나 인류의 시작은 의식과 환경의 혼돈에서 시작된다. 그
러나 부모나 사회의 구조에 의해서 개인은 규범과 규칙을 익히게
된다. 부모와 사회제도를 통해 일종의 규범을 익힌 사람은 혼돈의
상태에 있던 것보다 훨씬 나은 사회적 적응을 할 수 있다. 애착심
리이론에서는 이것을 애착이라고 하고, 애착은 생존을 위한 인간
진화의 산물이라고 생각한다. 그리고 대다수의 개인과 집단이 이
규범에 고착되어 질서의 단계로 가지 못한다. 필자는 이 질서의 단
계를 인간을 생각하는 생명의 단계로도 생각한다. 인간 개인과 집
단은 성장과정이나 사회규범에서 익힌 규범을 가지고 있다. 이 규
범이 우리가 신앙하는 신앙규범을 형성하는 데 많은 영향을 준다.
내가 어떤 규범에 영향을 받아 성장하였는지, 어떠한 국가의 사회

조직에서 성장하였는가에 따라 인간은 달라지는 것이다. 그러나 이 규범이나 규칙이 고착화되어 불변하는 것으로 절대화하면 그때부터는 이 규범이 자신을 방어하거나 타인에게 피해를 입히는 상처의 도구가 된다. 더구나 이러한 불변하는 고착화된 규범을 가지고 성공이나 성취를 맛본 개인과 집단은 자신의 규범을 좀처럼 변화하기가 어려운 상태에 놓게 된다.

우리는 한국이라는 사회와 각 개인의 독특한 상황에서 우리의 규범을 익혔고 그것을 바탕으로 신앙과 생활을 한다. 그러나 이것이 절대적이라는 생각에 갇히는 순간 개인과 집단은 점차 비극을 맞게 된다. 왜냐하면 우리가 변치 않으려는 규범이 타인의 입장에서 이해할 수 없는 영역이기 때문이다. 인간 개인이나 집단은 그 규범을 안과 밖으로 가지고 있다. 규범의 가장 큰 목적은 규범에 머무르는 것이 아니라 규범을 기초로 해서 질서와 생명의 단계로 나가서 생명인 사람을 중심으로 보는 것이다. 물론 이 말은 사람의 편에 서라는 것이 아니라, 생명존중의 편에 있어야 한다는 뜻이다.

필자가 보는 한국 교회의 문제는 자신의 규범을 절대화하고 머무르고 있다는 점이다. 각 개인의 다양한 환경은 물론이고 수백개에 이르는 교파는 각각 자신의 규범을 가장 정확한 규범이라고 생각하고 신자들을 교육한다. 많은 교회의 문제나 시비거리도 이 규범에 대한 정확성과 오류성과의 갈등에서 야기된다. 규범이 필요 없다는 말은 아니다. 예수 시대에 유대 사회는 율법이 있었고, 이 율법은 개인의 생활과 집단의 규범이 되고 한 국가와 사회를 형성하는 데 도움을 주었다. 그러나 예수는 왜 당시 율법사들과 수없이 율법에 대한 논쟁을 하였는지 생각해 볼 필요가 있다. 당시 율법사들이 예수를 비난한 가장 큰 이유는 안식일에 병자를 고치는 일에 대한 것이다. 안식일에 병자를 고치는 일이 곧 안식일에 노동을 하지 말라는 율법의 규범을 어겼기 때문이다. 그러나 예수의 대답을 이스라엘 사람 중에 어떤 사람도 안식일에 자신의 가축이 웅덩이에 빠졌을 때 노동을 통해 구해내지 않는 사람이 없다고 답했다. 즉, 당시 사람들은 생명을 보지 않음으로, 스스로 만든 규범과 율법에 갇혀 있었고, 이것이 신앙을 지키는 것으로 왜곡하여 인식했지만, 내용에 있어서는 생명을 위해하는 신앙이었다. 즉, 신앙을 하면서도 모순 속에 빠지는 것이다. 반면, 예수는 사람의 생명이 더 중요하다는 점을 강조하며 사람들의 병을 고쳤다. 그래서 예수는 자신이 율법을 폐하러 온 것이 아니라 율법을 완성하러 왔다는 말을 했다. 모든 규범은 생명의 존중을 바라보는 것으로 갈 때 그 규범의 의의가 있는 것이다.

틸리히의 심리학적 신학은 우리가 이제껏 가지고 있는 규범에 대해서 의심해 보라고 말한다. 그 규범에 절대성을 부여하지 말고 객관적 입장에서 살펴보고 그것이 어떻게 주관적으로 형성된 오류가 있는지를 살펴보는 질문을 하라고 조언한다. 그리고 이 도전하는 것이 경계선을 오락가락하는 위험성이 있지만 이것이 새로운 창의성을 만들어 낼 것이라고 말하고 있다. 그것은 때론 고정된 경계선을 흔들어 버리는 위험이 있고, 심연에 빠지는 순간도 있어서 '급진적(radical)'이라는 말을 듣기도 하지만, '급진적'이란 용어의 또 다른 의미는 '근본'으로 돌아간다는 의미를 가진다. 즉, 이 모든 수고로움을 자청하는 것은 근본으로 가기 위함이다.

틸리히의 이러한 도전은 현대 심리학에서 인간에 대한 관찰과 실험의 결과와 상당 부분 일치하는 것이 많이 있다. 자신만의 규범을 옹호하고 절대화하려는 노력은 필히 자신을 가족과 타인으로부

2. 규범에서 생명으로 33

터 분리하게 만들고 자신의 말을 절대로 여기기에 관계성의 두절을 초래하게 된다. 한 예로, 애착이론은 어린 시절 부모와의 어떠한 관계성을 가진 아동이 가장 정신적으로 건강할까 하는 답을 제시한다. 안정애착을 가진 사람이다. 기독교 관점에서 잘못 해석하면 완전한 사람, 고난을 이겨 내는 사람 등이 완전한 사람이고 신앙이 좋은 사람으로 여겨지기도 한다. 그러나 안정애착을 가진 사람은 어린 시절 부모와의 관계에서 자신이 경험한 희노애락을 부모에게 말하고, 그 말을 수용하는 부모와의 관계성을 가진 아동이며 가장 정서적으로 건강한 사람이다.

기독교에서 완전 또는 헌신하는 사람에 대한 이미지는 자신의 감정을 드러내지 않고 묵묵히 희생과 충성을 하는 사람이라는 것이 통상적이다. 때로는 이렇게 헌신을 할 때도 있고 이것이 필요한 때도 있다. 그러나 헌신만 하는 신앙생활을 하는 생활이 오랫 동안 지속된다면 이 사람은 결코 정신적으로 건강하지 않다. 왜냐하면 자신의 희노애락을 받아 주는 대상이 없거나, 대상이 그것을 억제하도록 한 사람은 성장 후 집착, 저항, 회피 또는 혼돈의 정서적 상태에 머무르기가 쉽기 때문이다.

성서의 예를 한번 들어 보자. 기독교에서 헌신을 이야기할 때 떠오르는 사람은 아브라함이고 그가 고령에 얻은 기적 같은 자녀 이삭을 하나님의 요청에 따라 번제로 드리려는 사건이 있었다. 우리는 이러한 아브라함의 헌신에 감동도 받고, 이러한 헌신의 요청을 교회로부터 무언 중에 받기도 한다. 그러나 아브라함에 대한 중요한 사건은 18장에 나오는 소돔과 고모라 사건도 있다. 흔히 교회에서 소돔과 고모라 사건을 이야기할 때 언급되는 설교의 내용은 성에 대한 문란함이다. 물론 이 사건은 성과 연관된 사건이다. 그러나 필자가 보기에 또 중요한 내용은 아브라함이 하나님에게 변론하는 장면이다. 그는 하나님에게 인간을 없애는 것, 쓸어버리듯이 죽이는 것이 하나님이 하실 일이 아니라고 불평한다. 그것도 몇 차례나 하나님의 계획에 대한 문제를 이야기한다. 그리고 의인이 50명이면 어떻게 할 건지부터 시작하여 10명까지 합의하면서 대화를 이어간다. 그리고 이 모든 과정을 하나님이 수용하였다.

왜 우리는 이러한 점에 대하여 소홀히 하고 있었던 걸까? 필자는 아브라함이 믿음의 조상이 될 수 있었던 것은 이삭의 헌신과 같은 신앙만이 아니라, 하나님 앞에 스스럼없이 물어 본 것, 이해 안 되는 것에 대해서 또 질문을 제기하는 이러한 관계가 만들었다고 본다. 이 중에 질문하고 대화하는 신앙이 없이 이삭을 드리는 아브라함이 있으면 그는 맹목적인 신앙을 가진 사람이었을 것이다. 그리고 믿음의 조상도 될 수 없었을 것이다. 우리는 유대인의 교육방법인 수천 년 전에 만들어진 탈무드가 오늘날 어떻게 적용될 수 있는지와 모든 현상에 대한 질문이 Why(왜)와 How(어떻게)에서 출발한다는 사실을 잊지 말아야 한다. 그리고 이 Why와 How는 기독교 신앙에 반드시 접목되어야 한다.

부족장 시대, 가부장 시대 힘 있는 남성이 함부로 할 수 있었던 수천 년 전에 아브라함이 하나님을 훈계하듯이 변론하는 것이 매우 중요한 장면임에도 불구하고, 대부분의 과거 기독교회는 신앙은 질문하는 것이 아니라 헌신하는 것으로 가르쳐 왔다. 의심은 불신이고 믿음이 없는 것이라고 배웠다. 필자는 이러한 방식이 오히려 성경적이지 않으며, 결국 한국 교회는 자신이 보고 싶어 하고 말하고 싶은 헌신만을 강조했다고 생각한다. 이러한 결과로 많은 기독교인은 질문 하는 것이 매우 비성서적이며 신앙이 없다고 생각을 한다.

그러나 의심하지 않고 믿음이 어떻게 발전할 수 있으며, 질문하지 않고 신앙이 어떻게 새로워질 수 있는가? 도마는 의심이 있었지만, 이것은 불신이라는 의미보다는 좀 더 확고한 사실에 대한 열망이었다. 도마의 의심이 있었기에 부활한 예수를 만난 것이고, 후에 그는 인도로 선교를 떠난 것이다.

인간은 매 순간 확고한 신앙을 가질 수 없는 내외적 환경을 가지고 있다. 그래서 의심은 불신이 아니라 신앙의 한 행위이다. 어떤 과학적 사실에 대해서 의심하고 고민하지 않는 한 새로운 과학적 사실은 밝혀질 수 없듯이, 질문이 비신앙적이며, 무조건적인 희생과 헌신이 바른 신앙이라고 가르치는 것이 기독교인들을 규범에 머무르게 하여 생명을 보지 못하게 하는 큰 요인이라고 생각한다. 이러한 점에서 틸리히의 신학은 끊임없이 우리에게 경계선에 있는 것들에 대한 질문을 요청한다. 그리고 이러한 질문 작업은 규범을 파괴하는 것이 아니라, 우리로 하여금 부수적인 것의 시야와 관심을 거두고 본질인 생명을 보도록 하는 작업이다.

인간은 균형이 필요하다. 한 가정이 행복하기 위해서는 부부의 정서적 균형, 부모와 자녀의 상호존중되는 균형이 필요하다. 한 사람의 인격은 자신 안에 있는 콤플렉스와 그 덩어리인 그림자의 실체를 이해하고 외부적으로 나를 표현하려는 가면인 페르소나에 대해 균형을 가지게 될 때 좀 더 정서적으로 건강한 인간이 될 수 있다. 그러나 한쪽 면만을 강조하는 개인이나 집단은 한쪽으로 힘을 실어 주기 때문에 힘의 효력이 나타나고 그 매력에 빠져 나머지 한쪽을 간과하게 된다. 이러한 것은 장기적으로 보면 큰 손해를 초래한다. 마치 현재의 기독교는 한쪽으로 치우친 성장에서 효과를 보았다면 이제는 장기적인 면에서 그 피해를 고스란히 받고 있다는 느낌을 갖는다.

자신의 존엄성을 가지지 않는 사람은 이웃을 사랑하기가 어렵다. 사랑에 대한 정서적 문제를 가진 사람도 이성의 사랑을 할 수 있다. 건강한 사람은 사랑을 하되, 상대를 배려하는 입장에서 사랑을 한다. 그러나 정서적으로 심하게 결핍되면 겉으로는 사랑을 표방하지만, 내면적으로 자신의 결핍된 사랑을 채우기 위해 상대방을 사랑하는 것이다. 만일 상대방이 절교를 선언하면, 자신의 사랑을 방해한 인물로 생각하여 위해하는 경우를 우리는 매체를 통해서 많이 접한다.

자신을 진정으로 사랑하는 사람은 자존감을 가진 사람이다. 이 자존감은 하나님 안에 가지는 자존감이다. 자신에 대한 존귀함을 가지고 있을 때 그 헌신이 다른 것에 이용되지 않는 헌신이 될 수 있다. 그래서 이러한 자기를 가지고 있는 사람은 남을 사랑하되 자신을 잃지 않고 사랑할 수 있다. 자신을 잃고 사랑하는 것은 맹목적 사랑이 될 수 있기 때문이다. 아이러니한 이야기지만 자신을 잃지 않고 신앙생활을 하는 것은 맹목적 신앙으로부터 자신을 지켜 낼 수 있는 건강한 신앙이 시작되는 것이다.

한국 교회는 숱한 이단과의 분쟁과 싸움이 이어지고 있다. 장로교단만 400여 교단에 이르니 전체를 합하면 도대체 얼마나 될까 하는 한탄이 저절로 나온다. 교회의 분쟁과 이단의 문제는 여러 가지가 있겠지만 그중 하나는 성서에 대한 관점이다. 예수의 말씀처럼 규범인 율법을 넘어 생명의 존중을 우선하는 은혜의 단계로 승화하지 못하면, 각 교단과 이단이 자신의 규범으로 정해놓은 성서해석의 절대성을 전면에 내세울 뿐, 인류애와 생명을 보지 못할 것이다. 한국 교회는 성서에 대한 극단적 신비화의 교육을 뿌려 놓은 대가를 톡톡히 받고 있다. 자신의 해석이나 교단의 규범에서만 절대화시키는 성서 해석은 규범을 넘어 생명을 보지 못하는 한계성을 가진다. 성서는 신앙생활에 매우 중요한 지침서이지만 이 성서를 통해서 인간 생명의 존엄성을 볼 수 없다면 성서를 절대적 신비화하는 것은 타인을 위해할 수 있는 무기가 될 수 있다.

1960년대 베트남전쟁은 수많은 사상자를 내고 미국이 패배한 전쟁이다. 인간의 목숨을 위협하는 전쟁터에서 병사들은 불안에 시달리고, 이 죽음의 불안에서 도피하기 위해 코카인에 손을 대기 시작했다. 마약을 복용하면 마약 중독에 걸리게 되어 인간을 폐인으로 몰아간다. 미국 사회는 베트남전쟁에 돌아오는 미군 병사들이 코카인을 지속적으로 흡입하여 사회적 문제를 발생시킬까 봐 지속적으로 이들을 관리했다. 그러나 통계에 따르면 돌아온 병사의 95%는 코카인을 흡입하지 않았다. 그 이유는 고향인 미국은 베트남전쟁과 같이 죽음의 위협과 불안을 느끼지 않았고, 좋은 환경이 오히려 코카인을 끊을 수 있게 했기 때문이다. 한국 교회의 수많은 분쟁과 문제는 자신이 가진 규범을 지키고 확대하기 위한 불안에서 발생하는 것은 아닌지 의심해 본다. 오히려 우리가 우리 각자의 규범을 넘어 생명존중의 단계로 간다면, 그리고 그것들이 한국 사회로부터 기독교가 합리적 관점에서 인간의 존엄성과 행복권을 기독교적 측면에서 기여하고 있다고 생각한다면 일제강점기에 기독교가 독립운동과 어두운 시기에 문맹퇴치로써 주역이 된 것처럼 21세기에 또 다른 주역이 될 수 있을 것이다.

틸리히의 문화심리학 관점에서 보려는 신학 세계는 우리가 가지고 있는 규범에 대해 도전장을 내민다. 그리고 그것이 어떻게 형성된 것인지, 그 형성이 맞는 것인지 질문하는 통찰을 제시한다. 규범이 강해지고 견고해지면 규범은 특수성을 가지게 되어 초법적 이상의 의미와 거기에 성스러운 종교성의 의미를 부여하게 된다. 그리고 그 성(城)은 견고해진다. 아무도 넘을 수 없는 벽이 된다. 어쩌면 한국 교회는 이 규범을 가지고 특수화시켰고 거기에 성스러움을 더하는 작업을 하였기 때문에 아무도 말해서는 안 되는 금기의 영역이 되어 버렸다. 그러나 틸리히의 신학은 우리가 금기시하여 성스럽게 만들어진 영역에 대하여 보편적인 가치를 가지고 질문을 던진다. 그리고 그 보편성의 질문에 대하여 특수성이 답하지 못한다면 그 특수성은 생명과 영혼이 없는 껍데기가 될 뿐이다.

특별성을 가진다는 것은 개인이나 집단의 정체성이 바람직하다. 일종의 자존감을 가지는 일이기도 하기 때문이다. 그러나 이 특별성 역시 보편성의 가치에 의해 판단이나 견제받을 필요가 있다. 보편성의 가치에 의해 판단되지 않으면 이 특별성은 자기 집단만의 특별성이 되어 버린다. 즉, 자신의 집단 내에서는 인정되지만 다른 집단에서는 인정되지 않는 것이다. 애착이론에서 본 바와 같이 부모의 가치는 중요하지만 그 가치 역시 자녀에 의해 비교 평가가 되는 것이 필요하다. 이러한 작업은 우리가 가진 특별성을 해치는 것이 아니라, 오히려 특별성의 가치를 재해석하여 보편성과 함께 갈 수 있는 길을 제시해 줄 것이다.

실존주의 심리학 관점에서는 특수성 또는 특별성을 가지는 것은 자기방어기제 중 핵심으로 여긴다(Yalom, 2013). 아이러니한 것은 개인이나 집단을 위해서 무언가 특별한 영역을 만들어 내고, 그 특수성과 자신을 연결시키는 것은 인간의 자기정체성을 확고히 하기 위한 수단일 수 있다. 틸리히 관점이 기독교 내의 이 특수성에 대해 도전하고 있다. 그의 통찰은 보편적 관점에서 우리가 가진 특수성에 대한 의심과 의심의 해석학으로 유도하고 있다. 결국 논지는 특수성은 항상 보편성 관점에서 조명되어야 바람직한 특수성이 될 수 있다는 점이다.

킬케골의 예수 비유에서처럼, 결국 인간 예수가 된 것은 인간 세계에 들어옴으로써 그 특수성의 의미를 갖는 것이다. 특수성이 문제가 되는 것은 특수성이 보편적 세계에 들어오지 않고, 자신의 세계에서 그대로 있으면서 군림하거나 보편성에 대해 저평가하기 때문이다. 틸리히의 신학은 이러한 점을 의심하고 있다. 진정한 특수성이라는 것은 자신의 특수한 자리에 남는 것이 아니라, 보편성의 세계에 들어와 체득화의 과정을 경험하는 것이다. 이러한 관점에서 틸리히의 신학은 전통적인 규범의 틀에서 머물러서 보려는 특수성이 아니며, 이 특수성에 대해 문제를 제기하고 있다. 동시에 보편적 인간 세계에서 발생하는 모든 현상을 통해서 보편성의 문제를 가지고 특수성을 가진 기독교 신학과 신앙에 질문을 하는 것이다. 어쩌면 틸리히의 심리학적 관점의 신학의 화두는 특수성에 쌓인 기독교 신앙과 신학이 보편성의 영역으로 들어와야 그것이 진정한 특별성이 된다는 의미이다. 그래서 그는 특수성 세계에 갇혀 있는 기독교만의 전문용어들을 보편성의 관점에서 기독교인 외에 다른 사람들도 이해할 수 있는 용어로 교체하였다. 대표적인 예로 '죄'를 '소외'라는 용어로, '믿음'을 '용기'라는 용어로 사용하였다.

기독교 상담학자였던 클라인벨(H. Clinebell)은 현대사회와 교회를 등대의 비유로 설명하고 있다. 초기에 등대는 표류하는 배와 사람들을 위해서 이정표를 주기 위해 설립되었고, 마을 사람들이 자원해서 난파선에 있는 사람들을 구하기 위해서였다. 그러나 세월이 지나면서 환경은 좋아지고 문화시설이 들어오면서 자원봉사를 하지 않았고, 등대가 있던 바닷가는 사람들이 먹고 마시는 삶을 즐기는 장소가 되었다. 그래서 오늘날 바닷가를 찾는 사람들은 등대를 보지만 등대가 어떤 의미인지 잘 알지 못하고, 그 주변에 널려 있는 여러 위락시설에 시선과 마음을 둘 뿐이다.

현대는 4차 산업 구조로 들어갔다. 4차 산업은 인류의 의식구조를 완전히 뒤바꾸는 시기가 될 것이다. 의식주를 비롯해서 죽음과 질병에 대한 정복이 더 강해지고, 소비가 놀이가 되는 시기가 되었다. 인간은 소비가 놀이가 되는 패턴에 익숙하게 성장한다. 동시에 인간이 죽음과 질병과 같은 한계성을 가지고 있는 한 종교에는 프로이트가 지적하는 것과 같은 환영 같은 것이 개인에 의해 발생할 수 있다. 인간이 종교를 가지게 된 여러 원인 중에 중요한 것은 죽음, 질병 그리고 먹거리에 대한 문제였다. 불과 20세기 초만해도 대다수의 사람이 하루 한 끼 정도의 식사로 연명해 나갔다. 과거사에 수많은 전쟁의 원인 중 하나도 먹거리 부족이었다. 그래서 더 좋은 농지와 식량을 확보하기 위해서 전쟁의 빌미를 제공했다. 그러나 한국사회에서 죽음, 질병, 먹거리와 같은 것은 대다수의 사람에게 그렇게 위협이 되지 않는다. 죽음은 서서히 정복되어 가는 것과 같은 궤도를 달리고 있다. 1960~1970년대 환갑이라는 나이가 장수의 나이였다면 이제는 대다수의 사람이 100세를 예측하는 시대에 살고 있다. 의료와 주거, 의식주의 개선으로 대부분의 질병은 정복되었고 전쟁도 많이 줄어들어 인간은 죽음의 위협에 그렇게 많이 노출되어 있지 않다. 이러한 요인들은 인간으로 하여금 과거 인류가 이세 가지 위협으로부터 자신을 보호하기 위해 종교가 가진 도식에서 정신적으로 서서히 탈피하고 있고, 이제는 인간 스스로가 신이 되려고 하는 '신이 된 인간(Homo Deus)'의 사회로 한 발자국 씩 깊게 접근하고 있다.

이러한 관점을 종합해 보면 기독교는 세 가지 도전을 받고 있다. 첫째, 가부장 사회에서 관계성을 중요시하는 합리적인 사회로 변화한 이 시대에서 헌신이 아니라 자기실현에 대한 관심에 대하여 어떻게 합리적으로 대응할 것인가에 대한 것. 둘째, 죽음과 질병, 기근에서 해방된 현대인은, 과거 인류의 조상들은 이것들 때문에 종교를 가지게 되었는데, 이런 것들이 사라지는 21세기 그리고 인간 스스로가 주인이 되려는 현 상황에 무엇으로 접근을 할 수 있을까에 대한 것. 셋째, 소비가 놀이가 되어 가고, 인간의 모든 환경이 놀이와 즐김이 중요한 이슈로 등장하는 이 시대에 기독교는 과연 어떻게 접근해야 하는가라는 과제가 주어진다. 아마 틸리히의 심리학적 신학은 종교와 하나님이 잊혀 가는 시대에, 인간 자신이 신이 되려는 시대에 인간의 심연에서부터 그리고 실존의 한계에서 오는 인간의 절망과 모호성을 알게 하여, 인간의 자리를 알게 하고, 가부장적 사회에서 굳어진 특수성이라는 규범을 보편성의 관점에 보도록 도전하는 것이 될 것이다. 그의 신학적 질문은 구조화되어 우리에게 익숙한 모든 사상과 이념에 대하여 '왜'라는 질문을 던지게 함으로, 우리가 간과하거나 이기성에 의해 오염된 기독교 진리에 대해서 재해석을 하도록 요청할 것이다.

II. 폴 틸리히의 성장환경과 생애:
틸리히의 트라우마와 심리적 고뇌

II. 폴 틸리히의 성장환경과 생애: 틸리히의 트라우마와 심리적 고뇌

1. 틸리히의 사회문화적 환경

틸리히는 아버지 요하네스 오스카 틸리히(Johannes Oskar Tillich)와 어머니 빌헬미나 마틸드(Wilhelmina Mathilde) 사이에서 1886년 8월 20일 독일 브란덴브루크(Brandenburg)지역에 작은 산업도시인 구벤(Guben) 지방의 슈타르체텔(Starzeddel)이라는 작은 마을에서 세 자녀 중 장남으로 태어났다. 그에게는 세 살 아래인 여동생 요한나(Johanna)와 일곱 살 아래 여동생인 엘리자베스(Elizabeth)가 있었다(May, 1973, p. 37). 그의 아버지는 당시 프러시아(Prussian) 지역의 개신교 목사로서 봉직하고 있었다. 그가 4세 때 부친은 Schönfließ 지역으로 옮겨 루터란 교회의 감독 직책으로 일을 하였다. 이 지역은 브란덴브루크의 동쪽에 위치하며 3천 명 정도의 인구로 구성된 마을이었다. 틸리히는 12세까지 이 지역에서 고딕 형식의 교회 건물과 마을의 풍요로운 환경에 노출되었고, 우거

진 나무와 초원 그리고 벌판이 어우러진 환경에서 살았다. 그는 어
린 시절의 자연환경을 다음과 같이 회상하였다. "(자연에 대한) 거
의 모든 좋은 기억과 (자연에 대한) 강한 그리움은 흙, 날씨, 옥수수
밭, 가을날의 고구마 이파리의 냄새, 구름의 모습, 바람, 꽃 그리고
숲의 풍경과 함께 뒤섞여 있다"(Tillich, 1936, p. 7).

틸리히는 자연에 대해 낭만주의(Romanticism) 생각을 가질 수 있
었던 세 가지 요소를 말하고 있는데, 첫째, 어린 시절에 자신이 이
곳에서 매일 접하게 되는 자연과의 대화였다. 나이가 좀 들어서는
매해 수개월 동안 자연과 교감할 수 있는 것이 그로 하여금 자연에
대한 낭만에 빠지게 하였다. 이 경험은 틸리히에게 자연과 비슷한
곳에서는 '신비한 참여(mystical participation)'를 할 수 있도록 하였
다. 둘째, 시(poetry)의 영향이다. 그가 자연을 좋아하는 모든 표현
은 독일의 시인들(괴테, 니체, 릴케 등등)의 자연에 대한 표현은 한
번 들으면 잊지 못할 정도로 기억되었다. 셋째, 신학에서 무한자와
유한자의 심연을 극복하는 루터란 교회의 배경이었다. 루터란 교
회의 신학적 배경은 신학적으로 모든 유한한 곳에도 무한자의 존
재가 있다는 것이다(Kegley & Bretall, 1952, pp. 4-5).

자연과의 특별한 인연 외에도 역사와의 인연이 낭만주의적 관심
을 가지게 했다. 훗날 그는 성장환경을 생각하면 고딕양식으로 만
들어진 건축양식에서 과거 역사를 본 증인으로써 현재에 참여하고
있다는 느낌을 경험하였다. 그리고 동시에 그가 경험한 자연환경
은 역사와 자연에 대한 로맨틱한 태도를 가지게 하였다. 그는 자신
이 12세까지 성장한 이 도시의 건물과 자연에 대해 다음과 같이 표
현한다.

모든 건물의 돌이 지난 수십세기 동안의 과거의 유산인 도시
에 산다는 것은 지식으로서만이 아니라, 현재 안에 과거의 유산
들이 참여한다는 살아 있는 현실로써 역사에 대한 느낌을 만들
어 낸다(재인용, Kegley & Bretall, 1952, p. 5).

지난 수십세기의 역사의 자취가 스며 있는 성과 돌벽, 성전 그리
고 집들을 보면서 성장한 것은 역사가 지식으로써의 역사가 아니
라, 정서와 감정에 남는 것으로 과거의 유적이지만 현실에 살아 있
는 실체로써 틸리히에게 작용했다(Kegely & Bretall, 1952, p. 5).

독일의 동쪽은 완전하게 기독교화되지 않았고, 오래된 전설이
당시 사회에 뿌리내리고 있는 환경이었으나, 틸리히는 중세로부터
내려온 오래된 전설과 고궁과 성벽들은 중세의 전설, 신비, 의식을
반영해 주는 것들이었다고 회상한다. 그는 유년 시절에 도심에 비
해 시골인 독일의 동쪽 성곽으로 둘러싸인 환경에서 아침과 저녁
으로 사람들이 가축 떼를 몰고 가는 광경을 익숙하게 보며 성장했
고, 이곳은 시와 전설에 둘러싸인 지역이었다. 그는 동독의 문화
적 환경이 과거의 역사가 현실까지 이어지고 참여하는 역사에 대
한 느낌을 가지게 하였다고 회상한다(May, 1973, pp. 7-8). 고딕양
식의 건물과 어우러진 시간과 공간의 세계를 초월하는 듯한 현실
속에서 과거 건물을 보고, 자연의 신비함과 고유함의 어우러짐은
틸리히 신학을 형성하는 데 중요한 역할을 한 것으로 본다(Martin,
1966, p. 15).

틸리히는 건축양식과 자연의 영향 외에 부모에게서도 영향을
많이 받았다. 부모는 두 사람 다 성격이 강한 성향을 가지고 있으
나, 대조적인 성향을 가진 사람들이었다. 아버지 요하네스 오스카

틸리히는 구 독일의 동독에서 성장하였기에, 동독적인 성향이 있었다. 그는 선천적인 고독감을 가지고 있었고, 우울정서에 익숙하게 성장했다. 시민으로서의 개인의 의무 강조, 신앙적인 면에서는 개인의 죄에 대해 많이 강조했다. 다분히 개인화의 중요성을 강조하기보다는 전통, 가부장적 전통에 대한 성향이 강했다. 그래서 권위를 강조하고 중세기 봉건제도에 대한 잔재의식이 많이 남아 있었다. 루터란 교회의 가족주의(paternalism)는 틸리히의 아버지를 가족 중에서 누구도 넘볼 수 없는 사람으로 만들었다. 그의 부친이 어머니에 비해 엄격했던 것도 이러한 사회문화적 환경의 영향이었다.

　학문과 도덕적인 면에서 틸리히의 부친은 매우 양심적이었고, 당당한 사람이었고, 이해가 되어야 움직이는 사람이었으며, 보수적 성향을 열렬히 지지하는 사람이었다. 보수적 성향을 가진 틸리히의 부친은 종교적인 권위주의를 가지고 있었지만 지적이었다. 그래서 부친은 철학적 논의를 선호하였는데, 틸리히는 이러한 부친의 성향을 알았고, 아버지의 환심을 살 수 있는 방법이 철학이며 철학적 구조에서 논리성을 가지고 아버지와 이야기하는 것이 아버지와 함께할 수 있는 좋은 방법이라는 것을 알았다. 이러한 점에서 틸리히는 철학적 논쟁을 하는 것이 가장 행복한 순간이었으며, 이러한 철학적 논리성을 통하여 아버지와의 관계를 맺었고, 동시에 자신만의 독립적인 영역도 가질 수 있었다.

　정신분석가이며 틸리히의 벗이자 제자였던 롤로 메이(Rollo May)는 틸리히가 가진 우울을 살펴보기 위해 그의 부친과의 관계에 주목을 했다(May, 1973, p. 77). 틸리히의 부인 한나(Hannah)에 의하면 틸리히의 아버지는 목소리가 컬컬하고, 매력적인 용모를 가졌고, 교훈적이고 야심이 많은 사람으로 표현한다(May, 1973, p. 37). 아버지와의 철학적 논쟁은 긍정적 관계였지만, 이것은 어쩌면 부친의 성향에 틸리히가 생존하기 위한 애착이었기 때문에 여기에는 자율성이 없는 독립적 한계성이 있었다(May, 1973, p. 77). 틸리히는 청소년기를 지나 성인기에 대학가에서 두각을 나타내는 촉망받는 젊은이였지만 틸리히의 아버지는 이에 대해 경쟁적인 질투가 있었다. 예를 들어, 틸리히가 아버지보다 먼저 명예학 박사(Honorary Degree)를 받자 아버지는 분노했다. 그래서 틸리히는 아버지가 매우 경쟁적이면서 질투심을 가진 것을 느꼈고, 이러한 아버지의 감정과 태도가 틸리히가 꾸는 악몽의 주제였다. 그는 이러한 꿈을 다음과 같이 표현했다. (꿈에) "내가 나무 꼭대기에 올라갔는데, 아버지의 손이 나를 아래로 떨어뜨리려고 해서 비명을 질렀다"(May, 1973, p. 78).

유니온 신학교에서 틸리히의 수업을 들은 메이는 어느 날 틸리히가 연구실에 뛰쳐나오면서 환상에 시달리며 "그 아버지가 뱀이었다."라고 말하는 것을 들었다. 메이는 이 광경은 틸리히와 아버지의 관계를 간접적으로 보여 주는 것이었다고 회상한다(May, 1973, p. 79). 메이는 틸리히가 전통 기독교와 다른 시각으로 신학을 하는 것은 권위적인 아버지와의 싸움이라고 해석한다(May, 1973, p. 79). 마치 발달심리학자 에릭 에릭슨(Erik Erikson)이 마틴 루터의 종교개혁의 동기는 권위적인 루터의 아버지에 대한 싸움에서 시작하는 것이라고 본 관점과 같다.

반면, 어머니 빌헬미나 마틸드는 서독의 성향을 지녀 고착보다는 이동, 삶의 동적인 의미, 합리성과 민주성에 익숙한 구조를 가지고 있었다. 틸리히는 이러한 대조적 성향을 가진 부모에 의해서 그 양자적 성향 사이에서 성장하였다. 서쪽의 개방성, 이동성 그리고 생기가 있는 문화는 그의 부친에게 없는 또 다른 영역이었다. 틸리히는 이러한 상반적인 부모의 성향이 자신의 뿌리에 있음을 고백한다(Tillich, 1936, p. 4). 그러나 어머니는 아버지보다는 더 민주화된 서독 출신이지만, 서구개혁 기독교의 엄격한 도덕에 많은 영향을 받은 사람이기 때문에 틸리히는 행동과 사고에 매우 엄격한 압력을 받았다. 이러한 부모의 권위성과 너무 엄격한 도덕적 잣대는 틸리히로 하여금 불필요한 죄의식에 시달리게 했다. 즉, 모든 것을 타개하려는 틸리히의 시도는 하나님의 신성과 부모와의 동일시를 통해 피할 수 없는 죄의식이 발생했고 방해를 받았다(Kegley & Bretall, 1952, p. 8)

2. 틸리히의 학문 여정

1900년 틸리히는 콩스베르그 노이마르크(Kongsberg-Neumark) 김나지움(Gymnasium)에 입학한 지 2년 만에 그의 아버지가 베를린에서 교회의 중요 직책을 맡게 되어 이곳으로 이주하게 되었다. 베를린으로 이주하기 전에 있던 자그마한 시골 도시는 자연을 가깝게 하는 데는 좋았지만, 성장하는 그에게는 서서히 좁고 제한적이라는 느낌을 갖게 하였다. 그래서 베를린으로의 이주는 무한적이며 열려 있고, 제한이 없는 공간으로 여겨졌다(Kegley & Bretall, 1952, p. 7).

베를린은 틸리히가 12세까지 살았던 전원도시와는 또 다른 이미지를 심어 주었다. 베를린은 대도시로써 틸리히에게 지적이고 예술적인 인상을 주었다. 이런 것들이 후에는 틸리히에게 보헤미안적 감각을 심어 주었다. 틸리히는 대도시가 가진 내외적인 요소로 정치적이고 사회적인 일에 대하여 관심을 가지기 시작했다.

김나지움에 있는 동안에 그는 기초학문인 그리스 언어와 라틴어에 관심을 많이 가졌으며, 그리스 철학에 흥미를 지녔고, 소크라테스 이전의 철학(pre-Socratic)에 대하여 관심을 가졌다. 김나지움을 졸업한 후 그는 베를린 대학교, 튀빙겐 대학교, 할레 대학교에서 신학을 공부하였고, 브레스라우 대학교에서 「쉘링의 긍정철학에 있어서 종교사적 구성, 그 구성과 원리」로 철학박사 학위를 받았고, 1911년 할레 대학교에서 「쉘링의 철학적 발전에 있어서 신비주의와 죄의식」으로 신학박사 학위를 받았다.

틸리히가 쉘링의 철학에 관심을 가진 이유는 쉘링의 철학을 통해 인간의 역사를 구원의 역사로 보는 관점을 보았고, 이것이 바로 신학과 철학의 조화로 보았다. 그래서 그는 쉘링의 철학은 '신률적 철학(theonomous philosophy)'이라고 하였다(Martin, 1966, p. 18).

틸리히는 역사에서 인간의 의식 흐름 혹은 신앙의 발달단계를 '타율성(heteronomy)-자율성(autonomy)-신률성(theonomy)'으로 보았다(Tillich, 1951, pp. 83-86). 타율성의 시대는 권력, 교권주의와 같은 힘에 의해서 인간의 의식이나 신앙이 움직였을 때이다. 사실이 이 단계가 지속적인 강압이 되면, 이 구조 안에 있는 사람들은 자신이 타율에 의해 만들어지는 것을 느끼지 못하고 타율 자체를 운명처럼 받아들이게 된다. 이러한 구조는 현대에서도 개인이나 집단 혹은 국가체계에서 여전히 존재하고 있다. 이 타율성의 시대는 중세를 거쳐 계몽주의 사회에 들어오면서 그 틀이 잘못되었다는 것을 알고, 개인과 집단은 종교를 포함한 기득권 세력에서 개

인의 자율성과 결정이 더 중요한 역할을 하는 것을 강조하는 시대
가 되었다.

16세기 종교혁명에서부터 시작해서 가깝게는 산업혁명 이후에
불어 닥친 신분제의 변화와 같은 것은 현대에 이르기까지 인간 개
인이 가진 결정이 중요하고, 집단의 가치도 중요하지만 집단의 구
성원으로 되어 있는 한 개인의 존엄에 대한 것들이 부각되었다. 그
러나 지금도 인간의 자율성의 시대가 계속되고 있지만, 인간 자율
성은 제1, 2차 세계대전을 통해서 막을 내렸다. 자율성이 강조된
인간은 결국 그 자율성의 근거로 하여 인류 역사상 가장 비참한 전
쟁을 일으키는 주범이 되었다. 그래서 틸리히는 신률성의 시대를
고대한다. 신률성의 시대란, 하나님 나라의 전적인 도래를 의미한
다. 동시에 이것은 하나님 나라가 인간에게 와서 인간의 의지가 타
율적으로 된다는 의미가 아니라, 인간의 의지를 존중하는 하나님
나라의 도래를 의미한다. 틸리히가 쉘링의 철학을 '신률적 철학'이
라고 하는 것은 그의 철학이 단순히 인간의 본질을 파헤치는 것이
아니라, 인간에게 의미를 가져다 줄 수 있는 신학과 철학의 절묘한
상호관계성이 있다고 생각하기 때문이다.

틸리히가 신률적 철학이라고 부른 또 하나의 철학자가 있다. 마
틴 하이데거이다(Martin Heidegger)(Martin, 1966, p. 18). 하이데거
와 틸리히는 1920년대에 마르부르크(Marburg) 대학교에 같이 재직
했었고, 이때 하이데거는 그의 대표 저서『존재와 시간(*Sein und
Zeit*)』을 집필하고 있었다. 하이데거가 무신론적 입장을 가지고 있
음에도 인간의 자유와 한계성에 대한 이해는 기독교적 인간이해와
매우 밀접하기 때문에 그의 철학을 신률적 철학이라고 부른다. 이
러한 관점에서 하이데거의 철학은 실존적 철학이고 이 실존적 입

장은 인간의 존재에 대해 혁신적이고 새로운 방법으로 존재에 대해서 질문하는 것이다. 하이데거의 철학으로 인해 틸리히의 초기 기독교 사상은 보다 철학과 신학 사이의 경계선을 어느 하나 포기함 없이 더 명확해졌다고 생각했다(Tillich, 1936, p. 35).

또 한 명의 중요한 철학자는 킬케골이다. 그의 영향력은 하이데거만큼 컸다. 특별히 킬케골이 말하는 불안에 대한 심리학적 해석과 인간에 대한 이해는 틸리히에게 충격이었다. 세계대전 이전에는 유럽 사회에서 킬케골의 철학의 영향이 미미했지만, 전후에 인간이 가진 제한 그리고 전쟁으로 인한 불안으로 독일의 철학과 신학에 지대한 영향을 주었고, 동시에 틸리히에게도 중요한 영향을 미쳤다(Martin, 1966, p. 18).

카를 마르크스(Karl Marx)는 인간 개인과 조직이 가진 현실적인 구조적인 문제와 그 구조와 얽혀 있는 경제적 문제를 파헤쳤다. 틸리히는 마치 프로이트가 인간 무의식에 대한 것을 파헤쳐 이 무의식이 인간에게 있는 죄성에 대한 것과 연관시킨 것과 같이, 마르크스의 인간 경제에 대한 분석은 인간이 가진 모든 이념을 흔드는 중요한 역할을 한다고 보았다. 이러한 점에서 틸리히는 마르크스를 예언자적인 사람이라고 보았다. 한때 반공이 구소련과 미국 사이에 첨예하게 대립하고, 한국에서 공산주의 자유주의에 대한 이념에 대한 흑백논리가 강할 때 마르크스의 이론은 붉은 공산당에 대한 적국의 이념으로 완전 터부시하는 시대가 있었다. 그러나 실상은 중세를 거치고 신분제의 이동이 발생하고 자본과 기술이 인간의 생활에 들어오면서 인간은 물질과 자본에 의해 움직이는 도구로 전락하였고, 이러한 인간 세상의 비극을 경제 관점에서 비판한 마르크스의 이론에서 틸리히는 예언자적 통찰을 보았다(Martin,

1966, p. 21). 그러나 틸리히는 마르크스의 이론을 전적으로 수용하는 것은 아니었다. 그가 가진 예언자적인 관점에서 본 인간에 대한 본질적 이해와 깊은 통찰에 대해서는 수용하지만, 인간을 물질적인 관점에서 계산하고, 계급적 관점에서 분노하는 것에 대해서는 반대하였다(Tillich, 1936, p. 63).

제1차 세계대전 후 틸리히는 베를린 대학교에서 교수 자격을 취득하고 신학강사가 되었다. 그리고 1919부터 1924년까지 교수로 지낸다. 이 시기는 그의 지적 호기심이 넓어지는 시기여서, 종교에서 시작하여 예술, 철학, 사회학, 정치학, 그리고 심층심리학과 연관시켜 연구하였는데 이것은 틸리히가 주장하는 '문화 신학(theology of culture)'을 발전시키려 했던 것이다(Martin, 1966, p. 23). 틸리히가 문화와 종교 간의 관계에 관심을 가지면서 이 두 가지의 불가분의 관계성을 역설하고 문화 신학의 중요성을 강조하는 것은 종교와 문화를 이해하는 그의 관점에서이다. 그는 종교의 형식은 문화이며, 문화의 내용은 종교라는 것으로 이 양자에 대한 상관성을 말한다(Tillich, 1948, p. 57). 인간의 문화를 형성하는 근원에 종교가 있고, 종교의 형식을 빌어서 표출하는 형식을 가진 것이 문화라는 것이다.

틸리히가 이러한 관심을 가진 것은 전후 독일의 모든 것이 혼돈 상태가 되었음에 기인했다. 우리가 아는 바와 같이 전범국가로써 패전국가가 됨에 따라 나라의 경제부터 모든 것이 와해되었다. 사회구조는 혼란하였고, 교육, 가정 그리고 생의 즐거움 같은 것은 혼돈에 빠져 있었다(Tillich, 1952, p. 13). 이 과정에서 특별히 틸리히가 관심을 가진 두 분야는 '표현예술과 정신분석'이다. 표현예술은 틀에 박힌 형식을 파괴하고, 존재의 심연으로부터 물어본 깊은 이성적 표현이 있고, 이것들은 창의적 초월성을 가졌다. 틸리히는 이러한 형태의 표현을 자주 하는 것은 인간이 지닌 실존론적 고민이 표현될 수 있는 영역이 현대인에게 남아 있다고 생각하기 때문이다. 그래서 그는 실존적인 영역의 것들을 다루는 문학, 음악 등의 예술 분야에 인간의 처절한 고민이 표출된다고 생각한다.

정신분석학에 대한 그의 관심은 프로이트와 그의 제자들로부터의 영향인데, 그것은 정신분석학에서 인간의 무의식에 대한 정의와 틸리히가 말하는 인간의 죄성과의 연관성이다. 이러한 관점에서 틸리히는 심리학과 신학을 분리하는 것은 실수였으며, 이 두 가지는 각각 존재하는 것이 아니라 상호내적 관련성이 있는 것으로 보았다(Tillich, 1984, p. 83). 프로이트가 무의식을 통해 이해하는 인간은 무의식에 의해 전적으로 통제받는 인간이다. 틸리히가 프로이트의 정신분석학을 통해 본 것은 바로 이 무의식적인 거칠고 절제할 수 없는 본능을 인간의 뿌리 뽑기 어려운 죄성과 연관시켰다는 점이다. 이러한 관점에서 틸리히는 정신분석학과 실존주의는 그 뿌리부터 연관이 있으며, 이 양자는 가장 근본적이고 심오한 과정을 통해 서로에게 영향을 주고 있다고 보았다(Tillich, 1984, p. 82).

1924년부터 1925년까지 마르부르크 대학교의 교수로 활동하였으며, 이 시간 동안에 그의 대표 저서인『조직신학(*Systematic Theology*)』에 대한 구성을 하였고 마지막 학기에 이 과목을 가르쳤다. 1925년부터 1929년까지 드레스덴 대학교에서는 종교학과 교수로, 라이프치히 대학교에서는 철학교수를 지냈다. 1929년에서 1933년까지는 프랑크프루트 대학교에서 교수로 지냈는데 이 시기에 그는 독일 사회에서 유명인사가 되었으며, 틸리히는 종교

사회주의(religious socialism) 관점에서 동료들과 함께 베를린 청중에게 연설하면서 독일 나치당의 국가사회주의 운동을 적극 반대하였다. 이 기간에 자신의 제자가 나치당원들에 뭇매를 맞자, 그 학생을 빌딩 안으로 옮겼고, 그는 강의를 통해 나치를 가장 강하게 비판하였다.

히틀러가 정권을 잡기 전, 그는 부인 한나와 함께 히틀러의 연설을 들었는데, 그 연설을 들은 틸리히는 히틀러가 야만인이라는 것을 확신하였고, 참혹한 연설 내용으로 인해 비참했던 그는 심지어 독일어를 말할 수 없을 정도의 충격을 받았다. 대부분의 교회 책임자들은 히틀러에게 기울었고, 중요한 서적들은 나치당에 의해 소각되었는데, 틸리히는 이것은 상징이 상실되는 것으로 생각했기에 이 기간 내내 분노에 차 있었다(May, 1973, p. 9).

당시 유럽은 히틀러 소식을 들었을 때 초기에는 그리 크게 염려하지 않았다. 그래서 전쟁 발발 전의 그해 여름은 심지어 히틀러에 대해 농담을 하는 시기였다. 그러나 1933년 히틀러가 정권을 잡자 사태는 험악하게 돌아갔으며, 독일 내에서 히틀러 정권으로 인한 박해와 압박으로 자살이 도처에서 발생하였고, 틸리히는 그해 여름, 대학에서 나치 정권을 비판했다는 이유로 파면당했다.

1933년 여름 그는 그의 파면 소식을 들은 미국 콜롬비아 대학교의 철학과 학과장인 호레스 프라이스(Horace Friess)로부터 대학에서 강의를 해 달라는 부탁을 받았고, 동시에 유니온 신학교의 라인홀드 니버에게도 강의를 부탁받았다. 그러나 당시 틸리히는 독일을 떠난다는 것은 지식 세계의 중심이 되는 나라를 떠나는 것이라 생각했기에 자발적으로는 떠나는 것을 주저했다. 이러한 상황에서 틸리히는 베를린에서 당시 교육부장관과 약속을 하게 되었고,

교육부장관을 만난 틸리히는 그에게 두 가지 질문을 하였다. 첫째, 독일 정부가 유대인을 계속 학대할 것인가? 둘째, 현 문화에 대한 정책이 무엇인가? 이 질문을 듣고 교육부장관은 적어도 2년간은 독일을 떠나 있으라는 충고를 하였다. 이 말을 듣고 틸리히는 미국으로 향하는 승선표를 구매했다.

틸리히는 1933년 11월 4일 뉴욕에 도착한다(Kegley & Bretall, 1952, p. 16). 미국에서는 이미 리처드 니버가 틸리히의 책을 번역하여 미국 사회에 틸리히가 소개되었기에 그는 이미 인지도 있는 사람이 되어 있었고, 틸리히는 47세의 중년에 유니온 신학교 교수로 초청받게 된다(Martin, 1966, p. 25).

미국 사회에 도착한 틸리히는 학문에 있어서 극히 개인주의적인 독일의 풍토와는 다른 미국 풍토를 접하게 된다(Kegley & Bretall, 1952, p. 17). 그리고 많은 신학자와 신학학회와의 교류, 철학학회와의 교류, 심리학자들과의 교류를 통해 학문의 폭을 넓혀 나갔다. 그중에서 틸리히는 심리학을 통해서 얻은 학문의 도움을 다음과 같이 기술한다.

외적이고 실질적인 이유로 나는 제1차 세계대전 후 독일에서 즐겼던 예술가, 시인 그리고 작가들과 관계를 유지하는 것이 불가능하였다. 그러나 나는 지난 10년간 심층심리학과 여기에 관계된 학자들과 매우 견고한 관계를 가질 수 있었다. 인간에 대한 신학적이고 정신치료적 이해의 관계성에 대한 문제는 더욱더 나의 학문적 관심에 최우선이 되었다.…… 나는 심층심리학이 가져다 준 이 방대한 자료의 사용없이 기독교의 인간이해, 특별히 기독교인의 기독교 교리 면에서 인간을 이해하는 것은 불가능하다고 생각한다(Kegley & Bretall, 1952, pp. 18-19).

그는 1933년부터 1955년까지 유니온 신학교에서 종교철학교수로 근무하였고, 1933년에서 1934년까지는 인접해 있는 콜롬비아 대학교에서 철학 강의도 하였다. 1937년에 유니온 신학교에서 정교수직을 받았고, 1940년에 미국 시민권자가 되었다. 이 기간 동안 그는 대표되는 저서를 발행하였는데, 1936년에 『경계선에 대하여(On the Boundary)』 1948년에 『프로테스탄트 시대(Protestant Era)』, 그의 설교집 『흔들리는 터전(Shaking of the Foundations)』, 그리고 1951년에 『조직신학 1(Systematic Theology I)』이 발간되었다.

1955년 유니온 신학교에서 정년퇴임한 후 그는 학문적 탁월성을 인정받아 하버드 대학교의 교수(University Professor)로 초빙받아 1962년까지 교수로서 활동하였다. 이 직책은 하버드 대학교의 어느 특정 학부에 속하지 않고, 하버드의 전체 대학생을 대상으로 강의할 수 있는 특권이 있는 직책이었고, 당시 그는 하버드 대학교에서 가장 유명한 5명의 학자 중 한 사람이었다. 그리고 하버드 대학교에 있을 때 1957년 그의 대표저서인 『조직신학 2(Systematic Theology II)』와 『믿음의 역동성(Dynamics of Faith)』이 발간된다. 1962년 하버드 대학교 교수직이 끝나고 시카고 대학교의 초빙을 받아 1965년까지 교수생활을 하였다. 시카고 대학교 재직 시 1963년에 그의 책 『조직신학 3(Systematic Theology III)』이 발간되었다. 그러나 1965년 심장마비로 10월 22일에 세상을 떠났다.[1]

---

1) 76세 생일을 앞두고 틸리히는 이렇게 말했다. "인생의 한계성인 이 제한된 시간, 이 뚫을 수 없는 벽이 나와 항상 함께 있다." 틸리히가 심장 문제로 쓰러진 날은 시카고 지역에 있는 레이크포리스트(LakeForest) 대학교에서 강연이 예정되어 있었다. 그러한 그가 쓰러졌기 때문에 병원에 입원을 해야 했다. 사망 2주전에 그는 급속히 건강이 악화되었다. 입원하여 있는 동안 그는 내내 부인 한나(Hannah)가 자신 곁에 머물러 주기를 부탁했다. 이 입원 기간 동안 틸리히는 부인 한나에게 과거 자신의 저지른 잘못한 일들에 대해 용서를 구했고, 한나와 함께 걸었던 공원을 회상하며 울었다. 이 회

틸리히는 사망 후 8개월 후에 그의 업적을 기리기 위해서 미국 인디애나 주(Indiana State), 뉴 하모니(New Harmony) 시에 있는 폴 틸리히 추모 공원(Paul Tillich Memorial Park)에 안장되었고, 여기에는 그의 신학적 학문을 기리는 비석과 흉상이 자리하고 있다. 세계 대전으로 유럽에서 미국으로 이주해 온 사람들은 종교공동체를 꿈꾸고 있었는데, 이 운동의 대표인물인 오웬(Robert Owen)이다. 비록 이 운동은 실패하였지만, 그의 아내 제인(Jane Owen)이 이 종교공동체를 희사하여 틸리히 추모공원으로 만들었다(May, 1973, pp. 103-105). 틸리히는 생전에 이 종교공동체를 방문했을 때 독일에서 자신이 어릴 때 좋아하던 나무를 공수해 와서 이곳에 심었다. 인간이면 누구나 본향에 대한 향수를 잊을 수 없기 마련이다. 틸리히도 잊을 수 없는 어린 시절에 대한 그리움을 담은 것이다. 그리고 독일과 미국이라는 경계선상에서 살았던 위대한 신학자 틸리히는 어린 시절 동독의 마을의 나무 가운데서 노는 것처럼 그의 흉상이 추모공원 가운데 놓여있다(May, 1973, pp. 106-107).

미국 인디애나 뉴하모니(New Harmony) 틸리히 추모공원에 있는 틸리히 흉상

상에 한나는 앞으로 공원을 걸을 때마다 틸리히를 기억하겠다고 말했다(May, 1973, pp. 103-105).

3. 실존주의 신학자로서의 세계

한 개인이 성장하면서 부모와의 관계는 개인의 정체성을 형성하는 데 매우 중요한 역할을 한다. 이러한 관점에서 틸리히 아버지와 어머니의 성향이 어떻게 틸리히의 정신세계에 영향을 주었다. 그러나 이와 동시에 간과하지 말아야 할 것은 틸리히 일생에서의 중요한 사건과 경험이다. 메이는 틸리히 경험에서 중요한 것들은 틸리히의 이혼, 어머니의 죽음, 제1차 세계대전 참전, 나치당과의 갈등, 미국 정착 등을 중요한 사건으로 보고 있다. 이 중에 두 가지 중요한 사건, 어머니의 죽음과 제1차 세계대전에 군목으로 참여한 것은 그의 신학과 인간이해에 중요한 사건이었기에 이 두 가지가 어떻게 영향을 주었는지를 살펴보고자 한다.

틸리히와 우정을 나누었던 친구이면서 제자였던 롤로 메이는 1973년 틸리히와의 시간을 회상하는 책 『폴 틸리히에 대한 회상 (*Paulus: A Personal Portrait of Paul Tillich*)』을 출판했다. 이 책은 주관적인 틸리히에 대한 회상이기도 하지만, 어느 누구보다 틸리히와 가까이 한 사람으로써 쓴 책이기 때문에 비교적 틸리히의 내면세계를 자세히 알 수 있다. 틸리히를 통해 들은 틸리히 어머니는 다른 사람들에게는 수수께끼 같은 인물이었다. 타인에게 자신을 잘 드러내지 않고 말하기를 주저하는 사람이었다. 메이가 틸리히의 어머니 사진을 보고 관찰한 것은 조심스럽고, 부끄러움을 잘 타고, 조용한 가운데서 아름다움을 지닌 사람이라는 것이다. 이러한 점에서 틸리히의 어머니는 외적으로는 조용한 여성이었지만, 내부에 힘을 가지고 있는 사람이었다. 틸리히는 이런 어머니를 좋아한 것을 넘어 숭배하였고, 장남으로서 어머니를 가까이 했다(May, 1973, p. 37). 그러나 틸리히가 그토록 좋아했던 어머니는 틸리히가 17세에 흑색소 세포종 암으로 사망한다. 이것이 틸리히에게 가장 큰 충격이었고, 모든 세계가 무너지는 '무(nothingness)'를 경험한다. 그리고 자신의 어머니가 사망한 후에 다음과 같은 시를 썼다.

> 이제 나는 누구인가?
> 내가 나라는 것을 누가 내게 말해 줄 수 있는가!
> 내가 어떤 사람이라는 것과
> 내가 어떤 사람이 될 것이라는 것을 누가 말해 줄 수 있는가?
> 이 세계와 삶의 의미는 무엇인가?
> 지상에서의 인간 존재와 존재의 사라짐은 무엇인가?
> 광기의 어둔 깊이의 근원이 없는 심연!(May, 1973, p. 41)

어머니의 죽음은 틸리히에게 자신의 터전이 모두 사라진 것이었다. 살아있던 모든 것이 아무 것도 아닌 무의 실체였다. 더 이상 어머니가 없다는 것은 큰 충격과 슬픔만이 아니라 유기와 배반이었고, 우주의 위나 아래에 아무것도 없는 것이었다(May, 1973, pp. 40-41). 어머니의 죽음은 틸리히에게 모든 것이 '무'라는 것을 경험하게 하였고, 실존주의자가 되게 했다. 이 죽음은 그가 말하는 "꿈꾸는 순수함(dreaming innocence)"을 빼앗아 갔다.

『죽음의 부정(The Denial of Death)』이라는 책을 써서 플리처 작가상을 받은 후기 프로이트학파(post-Freudian)인 어네스트 베커 (Ernest Becker)도 이 책에서 죽음에 대한 문제를 매우 심도 있게 다루고, 동시에 신학적인 함축성도 지니면서 책을 전개해 나가는데, 그는 이 책에서 신학자 틸리히가 경험한 어머니의 죽음은 틸리히에게 몇 년의 기간은 이 죽음의 공포를 피하기 위해서 그 성격 형성에 중요한 영향을 미쳤다고 본다(Becker, 1970, p. 60). 어머니의 죽음은 틸리히를 더욱 더 이상한 방향으로 몰고 갔다. 그는 어머니가 사망했다는 것을 억압하는 방어기제를 사용하였기에, 이 사실을 남에게 알리지 않았다. 그리고 이러한 방식은 그가 진정 사랑한 사람들이 죽음을 맞이했을 때 죽음을 다루는 방식이 되었다.

틸리히의 사변적이고 실존적인 신학과 철학은 성장과정에서 경험한 아버지와의 철학적 논증 속에서의 경험이 그의 사고 구조에 많은 영향을 미쳤다. 이미 밝힌 바와 같이 그는 부친과 모친의 대조적인 삶의 유형을 통해서 어떤 경계선들을 드나드는 경험을 했다. 그리고 어머니의 죽음은 모친을 의지했던 틸리히에게는 존재와 비존재에 대한 본격적인 물음을 시작으로 그를 신학자이지만 철학적 사고와 질문의 시작하는 길로 들어서게 한다(May, 1973, p. 68). 어머니 죽음에 대해, 그의 삶과 죽음에 대하여 심연과 같이 답이 없는 인생에 대한 질문은 틸리히 자신에 대한 질문과 같이 가게 된다(May, 1973, p. 43).

독일 학문에 대한 자부심을 가지고 성장한 틸리히는 전통적인 독일 사상 속에 성장한 이상주의적 사고를 가진 철학자였다. 즉, 그는 인간의 사유와 인식을 통하여 인간이 가진 본질을 알 수 있다고 믿고 있었다(May, 1973, p. 18). 그러나 이러한 인간 인식능력에 대한 긍정적인 사고는 제1차 세계대전 군목으로 참전하면서 산산이 부서진다. 그는 1914년부터 1919년 1월까지 '제7예비사단의 제4포병 연대(the Fourth Artillery Regiment of the Seventh Reserve Division)'에서 군목과 군인으로 활동하는데, 그는 이 기간 중 제1차 세계대전 중 최대 격전지로 꼽히는 네 곳 중 세 곳에 참전하게 된다. 그리고 이 전투에서 수많은 전우의 죽음을 목격했고, 이들의 무덤을 만들어 주기 위해 땅을 팠다. 어떤 이들은 이름도 모르는 이들이 있었다 (Cooper, 2006, p. 40). 이전까지 독일의 전통적인 사상 속에 이상주의적인 철학자며 신학자였던 그가 변했다. 그는 이 당시 자신의 경험을 다음과 같이 술회한다. "모든 나의 친구들이 그 죽어가는 사람과 죽은 사람들이었다. 그날 밤에 나는 실존주의자가 되었다"(May, 1973, p. 18). 그리고 이 경험을 중심으로 진리와 진리에 대한 행동은 인간에게 분리할 수 없는 것이라고 생각했다(May, 1973, p. 18).

전쟁과 어머니의 죽음은 틸리히에게 트라우마와 같은 것이었고, 그는 실제로 앞에서 언급한 세 차례의 비극적인 전쟁 경험으로 얻은 트라우마로 인해 병원에 입원하게 되었다(Cooper, 2006, p. 41). 전쟁의 경험은 이상주의적인 사고에서 기독교적 사회주의 운동에 관심을 가지게 했고, 제1차 세계대전 후 그는 많은 예술가, 작가, 시인들과 교류를 나누기 시작했다.

결국 틸리히 생애에서 트라우마 같은 전쟁, 어머니의 죽음, 그리고 자신의 국가를 떠나 인생의 중반을 훌쩍 넘은 47세에 새로운 낯선 땅에 정착해서 경계선을 가지게 하는 경험들은 인간에 대한 깊은 고민을 하게 만들었다. 그리고 그가 신학적으로 고민하는 많은 불안과 번민의 문제들을 심층심리학과 학자들의 만남을 통해서 좀 더 실존적인 접근을 가지고 신학을 하는 사람으로 만들었다(Kegley & Bretall, 1952, pp. 17-18).

틸리히의 저서 중 특별히 대표되는 『조직신학』은 항상 인간의 입장에서 질문하는 형식이 우선이고, 이어서 그것들에 대한 틸리히의 변증법적 설명이 뒤따른다. 이 과정에서 그는 철저하게 상관론적인 방법론을 사용한다. 이러한 방법론에서 틸리히가 가장 핵심적으로 중점을 두고 있는 사항은 인간에 대한 실존적인 문제였다. 인간 실존에 대한 궁금점은 앞서 우리가 그의 일생을 본 것과 같이 어린 시절의 경험과 더불어 비극적인 제1차 세계대전의 경험과 제2차 세계대전의 발발을 경험한 것이 많은 영향을 주었다. 이러한 관점에서 틸리히가 시카고에서 사망했을 때 시카고 대학교의 동료 교수였으면서 종교학자인 엘리아데(Mircea Eliade)는 틸리히의 가장 핵심적 궁금점은 인간의 실존이었다는 것을 언급했다(Tillich, 1967).

틸리히가 경험한 아픈 사건은 그로 하여금 평생 실존적 불안에 놓이게 했고, 여기에 대한 고민과 해결을 힘쓰게 하는 사람으로 살아가게 했다. 즉, 이 실존의 불안과 그 불안을 승화시키려는 창의적 인간과의 관계에서 발생하는 불안에 관심을 가지면서 살아가게 했다. 인간에게 주어진 운명과 이 운명과의 싸움(struggle)에 항상 씨름했다(May, 1973, p. 45). 이런 관점에서 그는 인생을 통해 얻고자 하는 진리에 대해 다음과 같이 말한다. "진리는 플라톤이 말한 것처럼 저 너머에 있는 변하지 않는 것에 있는 것이 아니라, 운명과 싸움의 가운데서 발견되는 것이다"(Tillich, 1968, p. 15).

진리는 운명과 그것에 대한 싸움이라는 것은 그로 하여금 정해진 답이 자신의 유산이 아니라고 생각하게 했다. 그래서 인간의 실존에 대한 물음에 관한 관심은 그에게 살아가는 것에 대한 문제만이 아니라, '무'에 대한 질문을 하도록 하였고, 그의 논리는 사람들을 더 깊은 심연으로 초대한다(May, 1973, p. 69). 그는 다음과 같이 질문한다. "때때로는 나의 소명은 믿음이 없는 자에게 믿음을, 신실한 사람들에게는 의심을 가져다주는 것이라고 생각한다"(May, 1973, p. 71). 더 바른 신앙을 위해 믿음과 의심이라는 경계선상에 서 있는 신학을 하는 것이다.

　　본질과 실존에서의 갈등과 불안에서 오는 인간의 우선된 질문은 틸리히의 신학방법론에서 매우 중요한 위치를 차지하는데 인간의 가진 본질에 속해 있으나 또한 본질로부터 분리된 인간의 실존은 자신과 인간실존에 대한 질문을 할 수밖에 없기 때문이다. 그래서 이러한 실존으로부터 바탕된 그의 신학은 항상 사람의 질문에서 시작되는 신학이다. 반드시 사람이 먼저 실존에 대한 질문을 해야 하는 것에 대해, 틸리히는 "하나님은 질문되어지지 않는 질문에 대하여 답하지 않기 때문이다."라고 정의한다(May, 1973, pp. 81-82).

인디애나 뉴하모니에 있는
틸리히 추모공원의 묘비

Ⅲ. 틸리히의 상관관계방법론과 경계선상의 신학: 기독교상담신학의 시사점

Ⅲ. 틸리히의 상관관계방법론과
경계선상의 신학: 기독교상담신학의 시사점

1. 상관관계방법론

깎아 놓은 듯한 조각상 같은 뚜렷한 외모로 항상 굵은 뿔테 안경을 끼고 다닌 틸리히의 사상은 세 가지로 압축될 수 있다. 광범위성 (universality), 깊이(depth) 그리고 돌봄(caring)이 그것이다. 이러한 세 가지 사실을 가지고 학문을 한 틸리히의 사상과 강연은 미, 조화 그리고 설득력의 힘이 있었다(May, 1973, p. 14).

독자들이 틸리히의 책을 대하면서 느끼는 것은 그의 책이 상당히 논리적이며 설득력 있게 진행되고, 동시에 광범위한 지식을 동반하여 자신이 말하고자 하는 의미를 깊이 있게 전달한다는 점이다. 그의 글을 읽는 사람들은 그가 신학자임에도 도그마에 휩싸여 교리중심의 논지를 펴지 않고 있다는 사실을 안다. 사람이라면 물어볼 수 있는 질문들을 가지고 인간과 신학에 대해 펼쳐 나가기 때문에 그 글이 독자의 질문과 교류하고 있는 느낌을 들게 한다. 그가 이러한 신학방법론을 가지고 있었던 것은 인간 삶의 전 분야가 신학적 주제라고 생각했기 때문이다. 1965년 그가 사망했을 때 미국의 언론은 틸리히의 학문방법론과 학문 세계에 찬사를 보냈다. 당시 『뉴욕타임스』는 틸리히를 다음과 같이 묘사했다. "틸리히는 인간 삶의 전 분야를 신학의 주제로 삼았기에 그의 신학지평은 그만큼 넓은 화폭을 가졌다. 그는 현대의 모든 신학자와 구별되는 예외적인 거인이다."

인간 삶의 전 분야를 자신이 말하는 신학의 주제로 삼았다는 것은 신학의 주제를 한정시키는 현대 교회와는 많은 차이가 있다. 그에게 살아있는 모든 것, 즉 자연을 비롯해서 인간이 활동하고 참여하는 모든 것이 신학의 주제였기 때문에 광범위한 장르에서 인간과 하나님에 대해 말할 수 있었다. 사실 사복음서에 펼쳐진 예수의 행적과 말씀 주제에 대한 것을 보면 모든 것이 하나님 나라를 설명하는 재료가 되었다. 특별히 목축업과 농업이라는 평민이 생존을 위해 깊이 관여한 분야를 통해 하나님 나라에 대해서 설명하였을 뿐만 아니라, 들판의 백합화 이야기, 하늘을 나는 새, 농부의 씨 뿌리는 비유, 금전에 대한 이야기, 양에 대한 이야기, 탕자의 비유를 통한 가정 이야기, 그리고 사회적 약자에 대한 배려, 사회지배계급의 편견과 오만으로 힘들어 하는 세리와 죄인들에 대한 관심 등 사람들이 경험하는 모든 것을 통해서 하나님 나라를 설명하였다. 한마디로 총체적인 관점에서 하나님과 그 나라를 설명했다. 우주 안에 생존하는 모든 것이 하나님의 세계의 현상이기 때문에 더 많은 사람이 공감하고, 생활 속에서 하나님 나라를 수용한 것이다.

틸리히는 신학이 인간 사회와 분리되어 별개로 존재하는 학문이 아니라, 인간 문제에 대하여 답해 줄 수 있는 학문이어야 한다고 생각했다. 중세부터 시작하여 틸리히가 생존했던 그 시대까지 전통적인 기독교에서 생각하는 신앙과 신학이라는 것은 하나님 말씀이 중심이었고, 그것이 기독교 탄생의 뿌리가 되었기에 개신교에서 성서의 권위는 가장 중심된 영역이다. 그래서 대부분의 틸리히 시대의 신학과 교회는 성서가 중심이 되고, 이 성서를 중심으로 선포되는 하나님의 말씀에 대한 중요성이 강조되었다. 즉, 강단에서 하나님의 말씀을 선포하고 회중은 들어야 한다는 신앙논리를 가지고 있었다. 틸리히는 이러한 일방적으로 선포되는 케리그마 신학에 대한 부정적인 시각을 언급했다.[1]

케리그마 신학 관점에서 보면 하나님 말씀이 회중에 대하여 일방적으로 선포되는 것은 타율성의 시대의 집단문화와 그 의식에서는 가능한 것이 될 수 있지만, 오늘날과 같이 개인의 자율성이 중요시되고, 정치 지도자들의 평가를 국민이 할 수 있는 시대에는 일방적 선포가 한계가 있다. 그래서 그는 신학과 신앙을 가지고 있는 교회는 인간 사회와 별개의 것으로 존재하거나 일방적으로 위치해 있는 것이 아니라 인간의 문제와 상황에 대하여 대답해 줄 수 있어야 한다고 생각하였다. 이러한 맥락에서 그는 자신의 신학방법론을 '상관관계 방법론(correlational methodology)'라고 했다. 즉, 기독교의 신학은 하나님에게서 시작하는 것이 아니라, 인간의 질문에서 시작되어야 한다고 본 것이다(Tillich, 1951, p. 60).

이 방법론의 시작은 사람의 문제를 가지고 교회와 신학에 대하

---

1) 종교사회학자 피터 버거에 의하면 이 당시는 정통주의신학에서 파생된 신정통주의가 있었고, 이 학문의 대표적인 학자는 칼 바르트(Karl Barth)였다. 그런데 이 신정통주의의 단점은 성서에 대한 해석에서 인류학적인 관점을 전혀 사용하지 않는 제한성이 있다는 점이다. 반면 틸리히는 신학적 주제를 연구하고, 외부세계와 신학적 대화를 하기 위해 심리학이 주된 인류학적 해석으로 보았다.

여 질문하고, 그 질문에 대하여 교회와 신학이 답하는 것이다. 어쩌면 타율성이 인간의 의식을 지배하던 시대에 사람들은 개인이 가진 궁금한 사항을 질문할 수 없었을 것이다. 그러나 인간의 의식이 타자나 힘에 의해 지배받는 시대를 끝내고 서서히 '나'에 대한 중요성이 부각되는 시대의 중앙에서 인간은 많은 문제점을 가지고 살아갈 수밖에 없다.

권위주의 시대를 지나 개인이 다양성이 존중받아야 하는 시대에 있으면 개인은 여전히 구시대 타율성의 정신적 틀에 대한 것들에 대하여 질문이 많을 수밖에 없다. 그래서 기독교는 각 세대가 고민하는 문제에 대하여 거기에 적합한 해석을 제공해야 한다.

인간이 가지는 질문에 대한 답, 살아가는 현재 상황과 거기에 대한 메시지, 인간의 실존과 하나님의 현현(manifestation)은 상관관계에 놓여 있는 것이기에, 기독교의 신학은 하나님에게서 시작하는 것이 아니라, 인간의 질문에서 시작되는 것이다(Tillich, 1951, p. 60). 이러한 점에서 그에게 신학이란 인간의 질문에 대해 '답변해 주는 신학(answering theology)'이다.

틸리히가 말하는 상관관계방법론이 신학이나 기독교에 적용되지 않으면 우리는 스스로의 규범 혹은 도그마 속에 갇히게 된다. 왜냐하면 자신의 신념에 대한 절대적 과신을 가지고 있기 때문에 이것에서 벗어나지 않으려 하기 때문이다. 우리가 흔히 신학이나 기독교상담에서 언급하는 이야기지만, 인간은 하나님에 대한 절대성에 대해 부정하기 어렵다. 다만 문제는 그 하나님을 신봉하고 있는 인간의 파편적 지식과 성향에 대한 문제이다. 심리학적으로 지적하면 자기중심적인 생각에서 또는 이기적인 성향에서 벗어나기 힘든 것이 인간의 성향이다. 이러한 성향이 자신이 가지고 있는 도그마에 대한 절대성을 부여하고, 여기에 빠지면 질서, 우주 그리고 생명을 중심으로 보는 생각이 흩어진다.

기독교상담학자 도널드 캡스(Donald Capps)는 이러한 도그마에 빠진 성향을 '종교적 사디즘(religious sadism)' 혹은 '도덕적 사디즘(moralistic sadism)'이라고 부른다. 이것이 신약성서에 기록된 예수님과 율법사들의 주된 논쟁의 대상이었다. 율법을 가지고 이를 지키고 있는 율법사들은 안식일에 일하는 것을 종교적 율법 잣대로 금하였지만, 예수는 생명의 논리를 펴면서 율법사들의 잘못된 점을 지적했다. 율법사들이 가진 것은 전통에서 오는 '규범' 그 자체였고, 예수는 규범을 넘어 '조화/질서' 또는 '생명'을 존중하는 시각으로 안식일에 사람을 구하였다. 율법사들은 그들이 마치 규범인 율법을 지키고 전수하고 있다고 생각했지만, 정작 일의 결과는 생명을 살리지 못하는 불행 가운데 빠지게 되는 것이다. 즉, 규범이 시대에 적합하게 그리고 사람을 살리는 방향을 가지지 않으면 규범(율법)으로 규범을 지키지 못하는 사람을 정죄하고, 사람들은 그 지적에 의해 자신이 종교적으로 때로는 도덕적으로 살지 못하는 죄책감에 괴로워한다. 이를 보면서 느끼는 희열이 바로 종교적 사디즘이다. 이것은 하나님의 이름을 빌어 행하는 종교적 폭력이고, 이것이 신앙으로 합리화되어 살아가는 생활방식이다.

틸리히의 상관관계방법론은 하나님이 인간에게 말씀도 하지만, 인간의 질문에 대한 하나님의 답을 교회와 신학이 해 줘야 한다는 것이다. 가부장적인 사회구조에서 형성된 신학은, 마치 아버지의 말을 한 가정에서 절대적으로 복종할 수밖에 없는 구조를 낳은 것처럼 다분히 명령과 복종이 미덕으로 되는 것이었다. 그러나 정작 성서의 내용을 살피다 보면 하나님은 충분히 인간의 소리에 경청하였고, 그 고민에 대한 이야기를 살핀 대목도 많이 있다. 어쩌면 교회와 신학의 일방적인 성향이 사람들의 이야기를 못 듣게 했었을 수도 있다. 자신의 이야기만 계속되는 것, 회중은 들어야만 하는 존재라는 것은 기독교신학과 교회가 자신이 가진 도그마를 생명선까지 끌어가지 못하는 한계성을 보이게 된다. 이러한 점에서 틸리히의 상관관계방법론은 열린 마음으로 기독교상담신학이 외부세계와의 개방성을 가지고 현안에 대한 문제점을 고민케 하는 방법론이다.

2. 경계선상의 신학

인간의 문제를 보며 신학의 답을 찾아가려는 틸리히의 신학은 소위 경계선상의 신학(boundary theology)이고, 이것은 실존적 신학이다. 그래서 그는 경계선상에서 오는 인간의 실존적 불안의 관점에서 인간의 문제를 보고, 그 답을 신학에서 찾으려고 했다. 학생들에게 왜 삶이라는 것의 중요성은 생각하면서, 삶의 '무'라는 것을 생각하지 않느냐는 틸리히의 질문은 인간을 회의론자나 허무주의에 내팽개치는 것이 아니라 인간은 존재와 비존재의 양자 구도 속에서 답을 찾아가는 것이 맞다고 보는 것이다. 이처럼 인간은 살아가는 것과 되어 가는 과정의 끝에 있는 불안의 구조 속에서 살아가고 있기에 틸리히는 인간의 비존재 또는 죽음이라는 운명과 이것을 이겨 내어 승화시키려는 인간의 창의성과의 갈등 속에 고투하는 신학자이다(May, 1973, p. 45).

인간은 도그마, 규범과 법을 만들어 종교, 조직 그리고 국가를 운영한다. 그러나 인간이 만든 이러한 것들에 무조건적인 신뢰를 보내고 그것을 절대화시키는 것은 신앙 면에서 보면 매우 신앙적인 것 같지만, 더 깊은 차원에서 보면 부조리한 것이며, 비합리적인 신념일 수도 있다. 인간이 자신의 경계선과 인간의 삶과 죽음이라는 이중적 구조를 간과하는 이유는 쾌락원칙을 추구하는 개인과 집단의 이기주의 신앙에서 시작되는 것이다.

틸리히는 자신의 저서와 편지를 통하여 인간의 삶이 영원성을 가지고 있지만, 동시에 일시성을 가지고 있다는 점을 지적한다(May, 1973, p. 113). 인간은 현실에서 살아가지만 이 현실 속 공간과 시간이라는 것이 자의성에 의해 마련된 것이 아니라, 신비 속에 머무르는 영원성과 연관이 있기에 이 두 가지 양면을 보면서 살아가야 한다. 그래서 틸리히는 강연 때 학생들에게 "어떤 중요한 것(something)은 생각하면서 왜 무(nothing)는 생각하지 않는가?"라는 도전적인 질문을 하면서 인간 존재에 대한 심연을 생각하도록 하였다(May, 1973, p. 18). 인간이 살아가는 모든 현장에서는 그 현장과 반대되는 질문이 필요하다.

실존주의 심리학자 어빈 얄롬(Irvin Yalom)은 자신이 무신론자라고 말하지만, 그의 저서 『실존주의 심리치료(*Existential Psychotherapy*)』를 통해 현대인의 가장 큰 문제는 죽음의 불안을 부정함으로써 살아가는 것이라고 보고 있다. 즉, 동전에 양면이 있는 것과 같이 삶과 죽음은 인생을 형성하는 두 가지 중요한 축인데, 성장과정의 죽음불안 경험과 같은 트라우마를 통해서 또는 현대의 다양한 사회문화적 환경에 의해서 죽음을 삶의 부분에서 절개해서 살아가는 것으로 인해 인생의 과도한 불안이 발생하고, 이 불안을 잠식시키기 위해 '영웅주의' '일중독' '자기애성' 문제에 빠지게 된다고 보고 있다(Yalom, 2013).

죽음과 삶의 동전 양면을 생각하면서 살아가는 사람은 신학적 의미에서 경계선상 위에 있는 사람이다. 어느 한쪽이 다른 한쪽을 과다하게 침범하지 않고, 혹 침범하더라도 다시 균형을 이루려는 노력은 인간의 참모습이기도 하다. 우리는 초콜릿에 대한 맛이 특이하게 입맛을 끈다는 사실을 안다. 초콜릿이 사람들의 입맛을 끄는 이유는 쓴맛과 단맛을 가지고 있기 때문이다. 만약 이것이 단맛이나 쓴맛 만을 가지고 있다면 사람들에게 관심을 끄는 것은 되지 않았을 것이다. 이 관점에서 사람은 인간과 하나님, 죽음과 삶, 현실과 영원, 슬픔과 기쁨, 악과 선과 같은 대조적인 성향이 자신과 인생 안에 수용되어 생각해야 할 필요가 있다.

사람이나 조직이 변하지 않으려는 것은 엄격한 의미에서는 개인과 조직에 대한 이기성과 깊은 연관이 있다. 변하게 되면 이 변화로 개인과 조직이 신념을 가졌던 것에 대한 뿌리가 흔들릴 것을 우려하기 때문이다. 오늘날 이슬람 국가와 문화에 분열이 많은 것은 이슬람 문화가 계몽주의 시대를 거치지 않았기 때문이라고 보는 시각이 지배적이다. 물론 어느 국가나 종교에도 분쟁은 있지만 이슬람 문화가 상대적으로 많다는 의미다. 계몽주의는 자신이 가진 이념과 신념에 대하여 합리적 물음을 제시하고 또 다른 이념과 신념에 대한 재해석을 내놓은 작업이다. 같은 맥락에서 틸리히는 자신이 전통적 평정(composure)과 조화를 이룬 것이 자신의 유산은 아니라고 단언한다. 그가 독일이라는 전통적 지성 국가 출신이지만 그 유산을 아무런 비평 없이 받아들이는 지성인은 아니라는 것이다. 그래서 그는 주어진 지적인 유산, 그리고 인간이라는 운명에 순응하는 것이 아니라 그것들에 대하여 투쟁(struggle)하는 씨름을 하는 사람이었다.

아리스토텔레스는 자연은 질료를 통해 내용을 드러낸다고 보았지만, 플라톤은 질료를 통해 자연을 드러내려는 미술을 추방하였다. 가치와 진리에 대한 관점에 대해 이 양자가 다른 방법을 사용하였다. 이러한 관점에서 보면 틸리히의 운명과 이 운명에 대한 투쟁 가운데서 진리가 발견된다는 공언은 아리스토텔레스의 관점과 유사하다. 그러나 실상에서는 플라톤의 계보를 잇고 있다(Martin, 1966, p. 118). 틸리히 스스로 자신에게는 토머스 아퀴나스의 성향과 동시에 어거스틴의 맥락을 가지고 있다고 한 것과 같은 것이다.

운명에 순응하지 않거나, 전통적으로 전수된 문화에 대하여 순응하지 않고 개인의 투쟁과정을 거치는 것은 경계선상의 학문의 특징이다. 그리고 이 과정을 보는 사람들은 틸리히가 긴장 가운데 있다는 것을 말하지만, 틸리히는 이 경계선상의 위치가 자신이 탐구하는 학문에 에너지를 공급한다고 믿고 있다. 기존의 틀에 대한 무비판적인 수용은 창작의 세계로 인간을 이끌지 못한다. 어찌 말하면 틸리히는 기존 신념과 학문에 대하여 자신의 해석과 재해석 작업의 소산을 현대인에게 선물로 준 것이다.

사실 해석과 재해석의 작업은 학문을 비롯한 모든 예술 분야, 심지어 개개인의 대인관계에서도 사용된다. 개인을 비롯한 조직은 가정과 사회의 문화로부터 유입된 고정된 관점을 가지고 있다. 소위 편견(prejudice)과 오만(arrogance)이다. 인간 개개인이 불안하고 사회가 불안한 구조에 있기 때문에 우리 모두는 어느 정도의 편견과 오만을 가지고 있다. 편견은 내가 보는 시각이 너무 좁아 외부(인) 것이 나에게 접근하지 못하게 하는 것이고, 오만은 자신의 세계를 너무 장황하게 보는 것이기에 외부(인) 것을 소홀하게 하는 것이다. 그러기에 편견과 오만의 굴레로부터 해석과 재해석을 할 수 있는 힘을 가지는 것은 중요하다.

틸리히의 학문 세계는 아무런 비판없이 받아들이는 것이 아니라, 진리에 대해 고뇌하는 것이다. 신학자 라인홀드 니버(Reihhold Niebuhr)는 기독교사회운동을 하면서 인간이 가진 죄성이 있기에 인간이 만든 모든 사상, 교리, 그리고 이념에는 개인과 조직이 가진 이기심으로 어느 정도 오염되어 있다고 선언한다. 이것이 인간이 가지는 한계성이다. 이 점에서 니버는 이 오염의 극복은 인간이 사는 현장 안에 살아갈 때 기독교 교리의 다양성과 편협성을 넘어설 수 있다고 보고 있다.

틸리히는 전통성과 조화를 탈피하여 경계선상에서 인간의 운명과 투쟁하면서 내놓은 자신의 학문 세계의 경험을 "심연의 경험(the experience of the abyss)"이라 했고, 또는 이것을 "거룩한 공허(holy void)"라고 했다. 즉, 심연의 경험이나 거룩한 공허는 틸리히 자신을 더 깊고 심오한 영역으로 초대하는 '소명'과 같은 것이고, 이 심연으로의 경험은 가치를 초월하게 한다고 보았다(Tillich, 1936, p. 36). 이러한 틸리히의 학문적 경향에 대하여 메이는 틸리히는 해결되지 않는 것을 사랑하고, 혼란 상태의 것을 사랑하는 불확실성을 사랑했다고 평가한다(May, 1973, p. 69). 물론 이 말은 틸리히가 혼돈 가운데 학문을 했다는 말이 아니라, 틸리히 자신이 타율성(heteronomy)과 자율성(autonomy)의 경계의 긴장 가운데 서 있다는 의미이다(Tillich, 1936, p. 30).

인류 태고의 경험인 새로운 지식은 금기(taboo)를 깨트림을 통하여 획득되는데, 이 모든 자율적 사고는 죄의식을 동반하고 이것은 내 인생의 근본적인 경험이 되고 있다(Tillich, 1936, p. 23).

과거나 현재의 타율성이 가져다 준 혜택은 있다. 현재의 '나'와 현재의 조직을 형성하는 데 중요한 역할을 한 것은 틀림없다. 그러나 이 타율성으로 형성된 현재의 나와 조직 또는 사회라는 것이 완벽하다는 전제는 없다. 이러한 점에서 피터 버거의 지적처럼 우리는 혼돈에서 규범을 가지고 있다. 그러나 이 규범은 멈추고 더 이상 새로운 것이 없는 절대적인 것이 아니라, 이 규범을 기초로 해서 새로운 조화와 균형을 향해 나가야 한다.

한 개인이나 조직이 기존에 과거로부터 이어져 내려오는 타율성에서 오는 전통적 견해, 일종의 터부와 같은 것을 부정하고 또 다른 안을 내어놓은 것은 틸리히의 지적처럼 죄의식을 동반한다. 한 인간으로써 주어진 기존의 틀을 변형시키는 과정에서 거치는 번민과 고뇌에 가득찬 인간의 모습이다. 그러나 그는 이러한 것이 자신에게 주어진 자율성의 길을 간다고 생각했다. "나는 자율성과 타율성의 경계선에 위치하게 되었다. …… 만일 인간의 역사가 타율성의 지배 아래 서 있다 하더라도.(나는 이 경계선에 서 있을 것이다)"(Tillich, 1936, p. 90). 이러한 타율성과 자율성의 경계선에 위치하기 위해서 그는 철학과 신학을 넘나드는 유일한 신학자였고, 동시에 심리학과 신학적 사고를 연결하는 그 시대의 유일한 신학자였다. 그리고 이 방법론을 통해 그는 인간의 문제를 좀 더 분명히 하려는 사람이었다(May, 1973, p. 73).

타율성을 부수기 위해 그 안에 터부를 통해 타율성을 합리화하는 구조를 변환시키는 것은 의심의 해석학 작업이고, 그 틀 속에 성장한 틸리히를 비롯한 이 범주에 있는 사람들에게는 항상 경계선에 있다는 긴장 내지는 죄의식을 가져다 준다. 그러나 그는 일시성을 가지고 살아가는 인간에게는 의심이란 불가피한 특성이라고 생각한다. 인간은 일시성 속에 살고 완벽한 것을 알 수 없는 상황에 놓여 있기 때문에 의심은 인간 존재의 산물이다. 그리고 이 의심에서 또 다른 창의성이 창출된다(May, 1973, p. 71). 틸리히를 미국으로 초대해 유니온 신학교에서 교수로 활동할 수 있는 터전을 마련한 라인홀드 니버는 틸리히의 학문 방법론을 다음과 같이 묘사하고 있다.

> 틸리히는 인간의 의심과 인간 신앙의 전통 사이에 있는 울타리를 걸으려고 노력하는 사람이다. 그는 상당한 기술을 가지고 울타리를 걸어가다가, 만일 울타리의 이쪽 혹은 저쪽으로 미끄러지더라도 평범한 보행자들에게는 거의 눈에 띄지 않는다(재인용, May, 1973, p. 72).

인간이 타율성 속에서 형성된 규범과 전통에 대해 직면하여 질문을 던지는 것을 주저하는 것은 그 규범과 전통에 대해서 너무나 익숙한 구조에 살아가고 있기 때문이라는 것이다. 모든 것을 수용하고 비판없이 살아가는 것이다. 그러나 필자는 이렇게 생각한다. 법만을 공부하는 사람들이 건조해지기 쉬운 영역은 감성적 영역이다. 법의 가장 큰 취지는 법을 공정하게 집행하여 사람에게 선한 영향을 미치고, 사람들이 그 법의 구조로 인해서 좀 더 공정하게 살아가도록 하는 것이다. 그런데 법이 사람과 구조를 이롭게 한다는 본래 목적을 상실하면 법 집행 자체가 법의 목적이 되어 버려 그 법을 집행하거나 법의 영향을 받는 사람은 영혼 없는 법의 덫에

걸린 것 같은 기분이다. 그래서 법만을 공부하는 사람들은 자신의 메마른 감성 영역을 사람을 볼 수 있는 것을 통해서 균형을 가져 좀 더 법의 취지에 가까워질 수 있다고 생각한다.

경계선상의 신학과 이러한 방법론은 최근 심리학 이론에서 각광받고 있는 애착이론(attachment theory)의 연구 결과와도 일치하는 것이 많이 있다. 애착이론은 한 인간이 부모를 통해서 어떠한 정서적 유대관계를 형성하고, 이 정서적 유대관계를 통해서 다양한 유형의 사람으로 성장해 간다는 이론이다. 이 이론 중에 가장 바람직한 유대관계를 안정애착(secure attachment)이라고 부른다.

안정애착이 틸리히의 상호관계방법론이나 경계선상의 신학과 공감하는 영역이 있다는 것은, 무조건 권위적 대상에게 복종하거나 균형을 상실한 한쪽만을 추구하는 것이 상당히 잘못되었다는 것이다. 안정애착은 부모의 과거 잘못을 보는 동시에, 그 잘못이나 상처에 머무르는 결정론을 따르는 것이 아니라, 그것을 이해하고 용서하려는 현재 진행형이다(임경수, 2014, pp. 109-110).

타율성에 의해 조성된 규범은 현재를 살아가는 사람들을 통해 다른 각도에서 보아야 한다. 왜냐하면 타율성에 의해 규정된 규범과 전통이라는 것은 익숙함과 개인과 집단의 이기성이라는 것으로 어느 정도 오염되어 있다고 보는 것이 맞기 때문이다. 예를 들어, 20세기에 인문사회 분야에 가장 영향을 많이 미친 사람 3명을 선택하면 카를 마르크스, 찰스 다윈 그리고 지그문트 프로이트이다(McAdams, 1993). 공교롭게도 이들의 종교/기독교에 대한 표현은 몹시 부정적이다. 마르크스는 종교를 아편이라 했고, 다윈은 인간 기원에 대한 설을 기독교에 반대되는 진화론 관점에서 보았고, 프로이트는 환영(illusion)과 인류의 보편적 신경강박증이라고 했다. 각자의 학문 세계에서 보는 관점은 다르지만 종교에 대한 입장은 부정적이다. 어쩌면 당시 종교는 자신의 타율성 규범에 대해 한 치의 양보도 없이 일관된 주장을 하는 것을 통한 지식인들의 분노였을 수도 있다. 프로이트는 이러한 점에서 당시 기독교를 중심으로 가지고 있는 창조관과 인간관에 대해서 그 편파적인 시각을 조롱이라도 하듯 말을 남긴다. 그는 인류 역사에서 세 가지 사실에 의해 기독교가 조롱을 받았다고 보는데, 첫째, 천동설이 코페르니쿠스가 입증한 지동설에 의해, 지구가 우주의 중심이라는 자만심에 먹칠을 칠한 사건이다. 둘째, 인간이 하나님의 형상을 가지고 있다는 당시의 인간관에 다윈의 진화론이 인간 자존심에 상처를 입힌 사건이며, 셋째, 프로이트 자신의 이론인 무의식이 인간을 통제한다는 사실을 통해 인간은 얼마나 가엾은 동물이라는 점을 밝힌 것으로 이 세 가지는 인류의 통사(痛事)라고 밝힌다(Freud, 1973, p. 284).

앞의 언급처럼 신에 대한 부정, 그리고 기독교에 대한 지식인들의 숱한 질문에 대하여 기독교는 인간의 문화 밖에서 답하려고 하였지만, 틸리히는 문화 안에서 말하려고 하였다. 그는 당시 인간이 살고 있는 문화가 깨어지고 분산됨에도 그 시대의 아픔으로 가지고 하나님과 인간의 관계를 재구조화된 관점에서 보려는 사람이었다. 그러기에 그는 울타리 한쪽에만 있는 것이 아니라 양쪽을 보면서 길을 제시하는 선구자였다. 이 양쪽의 긴장성에서 나오는 새로운 세계를 보여 주기 위해 신학자로서 철학과 심리학의 대화를 통해 융합적 시각을 열어 주었다. 그리고 그 필요성을 다음과 같이 언급한다.

어떻게 신학이 심층심리학을 다룰 수 있는가? 확실히 실존주
의와 심층심리학 두 학문의 성장은 신학에 무한한 가치를 가지
게 한다. 이 양자는 신학에서 알았어야 했음에도 잊어버리고 덮
어 버린 매우 중요한 것을 가지고 왔다. 또한 과거 이천 년 그리
고 그 이상 동안 종교적 문헌에서 발견된 방대한 심층심리학적
자료를 재발견하도록 도와주었다(Tillich, 1984, p. 93)

진실에 대한 틸리히의 고뇌는 울타리의 중심을 걷는 듯한 긴장
과 타율성 규범을 다시 생각해야 하는 죄의식을 느끼게 하는 '거룩
한 무효(holy void)'의 과정이었지만(May, 1973, p. 69), 이것은 그의
시대에 무신론과 하나님 죽음에 대한 기독교의 새로운 해석을 내
놓은 문화 신학자의 답변이다.

3. 틸리히의 상관관계방법론이 주는 기독교상 담신학의 시사점

필자의 관점에서는 상관관계방법론과 경계선상의 신학은 맥락
을 같이 한다. 앞서 지적한 바와 같이 권위주의적인 일방적인 사회
구조에서는 규범의 강화 및 수호라는 것이 적합한 구조였다면, 이
제는 어느 하나 일방적으로 밀어붙이는 경향에 대해서는 개인 구
성원들이 알레르기 반응을 일으킨다.

틸리히의 학문방법론이 우리에게 던지는 도전은 어느 한쪽만으
로 인간과 사회의 문제를 바람직하게 해결하기란 어렵다는 것이
다. 권위적인 사회에서 익숙하게 발달한 신학과 신앙의 성향은 분

명히 어느 한쪽에 치중되어 있었고, 그것으로 인한 성장은 많이 있었다. 그러나 이제는 힘의 균형을 강렬하게 원하는 사회구조에서 틸리히의 통찰은 우리에게 상관관계를 통하여 기독교적 통찰을 가질 것을 요구하고 있다.

현상의 한쪽 면만을 보려는 신학이나 신앙은 획일성을 추구하고 힘의 결집을 통하여 성과가 나타날 수 있으나, 그 일방성에서 오는 후유증이 많을 것이다. 신학과 신앙이 한쪽만을 바라보려는 것은 어쩌면 자신이 보고 싶거나 말하고 싶은 것을 하는 것이기 때문에 견고한 성 안에서 자신들만의 천국을 형성하는 것이 될 것이다. 상관관계방법론은 살아있는 모든 것이 신학과 신앙의 주제가 된다. 그리고 살아있는 인간의 현장에서 오는 실존에 대한 물음에 기독교는 합리적이고 통찰력 있는 답을 제시해야 한다. 이러한 답이 정확한 답은 아닐 수 있지만 그래도 진실을 찾으려는 기독교의 움직임이 진실에 가깝게 한다.

제1차 세계대전이 끝난 후 독일은 사회주의 사상이 득세했고, 신학은 힘을 쓰지 못하고 있었다. 독일 내의 대학교에서는 신학과 교수 자리를 없애 버리려는 추세였다. 이유는 사회주의 사상에서 기독교는 설 자리가 없기 때문이다. 이러한 당시 추세에 대하여 틸리히는 두 가지 비판을 하면서 1919년 베를린 대학 강연에서 기독교신학의 위치를 문화 신학의 입장에서 설득한다(Martin, 1966, p. 70). 당시 신학교에서 가르치는 교육은 신학을 마치 다른 학문 위에 있는 학문 또는 타 학문을 압도하는 학문이라는 관점에 대한 비판과 신학은 어떤 특정 교단의 요구를 들어주는 학문이 되어 있다는 비판이었다. 또한 당시 사회주의에 대한 비판은 마치 거짓 종교(quasi-religions)를 만들어 놓고 인간을 여기에 전적으로 헌

신하도록 유도하고, 인간에게 궁극적인 답을 주도록 시도하는 잘
못을 지적한다. 결국 이러한 두 가지 잘못은 종교의 진정한 초월성
의 상실과 깊은 차원의 상실에서 오는 것을 지적하고, 종교와 인간
의 문화는 불가분의 관계라는 문화의 신학을 언급하여(Martin, 1966,
p. 95), 기독교와 신학의 새로운 차원을 제시한다.

　틸리히의 지적처럼 많은 독재국가들이 힘의 중심을 하나로 하고
더 이상 반론을 제지함에 따라 국가의 붕괴를 맞이 하는 것처럼,
틸리히의 상관관계방법론은 향후 기독교가 외딴섬에 홀로 존재하
지 않는 것이 되기 위함이다. 학자들은 이슬람 국가와 서방 국가의
내외적 발전의 차이에 대하여 질문한다. 과거 이슬람 문명이 수학
과 과학 등에 앞서 나갈 수 있었던 것은 아리스토텔레스의 합리성
을 추구하는 학문의 세계를 수용해 나갔기 때문이다. 반면 기독교
국가는 플라톤의 이데아의 세계를 추구하는 영혼에 대한 관념을
수용했기 때문이다. 그러나 중세기에 그러한 발전을 한 이슬람 국
가가 현대에 와서 아직 왕권체제를 벗어나지 못하고 여러 면에서
뒤지는 가장 큰 이유는 이슬람 국가는 계몽주의 시대를 겪어 보지
못했기 때문으로 보고 있다.

　이러한 예는 북한과 남한과의 차이에서도 알 수 있다. 한국전쟁
이전이나 이후에 북한은 일인독제체제를 합리화시켜 정권을 가진
상태로 있었다. 어쩌면 북한과 남한이 출발은 비슷했을 수도 있지
만 단지 하나의 생각이 달랐다. 북한은 일인독재의 형태, 즉 왕권
시대를 벗어나지 못하고, 계속 세습을 했고 이 세습에 방해되는 세
력은 가차없이 숙청했다. 반면 남한에서도 자신의 정권을 연장하
기 위한 권력자들의 숱한 꼼수가 있었지만 그때마다 국민이나 집
단은 반발하였고, 이 반발로 많은 희생도 치루었다. 전쟁이 끝나

70년이 지난 이 시점에서 일인독재와 자유로운 발언을 억압하는 북한은 남한과 비교할 수 없을 정도의 국가가 되었다.

인간의 속성은 자유를 가지고 있다는 것이다. 물론 후에 언급하겠지만, 틸리히가 생각하는 인간의 속성에 속하는 이 자유는 반드시 책임이라는 굴레 안에 있어야 한다. 이 자유를 어떤 종교적 또는 정치적 이유로 억압하는 것은 수십 년 후에 상상할 수 없을 정도의 퇴보를 만들어 낸다. 이러한 점에서 틸리히의 신학은 우리의 신학과 신앙에 상관관계론적 형태를 가짐으로써 좀 더 포괄성을 가진 종교로써의 자리를 요청하고 있다. 자유를 국민에게 주어 좀 더 선진국가의 길을 가는 것과 같이 폐쇄적이거나 우리끼리의 신앙에서 글로벌한 종교로써의 역할이 필요한 시점이다.

틸리히가 말하는 경계선상의 신학은 상관관계방법과 비슷한 길을 걷지만, 좀 더 구체적인 상황과 심적 고뇌를 보여 준다. 사실은 부모로서 자녀를 양육하다 보면 부모가 이미 경험한 일을 경험하는 자녀는 이해의 폭이 넓어진다. 그러나 부모가 이러한 경험을 하지 않았을 때는 자녀에 대한 포괄적 이해가 힘들어진다. 인간은 고민하는 만큼 더 성숙해지고, 아픈만큼 더 성장할 기회가 있다. 경계선상의 신학은 인간은 경계선상에 균형을 이루면서 살아보도록 권면하고 있다. 틸리히는 이 경계선상에 서는 것이 어쩌면 스스로를 위태롭게 하기도 하지만 여기서 발생하는 창의적인 공간은 있다고 말한다.

경계선상의 신학은 이제껏 수구적인 신학과 수구적인 것을 비판하는 심리학과의 상관관계성에서 새로운 긴장을 통한 재해석의 창조적인 작업이다. 실존주의 심리학자 얄롬의 지적과 같이 삶이라는 것은 죽음과의 균형을 통해서 삶의 진정성이 다가오는 것처럼 경계선의 신학은 우리로 하여금 삶에만 애착을 가지고 집착하는 성향을 넘어 삶을 죽음에 비추어서 보라고 주문한다. 틸리히의 말처럼 이러한 작업을 시작하면서 우리는 철저히 우리가 쌓은 성(城)에 대한 회의와 의심의 해석학을 걸어야 한다. 혹자는 이것은 신학과 신앙의 이름으로 거부하지만, 엄격한 의미에서 자신이 그동안 가지고 있던 것을 무효화시키는 것에 대한 두려움, 즉 자신이 없어진다는 두려움에 거부하는 것이다. 그래서 그러한 거부작업은 내면으로 진정한 신앙과는 아무런 관계가 없을 것이다.

경계선상의 신앙과 신학은 인간 외부세계의 문제만이 아니라 자신 내부 안에 있는 문제에도 관심을 가진다. 어쩌면 신학이 하나님의 외부세계에 대한 관심으로 본다면, 심리학은 인간 내부세계에 대한 관심이다. 즉, 경계선상의 신앙과 신학은 이 내외부의 관점을 가진 학문을 통한 비교적 균형 있는 관점을 가지는 것이다. 흔히 잘못된 신앙은 인간 안에 있는 심리적 갈등에서 오는 문제보다는 외부의 문제가 있다고 보고 그것을 추방하도록 한다. 그러나 대다수의 문제는 밖에 있기보다는 인간 내면에 가지는 불안과 갈등에서 발생한다. 그리고 이런 것이 더 악화되면 악의 현상이 발생한다. 잘못된 신앙은 악이 밖에 있기 때문에 그것을 종교적 의식을 통해서 없애야 한다고 주지시키지만 이 방식은 단편적인 해결밖에 되지 않는다. 경계선적으로 생각한다면, 인간 개인이 경험하면서 상처로 남아 있는 내부의 콤플렉스 그리고 그것을 가장하려는 페르소나(사회가면)의 확대를 볼 수 있어야 한다.

인간의 내면과 인간을 생각하지 않는 일방적인 신앙의 틀은 경계선상의 신앙과 신학에 의해 도전받는다. 예를 들어, 최근 성추행 사건으로 미투(me too)운동이 활발한데 가해자와 피해자의 관점이 많이 다른 경우도 있다. 이 사건 중에 가해자가 신앙을 가지고 자신의 회심을 공개석상에서 언급한 적도 있고, 어떤 가해자는 국민과 자신을 따른 사람들에게 실망을 줘서 미안하다는 말을 남기곤 했다. 그런데 정작 중요한 피해자에 대한 용서를 구하는 내용이 없는 경우가 있다. 기독교 신앙이나 상식 차원에서 인간의 심리는 가해자 입장에서 생각하는 그러한 구조가 아니라, 가해자는 피해자에게 용서와 이해를 구하여야 하고 이러한 의식을 거쳐야 피해자의 고통이 약간이나마 완화될 수 있다. 아마 경계선상의 신앙과 신학은 우리에게 이제는 사람의 문제에서 멀어져서 추상적 영역을 다루지 말고, 사람의 문제 안에서 신앙과 신학을 다루길 부탁하고 있다고 생각한다.

상관관계방법론에 들어 있는 경계선상의 학문이란 법이나 율법적 구조로 인해 그것들의 본 취지를 상실해 가는 기독교에 법과 율법을 초월하여 그 본래의 취지로 회귀하여 회복성을 가지도록 하지만, 법과 율법을 훼손하지 않는 방법론이다. 정해진 범주 안에서만 머무르는 것으로 부패해 가는 현장을 회복하려는 열정으로 나아가지만 그 범주를 파괴하는 것이 아니라 다른 구조로 보게 하는 것이다. 이러한 입장을 가지고 구체적으로 틸리히가 인간의 구조를 어떻게 상관적으로 생각하고, 그것이 어떻게 신학적 해석에 응용되는지를 설명하는 것을 통해 그의 인간이해를 더 구체적으로 살펴보자.

Ⅳ. 틸리히의 상담신학적 인간이해

Ⅳ. 틸리히의 상담신학적 인간이해

1. 인간에 대한 심리신학적 이해: 하나님 형상 으로서의 '중심된 자기'

기독교의 메시지와 인간의 상황과의 관계성을 강조한 틸리히의 신학방법론인 '상관관계론적 방법론(correlational methodology)'은 그의 대표적인 저서인 『조직신학(*Systematic Theology*)』에 나타난다. 그는 세 권으로 이루어진 이 책에서 자신의 신학 방법론의 두 가지 목적을 명시하고 있다. 첫째, 기독교의 중요한 내용을 가지고 오는 것이고, 둘째, 그 기독교의 내용을 각 세대에 맞게 해석하여 제공하는 것이다(Tillich, 1951, p. 60).

이 두 가지 목적을 가져오기 위해서 틸리히의 학문적 방법론은 항상 두 가지가 관계된다. 그것은 질문과 답, 상황과 메시지, 인간 존재와 신의 현현(divine manifestation)이다(Tillich, 1951, p. 8). 그래 서 그의 학문 세계에서는 일방적인 것이 없다. 상관관계가 지속되어야 하고, 이 지속되는 과정이 인간의 문제를 볼 수 있는 과정을 만들어 낸다고 보는 것이다.

틸리히는 기독교의 메시지와 그것을 각 세대에게 전달하기 위해서 그가 제시한 세 가지는 반드시 상관관계 속에서 연관되어야 한다고 생각한다. 첫째, 인간의 질문과 이 질문에 대한 기독교의 대답이다. 인간은 수없이 질문이 많은 존재이다. 질문할 수 있는 것을 법이나 종교적 범주에서 못하도록 하는 것은 맹종이기 때문에 기독교는 인간의 질문에 답을 해야 한다. 둘째, 상황과 메시지인데, 인간이 각 상황과 시대 그리고 문화에 따라 직면해야 하는 질문들이 있다. 이 상황에 대한 적합한 메시지가 해석내지는 재해석되어서 나와야 한다. 셋째, 인간과 신의 관계이다. 즉, 인간과 신의 현현(manifestation)이다. 이것은 매우 종교적인 해석이지만, 인간의 문제와 신의 관계는 불가분의 관계라는 것이다. 마치 성 어거스틴의 말처럼 하나님이 없이 인간 없고, 인간 없이 하나님이 없다는 말과도 상통한다고 생각한다. 어거스틴의 이 정의는 인간과 하나님의 관계성이 불가분의 관계라는 것이다. 인간 존재에 대한 끝없는 질문과 모순이 있지만 피조물과 하나님 사이에는 어떤 끊을 수 없는 관계성이 존재하며, 인간이나 절대자가 각각 별개로 무관계하게 존재하지 않는다는 점이다. 이 점에서 심리학자 칼 융(Carl Jung)의 만약 하나님이 인간과의 관계가 없으면 자신은 하나님을 신뢰하지 않을 것이라는 고백과 같은 맥락에 있는 것이다.

틸리히의 이러한 세 가지 관점의 상관관계는 인간과 현 상황에서 질문이 시작되고 신학은 여기에 대해 답을 하는 구조이다. 다른 말로 하면 틸리히의 신학은 하나님으로부터 시작하는 것이 아니라 인간이 가진 질문에서 시작한다(Lim, 2000, p. 73). 이것은 인간

으로부터 신학이 시작된다는 의미보다는, 인간의 고민과 삶의 현
장을 도외시하고 신학과 신앙은 성립할 수 없다는 의미이다. 이러
한 점에서 신학은 인간의 상황 또는 삶의 현장에 대해서 답해 주는
것이야 한다(Tillich, 1951, p. 22). 동시에 이러한 현장과 상황을 이
해하기 위해서 심리학과 신학, 두 학제 간의 대화의 필요성을 제안
한다.

> 이제는 심층심리학(depth psychology)과 실존주의에 적용
> 된 신학적 판단을 어떻게 할 것인가 하는 문제이다(실은 이런 것
> 은 실제에 있어 하나이다). 인간의 본질적 성향과 실존적인 곤란
> (predicament)의 관계는 신학이 실존주의자들의 분석이나 정신
> 분석적 자료와 만날 때 최초로 그리고 근본적으로 질문해야 할
> 질문이다(Tillich, 1984, p. 88).

심리학적 이해와 신학적 이해의 상관적 이해를 가지고 인간에
대한 이해를 시도한 것은 하나님 형상이라는 신학적 용어를 일반
적인 용어로 표현하였는데 그것이 '중심된 자기(the Centered Self)'
혹은 '진실된 존재(True Being)'라고 했다(Tillich, 1952, pp. 42-49).
이 중심된 자기는 인간의 모든 존재 이전에 있는 것이기에 이 중심
된 자기에 대하여 안다는 것은 곧 인간이 무엇인가를 알 수 있다는
말이다(Lim, 2000, p. 74). 인간이 가진 '중심된 자기'는 인간으로 하
여금 타 피조물과 다르게 자신의 구조에 대하여 유일하게 알고 있
는 피조물이게 한다. 그리고 이 중심된 자기는 타 피조물에 대해
서 완전성을 가지고 있기에 인간에게 위대함과 존엄성을 가져다
주고, 또한 인간과 세계가 가진 잠재성을 나타낸다. 이러한 점에서

이 중심된 자기는 신성한 중심이다(Tillich, 1952, pp. 45-49).

타 피조물과 예외적인 특이사항과 조건을 가지고 있는 것이 인간이다. 예를 들어, 인간은 도구와 언어를 전문적으로 사용하여 기술과 이념을 전수할 수 있고, 이런 것들을 바탕으로 각 세대에 필요한 도구를 창의적으로 만들어 낸다. 그러나 다른 한편에서는 소위 하나님의 형상 또는 신성한 중심된 자기를 가진 인간은 가장 잔혹한 존재이기도 하다. 미움, 시기, 다툼, 모함, 살인, 전쟁 등 이루 헤아릴 수 없는 인간의 잔혹한 본심이 세계 도처에서 나타난다. 가장 바람직한 정치 제도인 민주주의가 있음에도 그 안에 있는 개인과 집단의 이기주의는 끊임없이 공적 공동체를 중요시하기보다는 사적 이기성에 몰두하여 민주주의의 위험이 되기도 한다. 타 피조물이 상상조차 할 수 없는 정치 제도, 법, 도덕 그리고 종교를 만들어서 규범을 가지고 살아가지만, 동시에 그러한 요소들은 힘있는 개인과 집단이 사유하여 더 거대한 악의 세력이 되기도 한다.

틸리히는 이러한 상반된 결과를 하나님의 형상을 가진 중심된 자기의 이중구조로 보고 있다. 즉, 하나님 형상이라는 것은 '완전(perfection)'과 '유혹(temptation)'의 구조를 가지고 있다는 것이다. 완전이라는 의미는 다른 생명체들과 비교해 볼 때 완전하기에 인간은 도덕, 종교, 문화를 만든다. 그러나 인간이 자신의 문명을 통해서 긍정적으로 만들어 놓은 것을 파괴하는 것은 결국 '유혹' 때문이다. 인간은 자신과 세계와의 관계성을 자신의 잠재성 내지는 완전성을 통하여 실현하지만, 또한 자신과 세계의 중심에 자기가 있으려는 유혹을 받는다. 왜냐하면 인간은 어떠한 상황에서 자신을 제한시키려 하지 않기 때문이다. 즉, 자신이 모든 것에 중심으로 서려는 유혹이다(Tillich, 1952, pp. 45-49).

인간에게 주어진 경계선을 벗어나려는 유혹은 자유의 유혹이다. 그러나 중요한 것은 책임감이 없는 자유의 유혹은 대가가 혹독하다는 점이다. 정신의학자 스콧 펙(Scott Peck)은 현대사회에서 사람들이 정신질환에 고생하는 이유를 너무나 많은 절제 없는 자유를 택하고 상대적으로 책임을 지지 않은 정신적 구조 때문이라고 했다. 인간에게 자유와 책임은 같이 생각을 해야 하는 대상이지, 이것을 별개로 생각하여 가질 수는 없다. 즉, 자유는 책임의 열매라는 상관성을 가지고 있다.

인간이 자신의 자유를 사용하여 모든 것의 중심이 되려는 유혹으로 소외된 자기(estranged self)가 되고, 이렇게 되면 인간의 자기는 실존적으로 현실에서는 신성한 중심으로부터 소외되어 있는 상태가 된다. 이러한 현상은 개인의 죄의식, 인류의 비극, 우리 자신으로부터의 소외, 타인과의 소외, 그리고 하나님으로부터의 소외 같은 현상을 발생시킨다(Tillich, 1952, pp. 44-47). 이것은 인간의 실존적인 소외를 보이는 것이고, 창조된 인간의 구조와 모순된 것을 보여 주는 것이다. 틸리히는 이것을 '불신(unbelief)', '교만(hubris)', '욕망(concupiscence)'이라고 했으며, 이 세 요소가 인간이 하나님으로부터 소외된 상태를 말해 준다(Tillich, 1952, p. 47).

현존하는 인간은 그가 본질적으로 그렇게 되거나 반드시 그렇게 되어야 하는 존재가 아니다. 인간은 참된 존재(true being)로부터 소외(estrangement)되었다. '소외'라는 단어의 심오한 의미는 인간이 본질적으로 어떤 것에 속했는데 그것으로부터 떨어졌다는 것이다. 인간은 참된 존재에 속했지만 이제는 참된 존재로부터 이방인이 되었다. 인간은 이것에 의해 판단을 받고, 참된

존재에게 적으로 살지만, 참된 존재로부터 완전하게 소외되어
있지는 않다. 하나님에 대한 인간의 적의는 명백하게 인간이 그
에게 속했다는 것을 말한다. 증오가 있는 곳에는 사랑의 가능성
이 있다(Tillich, 1952, p. 45).

  틸리히의 이러한 표현은 인간의 타락에 대한 역설적인 표현이
다. 그는 현실이라는 실존에서는 인간이 본질로부터 벗어나 자신
이 중심이 되려는 욕구와 자유로 인해 소외되어 있지만, 인간은 본
질상 하나님과 연관되어 있는 존재이기 때문에 완전한 소외는 있
을 수 없다는 의미이다. 즉, 인간은 하나님으로부터 완전히 소외
되어 있는 존재가 아니라는 것이다. 존재의 근원으로부터 어떤 것
도 우리를 완전히 떼어 놓을 수 없으며, 인간으로 세상을 살아가는
한 인간은 부분적으로나마 신의 형상 그리고 신성한 중심의 일부
를 가지고 있다는 것이다(Lim, 2000, p. 76). 이러한 관점에서 보면
모든 인간이 소외가 되었더라도 하나님과의 필연적 관계성을 가질
수 밖에 없다.

2. 자아와 자기의 형성: 자기와 세계와의 상관성

  19세기 후반에 태어나 20세기 중반에 세상을 떠난 신학자 틸리
히가 가지는 인간의 자아, 자기 그리고 외부 대상의 관계성은 오늘
날 심리학에서 가장 많이 회자되는 대상관계를 통해서 인간이 형
성된다는 것을 이미 그 시대에 틸리히는 고민하고 있었다는 것을
의미한다. 그의 심리학적 관점이 오늘날과 같이 대상의 관계, 특별

히 부모와의 관계성에서 형성된다는 상세한 내용은 없지만, 전반적인 프레임을 가지고 인간의 자기형성과정에 대한 관심을 가지고 있었다. 이러한 점에서 틸리히는 자신의 신학세계 형성은 실존적 철학과 더불어 이미 심층심리학과 정신분석의 관점을 가지고 관찰을 한 것이다(Martin, 1966, p. 111).

이 세상에 태어난 인간은 근본적인 구조를 가지게 된다. 그것은 자기(self)와 대상 또는 자기와 세상과의 관계이다. 이 두 가지 상호관계를 통해서 인간의 세계가 형성된다. 그래서 모든 사람에게는 자기라는 중심적인 것이 있고, 이것과 관계하는 대상/세계를 통해서 상호 영향을 미친다는 점이다. 이 상호 영향은 긍정이 될 수도 있고, 부정이 될 수 있다. 틸리히에 의하면 대상과 상관성을 가지는 이 '자기'는 존재할 수도 있고, 존재하지 않을 수도 있는 물건이 아니며, 모든 질문에 앞서 있는 근원적 현상(original phenomena)이다(Tillich, 1951, p. 188).

틸리히의 신학세계에 있어, 그리고 가장 핵심이 되는 인간의 자기이해에 있어 자기라는 것이 자의로 형성되는 것이 아니라 세상과 환경과의 상호관계성에서 형성되는 불가분의 관계라는 점은 당시로써는 획기적인 선언이다.

자기의 형성에 대상(thou)은 절대적으로 필요하다. 틸리히는 이 자기와 대상인 당신(thou)의 논리를 마틴 부버의 '나와 너'의 개념에서 사용하였다. 이러한 관점에서 그는 "세계가 없는 자기는 빈 것이고, 자기가 없는 세계는 죽은 것이다(The self without a world is empty; the world without a self is dead)(Tillich, 1952, p. 34)."라고 했다. 인간의 자기를 형성하는 데는 반드시 외부 대상인 세계가 필요하고, 자기가 없는 인간의 세계는 죽음이라는 점에서 보면 인간의 자기와 대상인 세계와의 관계는 불가분의 관계이며, 어느 한쪽으로만 존재할 수 없는 것을 말한다. 그런데 마틴 부버는 인간의 관계를 크게 세 가지로 본다. 부버의 이 개념은 오히려 현대 심리학의 대상관계심리학에서 언급하는 긍정과 부정적 관계를 세세하게 언급하고 있다. 부버가 언급하는 첫째는 '나와 너(I -Thou)'의 관계이고, 둘째는 '나와 그것(I-It)'의 관계, 그리고 '나와 영원한 너(I-Eternal Thou)'의 관계다.

틸리히는 이러한 부버의 관계성의 영향을 받아 '자아(ego)'라는 것은 상대(thou)를 만날 때 비로소 'I(나)'가 될 수 있다고 보았다. 왜냐하면 이 세상에서 다른 사람을 만나지 않는 사람은 없고, 다른 성숙된 사람과의 만남 없이 성숙된 개인이 되는 것은 불가능하다고 보았기 때문이다(Tillich, 1952, p. 43). 이러한 점에서 틸리히의 인간이해는 심리학을 포함한 인류학적 관점에서 해석을 한다. 그 해석에는 네 가지 종류가 있는데, 첫째, 자기와 세계와의 상관성이다. 이 말은 주체와 객체(subject-object)의 상관성을 말하는 것이다. 둘째, 인간의 기본적 구성을 이루는 세 가지. 즉, 개인화와 참여(도덕), 역동성과 형식(문화), 그리고 자유와 운명(종교)이다. 셋째, 자유와 운명으로 만들어지는 존재론적 인간이 실존 인간으로 변하는 데 결정적 역할을 하는 것, 넷째, 유한한 인간이 내포하고 있는 불안이다(Martin, 1966, p. 83).

외부 대상과의 관계성을 통하여 인간은 성장하며, 이 과정을 통하여 인간은 자기실현의 과정을 밟는다. 그리고 틸리히는 이 실현은 인생의 모든 과정을 통해서 실현된다고 생각한다. 이 자기실현은 중심이 되는 뿌리와 축(axis)으로부터 실현된다고 보았다. 그리고 이 자기실현은 자기와 세계와의 관계 속에서 나타나는 불가피한 움직임으로 보았다(Tillich, ST.3, 1956, p. 30). 이 말은 인간의 자기실현이 반드시 세계와의 관계 속에서 상호작용으로 발생한다는 것이다.

틸리히가 생각하는 자기(the self) 또는 틸리히가 특별히 사용하는 중심된 자기(the centered self)는 인간의 모든 질문에 앞서 존재하는 것이다. 그러나 이 자기가 대상(사람이나 문화 등)과의 상호관계성을 통해서 형성된다는 관점은 지극히 심리사회적인 관점이다. 이러한 시각은 에릭슨(E. Erikson)의 심리사회적이론에 영향을 주었고, 신학자로서 인간의 자기에 대하여 20세기 초에 학제 간의 대화를 통한 포괄적인 생각을 가진 이는 거의 전무하다고 할 것이다.

인간의 출생과 함께 있는 자아(ego)는 세계라는 대상, 즉 여기서 외부 대상과 사람을 비롯한 모든 것을 의미하는데, 이러한 대상을 통해서 자아는 자기(self)로 성장을 한다. 틸리히는 이 관계를 자아-자기의 관계(자존심)라고 표현한다(Martin, 1966, p. 84).[1] 이렇게 형성된 자아-자기의 관계는 더 이상 외부 대상으로부터 수동적으로 영향을 받는 것이 아니라, 자신만의 생각과 규범으로 외부 환경과 대상을 지배하는 것이고 이겨 내는 것이다. 더 이상 외부 대상으로부터 수동적으로 조정당하거나 움직이지 않고, 오히려 통제할 수 있는 자기가 되는 것이다.

자아와 대상세계 사이에서 자아를 자기로 만들 수 있는 것은 '이성(reason)'이다. 이성이 전적으로 구조화된 자기를 만들 수 있다. 이성 없이 존재는 혼돈이 되며, 존재가 될 수 없는, 다만 존재

---

1) 틸리히는 인간이 시작되는 의식세계에 대한 표현을 '자아(ego)'라는 표현보다는 '자존심(ego-self)'라는 구조로 이해했다. 그의 말처럼 인간이 이성을 가지고 성숙한 사람이 되면 '자존심(ego-self)'의 구조를 가지고 자신이 가진 생각과 규범으로 환경을 지배한다(Martin, 1966, p. 85).

가 될 수 있는 가능성만을 가진 존재일 뿐이다. 그래서 이성이 있는 곳에 자기와 대상세계와의 상호관계성이 있는 것이다(Tillich, 1951, p. 288).

이러한 '자기'를 가지고 있는 인간은 존재의 구조를 알고 있는 유일한 피조물이다. 이점에서 인간이 무엇이냐고 물어보기 이전에 자기에 대한 구조를 파악하는 것이 더 중요하다. 인간의 독특성은 다른 생명체들에 비해 전적으로 중심된 자기를 가지고 있는 존재이다(Tillich, 1952, p. 49). 이 중심된 자기는 인간에게 위대함과 존엄성을 가져다 주고, 이 중심된 자기는 인간과 세계에게 잠재성을 나타낸다. 이것은 신학적 관점에서 "하나님의 형상(the image of God)"이고, 심리학 관점에서는 "진실된 존재(true being)"인데, 이러한 개념은 신성한 중심에 속한다고 본다(Tillich, 1952, pp. 45-48). 그래서 이 중심된 자기의 개념은 틸리히의 신학에서 인간을 이해하는 데 매우 중요하다.

이 중심된 자기에 대한 우리의 질문은, 중심된 자기가 신성이나 진정한 존재의 영역에 속함에도, 인간 역사나 현실에서는 왜 이렇게 왜곡된 영역이나 파괴적인 영역이 나타나는가이다. 중심된 자기는 대상세계와의 만남을 통해서 자신이 가진 잠재성을 실현하게 되는데, 이 과정에서 인간은 자신이 자신과 세계에 있어 중심이 되려는 유혹을 받는다. 이렇게 자신이 모든 것의 중심에 서려는 유혹은 인간은 어떠한 것에도 묶여 있지 않기 때문이다. 이것이 인간이 가진 자유함이다. 그리고 이 자유함으로 인해 인간은 실존적으로 하나님 형상으로부터 소외가 된, 소외된 자기(estranged self)를 경험하게 된다(Tillich, 1952, p. 44-47).

그러나 인간이 하나님 형상으로부터 소외되고, 본질에서 실존으로 떨어져 소외를 경험하게 되지만, 이것이 하나님으로부터 완전한 결별을 의미하지 않는다고 본다. 이러한 점은 틸리히가 가진 독특성이다. 소외는 결별이나 '죄'로 인하여 인간이 하나님과 멀어졌다고 보는 시각이지만, 이러한 소외로 인간이 하나님과 완전히 단절되었다는 것은 아니다. 그리고 아담의 타락으로 발생한 이 사건은 일회적 사건이 아니라는 점이다(Martin, 1966, p. 113). 인간이 하나님으로부터 완전히 소외되지 않았다는 것은, 인간에게 본질에 대한 그리움 내지는 일치에 대한 마음이 있다는 것을 의미한다. 각 개인이나 문화에 따라 다양하겠지만, 인간은 자신의 근원이 되는 뿌리로부터 완전히 소외될 수 없는데, 그러한 흔적은 실존적인 문학과 예술 분야에 녹아 있다고 본다. 마치 고향을 떠난 사람들이 본향에 대한 막연한 그리움을 가지고 살아가는 것과 같은 것이다.

문화와 문명의 발달은 인간이 미미한 존재이며 동시에 잠재성이 있는 존재라는 것에 대한 명암적 관점을 제시한다. 의식주 해결과 의술과 전자, 기계 그리고 바이오의 혁명적 결과는 인생이 소비와 즐김이 주제로 변하는 시점에 있고, 질병에 대한 정복과 수명 연장은 인간실존의 부정적인 면을 못보게 할 가능성이 많이 있다. 현대인들이 영혼의 고통과 같은 신경증에 시달리는 것은 진정한 의미를 주지 못하는 것들에 대한 인간의 집착에서 오는 것이다. 어쩌면 이러한 편향적인 생활은 인간이 틸리히의 말처럼 본질에서 소외와 소외된 채로 실존에 살고 있는 인간을 보여 주는 것이다.

앞서 예로 든 칼 융을 찾아온 중년기들의 문제를 다시 살펴보자. 만일 인간이 외적인 것들이 충족해서 모든 것을 해결할 수 있었다면, 당시 사람들이 융을 찾아오지 않았을 것이다. 그를 찾아온 내담자들이 신경증에 시달린다는 것은, 그리고 이 신경증이 영혼을 찾

는 종교성과 연관되어 있다는 것은 인간의 정신적 구조가 절대자로
부터 완전히 소외가 되지 않았다는 것이다. 마치 항공 사고로 비행
기가 심해에 침수되었는데, 자신이 심해 어떤 위치에 가라앉아 있
다는 사실을 이 추락체의 블랙박스를 통해 끊임없이 알리는 신호를
감지해서 발견하는 것과 같다. 이것을 사람에게 적용한다면 그 어
떤 사람이라도 그가 하나님으로부터 완전하게 소외된 상태로 살아
갈 수 없다는 것을 의미한다. 어떤 신호를 계속해서 자신의 근원에
게 보내고 있는 것이다. 이러한 관점에서 틸리히는 우리는 인간 존
재의 근원이 되는 것으로부터 완전히 소외된 것이 아니라고 생각한
다(Tillich, 1952, pp. 47-52). 이 말은 실존에서 인간은 하나님과 소
외된 상태로 살아가지만, 본질에서는 하나님과 소외되지 않았다는
것을 말한다(Lim, 2000, p. 76).

실존에서는 마치 근원자와 무관한 것처럼 살아가는 사람들이 본
질적으로 하나님과의 연관성을 가질 수밖에 없다는 논지에서 틸리
히는 인간이 하나님께 갈 수 있는 '용기(courage)'는 바로 이 본질적
인 뿌리(root)에서 오는 것임을 말한다. 그러므로 모든 인간은 이 용
기가 잠재해 있다. 이러한 관점에서 기독교상담신학은 인간의 무너
지는 실존 속에서 뿌리가 되는 본질을 찾는 것이며, 이 본질의 상실
이나 무관계로 인해 실존 속에 방황하는 인간 군상을 생각해야 하
는 것이다. 그리고 이러한 자기(self)에 대한 구조는 어떤 물건처럼
우리에게 있을 수도 있고, 없을 수도 있다는 식의 것이 아니라, 인
간 존재의 모든 질문에 논리적으로 선행하고 있는 현상이다(Tillich,
1951, p. 188). 이 관점이 틸리히가 인간의 자기를 이해하는 데 가
장 근본이 되는 것이다.

3. 인간의 근원적인 악과 모호성

플라톤과 어거스틴(St. Augustine)의 계보를 잇는 틸리히는 인간의 소외(estrangement)는 개인의 도덕적 결정이기에 사람에 따라 소외가 발생할 수도 있고, 안 할 수도 있다는 펠라기우스(Pelagius)의 관점을 거부한다(Martin. 1966, p. 118). 그래서 틸리히는 인간 실존에서 뿌리 뽑을 수 없는 세 가지 악이 존재한다고 보았다. 그 것은 불신앙(unbelief), 오만(hubris) 그리고 욕망(concupiscence)이다.

그러면 인간에게 왜 이러한 소외/죄의 현상이 발생하는가 하는 문제가 생길 것이다. 틸리히는 인간의 창조 시기의 상태를 "꿈꾸는 순수함(dreaming innocence)"의 상태라고 생각한다.[2] 여기서 순수함이란, 경험의 부족, 개인 책임성의 부족, 도덕적 수치의 부족을 말하고, 순수함을 잃어 버렸을 때 인간은 경험, 책임성, 도덕적 수치를 가지게 된다.

이 과정을 쉽게 설명하기 위해 틸리히는 아담과 이브의 이야기를 소개한다. 그는 아담과 하와가 하나님의 법에 대하여 범법하는 것은 일회적인 사건이 아니며, 이것은 우주 인류학적 중요성이 있으며, 인간 상황의 근본적 실체를 정확하게 상징화한 것이라 생각한다. 즉, 인간의 현실은 자신의 진정한 자기로부터 소외되어 있다는

---

2) 꿈꾸는 순수함의 상실은 과거, 현재 그리고 미래에도 지속될 것이라는 예언은 마치 인 간 안에 가진 본능인 리비도(libido)에 대한 프로이트의 해석과도 비슷하다. 프로이트 는 이 본능이 거칠고, 동물적인 성적인 본능이고 이것은 세 가지 시간대에서 존재할 것 이라고 언급했다. 물론 이것에 대한 틸리히와 프로이트의 세부적 통찰은 다르기에, 여 기에 대한 것은 '욕망(concupiscence)'의 설명에서 충분히 다루기로 한다

것이다. 그리고 이 소외 또는 죄는 본질에서 벗어난 인간의 실존 상태를 말해 주는 것이다(Tillich, 1952, p. 33).

인간이 자신의 선택, 즉 본질에서 실존으로 가는 것을 선택할 수 있는 것은 그가 가진 자유(freedom) 때문이다. 이 관점에서 틸리히는 "인간은 심지어 자신의 자유로부터도 자유하다. 이 말은 인간이 자신의 인간성을 포기할 수 있다는 것이다."(Tillich, 1951, p. 207)라고 말했다. 이것은 다른 관점에서 보면 인간은 자신이 꿈꾸는 순수함으로부터 깨어나는 것이 불가피한데, 이유는 이 꿈꾸는 순수함이 완전한 상태가 아니라, 아직은 시험되지 않고, 결정되지 않은 잠재성이기 때문이다(Tillich, 1951, p. 66). 그리고 이 상태는 신성한 삶의 근거 안에 숨겨져 있는 상태이거나, 심리학적으로 꿈꾸는 순수함의 상태이다. 이 꿈꾸는 상태라는 것은 인간이 자유와 운명의 조화 가운데 있는 것이기에 어떤 것도 아직은 실현된 것이 아니다. 그리고 이 상태는 인간이 자신의 자유가 한계성을 가진 자유라는 것을 알 때 가능하다.

틸리히는 인간실존에서 뿌리 뽑을 수 없는 세 가지 악이 불신앙(unbelief), 오만(hubris), 그리고 욕망(concupiscence)인데, 인간은 "꿈꾸는 순수함"과 이것의 실현화의 양축에서 갈등하는데 그 내용은 다음과 같다. 첫째, 자신을 실현함으로써 소유하는 지식, 힘 그리고 죄의식으로 인해 꿈꾸는 천진함을 상실해 버린다는 불안과, 둘째는 자기를 실현하지 않고 꿈꾸는 순수함을 보호하려는 사이에 있는 갈등이다(Tillich, 1954, p. 109). 이 과정에서 대부분의 인간은 자기실현을 선택하여 꿈꾸는 순수함을 상실해 버린다. 왜냐하면 이 상태에서 실현화 단계로 가는 것은 불가피하기 때문이다. 인간은 이 꿈꾸는 순수함 상태를 넘어 그 이상의 것으로 가려는 상태를 가진다. 이것은 유혹이다. 틸리히는 이 과정을 인간의 성적 발달과 연관시켜 설명한다. 전형적인 청소년기를 거치면서 인간이 가지는 성에 대한 호기심은 잠재성과 실현성의 두 과정의 딜레마에 빠지다가, 궁극적으로는 실현화를 하는 것과 비교한다. 그래서 인간은 자기를 실현함으로써 자신이 꿈꾸는 순수함, 잠재성 상실에 대한 불안을 가지게 되고, 본질이 실존에 참여하는 것은 불가피하기에 모든 세대에 발생하는 것이다.

꿈꾸는 순수함의 상태에서는 인간의 자유와 운명이 균형과 조화를 이룬 상태이지만, 이러한 잠재성은 실현화되지 않았다. 그러나 이 상태는 완벽한 안정된 상태가 아니라, 다툴 상대가 없고(uncontested), 결정되지 않은 잠재성의 상태이다. 이 상태는 긴장과 파열의 가능성이 있는 상태이기에 인간은 이러한 제한적 자유에 대해 불안을 가지고 인식하고 있는 상태이다(Martin, 1966, p. 116). 그리고 이것은 모든 인간이 가지고 있는 보편적 불안이다.

아담의 죄에 대한 욕구는 "눈 뜨게 하는 자유(aroused freedom)"를 가지고 와서 자기 자유에 대한 실현을 경험했지만, 그가 자신이 꿈꾸는 순수함을 상실한 것, 자신의 잠재성을 상실한 것에 대한 불안을 가질 수밖에 없다. 잠재성을 실현화하려는 것은 불안 혹은 유혹이며, 이것을 통해서 인간은 자신이 꿈꾸는 순수함을 상실한다. 그리고 이것은 아담의 세대에서만 발생하는 것이 아니라 과거, 현재, 그리고 미래에도 영원히 발생하는 것이다.

전통적인 기독교에서 생각하는 '죄'라는 의미는 틸리히에게 '소외(separtion)'의 상태로 이해된다(Tillich, 1951, p. 271). 틸리히가 전통적인 기독교적 용어에 대하여 철학적 용어나 좀 더 다른 언어를 사용하는 이유는 기독교적 언어가 가진 한계성이다. 즉, 기독교적 용어는 기독교인에게는 친숙하지만 그밖의 사람들에게는 친밀하지 않은 용어이기 때문이다. 이 죄는 근본적으로 하나님, 자신, 그리고 이웃으로부터의 소외 상태로 보아야 한다. 이 소외로 인간은 그가 본래 되어야 하는 인간은 더 이상 아니다. 그러나 이 소외라는 것은 인간이 어디에 속했었다는 것을 의미하기에, 인간이 설혹 하나님에 대해 적의적이라 할지라도 그것은 완벽한 소외가 아니라, 오히려 인간이 하나님에게 속해 있다는 것을 의미한다(Tillich, 1951, p. 272). 그러나 하나님, 자기, 그리고 이웃으로부터 소외 상태에 있는 인간이 가지는 속성은 '불신(belief)' '오만(hubris)' 그리고 '욕망(concupiscence)'으로 보고 있다.

1) 불신

틸리히의 관점에서 '불신(unbelief)'이란 하나님의 의지로부터 인간의 의지가 분리된 것이며, 인간의 감정, 생활 그리고 이론적 사실을 포함한 전적인 인격의 행위를 말한다(Lim, 2000, p. 76). 인간의 감정, 이론적 사실 그리고 실재적 생활이 불신에 있다는 것은 인간의 깊은 중심으로부터 하나님과 멀어져 있는 것을 의미한다. 그래서 인간의 전적인 것이 하나님으로부터 멀어져 있는 것이다. 아우구스부르크 고백(Augsburg Confession)에서는 죄에 대해 욕정을 가지고 있으며 하나님 안에서 신앙이 없는 것으로 정의한다. 여기에 틸리히는 오만(hubris)이라는 것을 하나 더 추가하고, 이 오만은 어거스틴이나 루터의 경우에는 관능적인 죄(sensual sin)로 여기고 있다(Tillich, 1952, p. 47).

사람은 자기실현을 하면서 자신에게 집중함으로 지(知), 정(情)

그리고 의지에서 하나님으로부터 멀어져 있다. 불신은 하나님에 대한 부인(denial)이 아니다. 이것은 이미 하나님에 대한 인식적 결합의 상실(the loss of a cognitive union with God)을 의미한다. 그래서 이 인식적 결합을 상실한 인간은 하나님에 대한 질문을 할 수 없는 것이다. 왜냐하면 하나님이 존재하는가 아니면 존재하지 않는가라는 질문을 하는 사람은 이미 하나님으로부터 차단되지 않았음에도 이미 하나님으로부터 분리된 상태이다. 그래서 인간의 불신 상태라는 것은 인간 자신의 분리된 생활의 쾌락을 위해서 신성한 인생의 축복으로부터 경험적으로 분리된 것을 의미한다(Tillich, 1952, p. 48).

하나님으로부터 멀어진 '불신'이라는 것은 개신교 신학에서 자기 자신을 사랑하는 것과 같은 맥락이다. 어거스틴은 죄라는 것은 궁극적인 선에 대한 것을 추구하지 않고 자신을 위해 유한한 것을 사랑하는 욕망으로 보았다. 또한 자기와 세상에 대한 사랑이 유한한 것에서 무한한 근원자에 대한 것을 통하지 않으면 곡해되는 것으로 보았다. 그래서 무한한 근원에서 유한한 것들로 돌아서면 불신이다(Tillich, 1952, p. 48). 이러한 불신의 성향은 모든 유한한 것을 무한한 것들로 표현하려는 인간의 경향에서 온다.

2) 오만

오만(hubris)은 불신의 다른 면이다. 오만은 인간으로 하여금 자기를 자신의 세계에 중심으로 만든다. 왜냐하면 오만에 빠진 인간은 무한성이라는 것이 오직 하나님에게만 속했다는 사실을 거부한다. 이러한 구조에서 어느 누구도 예외없이 적용된다. 모든 인간 개인은 오만의 순간들을 가지고 있어, 자신 안에서 하나님처럼 되고 싶은 욕구를 가지고 있기에 자신의 가치와 확신에 따라 움직인다. 즉, 이러한 욕구와 행동을 가지면서 인간이 가진 유한성에서 오는 오차, 빈약성, 불안정, 불안과 같은 것을 수용하지 않으려고 한다. 혹 이것을 가지더라도 또 다른 오만의 구조를 가진다. 결국 인간의 자기확신과 파괴적 자기고양(self-elevation)을 구분하지 못하게 하는데, 이것을 틸리히는 악마적 구조라고 한다(Tillich, 1951, pp. 277- 278).

중심된 자기로부터 분리된 인간은 '신성한 중심(the divine center)'의 밖에 있기에 인간은 자신과 자기세계에서 중심이라고 생각한다. 중심된 자기를 가지고 있다는 것은 인간이 하나님의 형상을 가진 존재라는 것이며, 이 존재는 위대함과 존엄성을 가지고 있는 존재이다. 그러기에 이 존재는 자신과 자신을 둘러싼 세계를 초월할 수 있는 능력을 가지고 있는 존재이다. 자기와 환경을 초월할 수 있다는 것은 모든 것을 자신의 중심에서 볼 수 있다는 것이다(Tillich, 1952, p. 49).

앞서 틸리히가 중심된 자기의 특성을 완전함과 유혹의 양가성으로 언급한 바와 같이 오만은 그리스 신화의 비극에서 나오는 주인공들의 이야기 또는 구약성서에 나오는 영웅들의 비극에서 볼 수 있다. 즉, 신화의 영웅이나 구약성서의 영웅들의 이야기 중에는 자신의 제한성을 알지 못하고 자신의 능력을 남용하여 결국 비극적인 인생을 산 영웅들이 있다. 오만은 자기고양을 통해서 인간이 신의 영역으로 들어가는 것이다. 신의 영역으로 들어가서 초인적인 현상을 발휘하는 사람들은 대부분 뛰어난 영웅이다. 그러기에 오만을 자랑해서는 안된다. 오만은 인간의 자랑행위에서 발생하고, 심지어 자신을 겸허하게 하는 순간에도 발생한다(Tillich, 1952, p. 50).

틸리히는 오만이 영적인 죄(spiritual sin)라고도 불린다고 했으며, 모든 죄가 이 오만에서 파생되고, 심지어 관능적인 죄도 여기서 나온다고 했다. 그래서 전적인 죄의 형태를 가지고 있고, 불신앙의 다른 면으로 보기도 했다. 영적인 죄라는 것은 인간이 자신과 세계의 가장 중심이 되려는 것이며, 자신을 더 이상 유한한 것으로 인정하지 않는 것이다. 특별히 사람은 무한함의 중요성을 인간 자신이 만든 유한한 문화적 창조로 여기고 이것들을 자신을 우상화하거나 궁극적 관심(ultimate concern)으로 생각한다. 부분을 궁극적 진실로 동일시하는 것이다(Tillich, 1952, p. 51). 그래서 유한하고 부분적인 진실을 궁극적 진실로 동일시하는 오만에 들어간다.

3) 욕망

하나님의 형상을 가진 인간이 왜 자신이 모든 것의 중심이 되려는 욕구가 발생할까? 이것은 자신이 중심이 되면 모든 것을 자신에게로 가져오고, 인간의 한계성을 넘어서 자유자재로 할 수 있기 때문이다(Tillich, 1952, pp. 51-52).

심리학적 관점에서 보면 인간의 자기가 중심에 서려는 것은 '불안' 때문이다. 불안하지 않은 사람은 모든 것을 자기의 중심으로 할 이유가 많이 있지 않다. 강력한 불안은 대상과 융합하여 자신의 불안을 망각하도록 하고, 자기라는 것이 '나'에게 있지 않고 타자나 어떤 외부적인 것에 의해 존재한다는 생각을 함으로써 자신의 안위처를 삼는 것이다. 결국 강력한 불안은 인간이 타인이나 외부에 융합하도록 하거나, 분리되어 관계를 맺지 못하고 살아가도록 하는 것이다. 예를 들어, '군중심리'와도 같은 것이다. 자신의 정체성을 가지지 못한 개인은 군중이 가지는 보편적 시각에 자신을 따르도록 해서 자신의 불안을 해소하는 것과 같다. 그러나 전통적인 기독교 신앙 맥락에서 모든 것을 인간(개인)의 중심으로 끌어 드리려는 것은, 자신이 소외된 상태에서의 빈핍함을 극복하여 근본적인 것에 주체가 되려는 죄로 보고 있다(Martin, 1966, p. 123).

틸리히는 욕망(concupiscence)을 전통적인 기독교의 죄의 범주를 넘어 광범위하게 생각하고 있다. 욕망이 단순히 성적 욕구와 같은 것이 아니라, 인간 자신과 그 세계와 연관된 곳에 자신에게만 집중하려는 것으로 보고 있기 때문에, 거기에는 성적 욕망, 육체적 허기, 권력 욕구, 지식에 대한 욕구, 부에 대한 욕구, 그리고 영적인 가치까지 포함한다(Tillich, 1951, p. 281). 인간이 이러한 다양한 분야에서 욕망을 보이는 이유는 인간에게 근원적인 근본체와 일치하고자 하는 욕구가 있기 때문이다.[3] 예를 들면, 심리학의 애착이론(attachment theory)이나 발달심리학에서 섭식장애에 대한 문제를 통찰할 때 그것의 주된 문제는 음식의 결핍이나 과잉에서 올 수도 있지만, 대부분의 정신적인 문제에서 섭식장애가 온다고 판단한다. 특히 부모에게 관심을 받고 싶은데, 부적절한 부모의 감정과

---

3) 심리학자 칼 융도 비슷한 해석을 했다. 한때 프로이트의 동료이면서 후계자였던 융이 결정적으로 프로이트와 결별을 한 이유도 프로이트가 모든 인간의 정신적인 문제를 리비도에 집착했기 때문이다. 이 둘이 미국에 초대를 받아 가는 뱃길에서 프로이트는 융의 꿈을 해석해 주었고, 그 꿈의 주된 원인이 리비도에 있다고 했다. 그러나 융은 리비도라는 성적 에너지가 중요한 것은 사실이지만 그것은 표상적 현상으로 해석했다. 즉, 성적 욕망은 원시적이고 거친 욕망이 있지만, 그 안에는 인간의 근원과 일치(oneness)하고자 하는 근원적인 이유가 있다고 생각했다. 이러한 융의 생각은 틸리히가 리비도는 현상이고, 리비도는 에로스, 필리아 그리고 아가페의 관점에서 생각해야 한다는 것과 비슷한 관점이라고 본다.

행동이 아이들에게 접근의 실패감을 준다면, 아이는 부모가 자신에 대한 관심을 보일 대상을 찾는다. 그래서 음식을 잘 안먹거나, 과도하게 먹을 때 부모가 자신에게 관심을 가지게 되면 아이는 음식을 매개로 부모의 관심을 받으려는 행동을 보인다. 이와 같은 맥락에서 보면 인간이 하나님과의 분리된 상태에서 자신의 공허함과 무의미를 달래기 위해서 여러 분야에 과도하게 집착하는 욕망을 가지게 된다.

인간은 자신의 근원과 분리되어 있기에 그 근원을 알고 일치하고자 하는 끊임없는 욕망을 가지고 있다. 그래서 성적인 욕망이 '욕망'을 설명하는 데 도움이 되지만 이것 하나만으로 인간이 가진 욕망을 설명하기에는 역부족이다. 이 관점에서 틸리히는 역사에 있었던 일들을 설명한다. 권력에 집착했던 네로 황제(Emperor Nero). 그는 자신과 만나는 사람들을 죽음으로 내몰면서 무소부재의 무한적 힘으로 무장했다. 성적인 욕구에 사로잡혀 사람을 유혹했던 호색한 돈 후안(Don Juan), 지식에 대한 끊임없는 욕구에 사로잡혀 악마와 협정을 맺는 괴테의 파우스트(Faust)가 그 예이다.

욕망이라는 것은 성적인 한계에만 국한되는 것이 아니라 인간생활의 전반에 있는 것이다. 인간은 자신의 본질적인 것과 결합하기를 원하기 때문에 끊임없이 삶의 여러 가지 요소를 통하여 자신의 만족을 구한다. 만일 욕망이라는 것이 성적인 영역에만 국한된다면 '성욕'은 인간이 일반적으로 말하는 (본질적인 것으로부터의) 분리라는 것을 묘사할 수 없다. 이러한 관점에서 '성욕'이라는 것은 인간 자신의 세계와 자기(self)의 만족을 모르는 끊임없는 관계성을 포함한다(Tillich, 1952, p. 52).

틸리히가 인간의 욕망을 설명하면서 가장 관심 있게 생각한 것은 프로이트의 리비도(libido) 이론과, 니체의 권력의지(will to power)에 대한 부분이다. 이 두 가지를 인간의 분리된 상태를 설명하는 가장 적합한 것으로 보았다. 프로이트는 리비도를 인간의 성적 긴장을 방출시키는 무제한적인 욕구이며, 이것은 동시에 인간의 피조성에 대한 불만족을 의미한다고 설명한다(Lim, 2000, p. 78). 리비도 이론에 따르면 인간은 자신의 성적 만족을 위해 무제한적 욕구가 리비도에서 분출되고, 이 분출된 것은 끊임없이 정신적 활동과 경험에조차 간섭한다고 했다. 그리고 이 구조화로부터 벗어나고자 하는 것이 죽음을 통해서 끝이 난다(Martin, 1966, p. 123). 그러나 프로이트나 니체가 언급한 인간 욕망에 대한 해석은 제한적으로 보고 있다. 왜냐하면 이 양자의 해석은 인간의 현재 상황을 설명하는 실존적인 상황에 대한 해석에는 적합하지만, 인간의 본질적인 면을 설명하고 있지 않다고 생각했기 때문이다(Tillich, 1951, p. 281). 프로이트의 리비도 이론은 인간 실존의 상태를 언급하는 데는 맞지만, 리비도 이론은 인간의 본질적인 요소인 사랑의 다른 영역인 에로스(eros), 필리아(philia), 그리고 아가페(agape)라는 모든 관점에서 이해되어야 하기 때문이다. "리비도는 우주의 보편적인 것을 개인의 특정한 실존으로 끌어당기는 무한적인 욕구가 아니다. 리비도는 사랑의 다른 차원인 에로스, 필리아 그리고 아가페라는 다른 의미와 함께 결합되어 있는 요소이다"(Tillich, 1951, pp. 293-298).

니체는 이 권력의 의지가 무한적이고 결코 만족을 모르는 것으로 보았다. 항간에 떠도는 '정치/권력은 생물같다.'라는 표현에서 생각하듯이, 이 권력의지는 인간의 목마르고 한계를 알지 못하는 욕구와 같다. 그러나 틸리히는 니체의 "권력의지" 개념을 인간의 심리적 행동이나 인간을 통제하려는 힘의 행위로 해석하지 않았다. 니체는 이 권력에 대한 의지를 인간의 실존적 상태에서만 적용할 수 있는 것으로 본 반면, 틸리히는 권력에 대한 의지 욕구를 인간 자신이 존재하고자 하는 힘을 표현하는 본질적인 인간의 욕망에 기초하고 있기 때문에 실존적 욕구가 아니라 본질적인 요구로 이해되어야 된다고 생각했다(Tillich, 1952, p. 55).

틸리히는 인간의 권력에 대한 의지를 존재의 힘을 가지고 있는 모든 것과 인간이 함께 나누는 자기확신(self-affirmation)과 역동적 자기실현을 상징화하는 것으로 보았다(Tillich, 1951, p. 298). 즉, 권력의 의지는 인간의 본질적인 것에 속하게 되지, 분리된(죄된) 상태에 있는 것을 의미하지 않는다는 것이다. 그래서 니체가 말하는 것과 같은 권력의 의지가 제한되지 않고, 규범이나 원칙에 따르지 않는다면 이 권력의 의지는 악마적이고 파괴적인 것으로 되고, 이것이 바로 분리의 상태이고, 틸리히가 말하는 '욕망'의 결과라고 보는 것이다.

지금껏 우리는 인간에게 뿌리 뽑을 수 없이 내재화되어 있는 인간의 세 가지 악한 성향인 '불신' '오만' 그리고 '욕정'에 대해 살펴보았다. 틸리히는 이 세 가지 성향을 개인이 행동으로 옮기기 전에 있는 전반적인 사실로 본다(Tillich, 1951, pp. 302-303). 그러나 세 가지 성향이 인간의 실존에서 나타나지만, 이것은 동시에 인간이 자기고양을 통해 인간의 근원적 요소를 찾으려는 몸부림과 같은 것이다. 예를 들면, 증오와 사랑은 같은 정신적 줄기에서 오는 것처럼, 실존적 현상을 통해서 존재론적 욕구를 볼 수 있다는 것이다. 그래서 틸리히는 이 모든 욕구는 인간의 중심이 되는 하나님에게로 돌아가고자 하는 욕구를 보여 주는 것으로 생각했다. 그래서 틸리히는 인간이 가지는 모든 위험이나 곤경이 인간이 본질적으로 되어야 하는 것을 보이게 한다고 생각하는 것이 아니라, 중심된 하나님의 형상과 재결합을 간절히 바라는 것을 말하는 것으로 생각한다(Tillich, 1952, p. 52).

4. 인간의 자기실현의 가능성과 모호성: 심리 학을 넘는 기독교상담신학

본질로부터 분리된 인간은 불신, 오만 그리고 욕망의 범주에 머무른다. 그리고 이러한 세 가지 요소는 인간의 자기실현에 가능성과 동시에 위험성을 가져다 주는 모호한 인간의 상태를 가져온다. 자기 실현과정은 자기와 외부 세상과의 관계성에서 형성되고 그 순서는 자기정체성(self-identity), 자기변형(self-alteration), 그리고 자기(the self)로 돌아오는 과정을 기초로 한다. 이것은 인간의 자기실현의 근본적인 구조이며, 개인화(individualization)와 참여(participation)라는 양극성(polarity)을 가진 자기통합(self-integration), 역동성(dynamics)과 형식(form)의 양극성, 자유(freedom)와 운명(destiny)의 양극성을 가진 자기초월(self-transcendence)로 구분된다(Tillich, ST.3, 1956, p. 32).

위에서 언급한 자기실현의 세 가지 구조에서 첫 번째인 자기통합 과정은 자기정체성과 밀접한 연관이 있으며 삶에 있어 매우 자연스러운 과정이다. 그러나 자기실현은 이 통합에만 있지 않고, 다시 중심된 자기로 움직이는데 이것은 자기변형이라고 했고, 이 과정을 통해서 새로운 중심들(new centers)이 발생하고 이 중심들을 통해서 수평적 방향으로 창조된다. 인간이 이 새로운 중심들로 향하는 것은 늘 새로운 것을 추구하기 때문이다. 그런데 이 새로운 중심들은 창의적 자기가 인간에게 주어졌기에 중심된 자기를 초월해 새로운 방향으로 갈 수 있는 것이다(Tillich, ST.3, 1956, p. 31). 마지막 단계인 자기 초월성은 앞의 두 단계가 수평적인 것인 것에 반해 이것은 수직적인 방향으로 인간의 한계성을 넘으려는 시도이며, 이것을 "최고를 향한 움직임(driving toward the sublime)"이라 한다(Tillich, ST.3, 1956, p. 31).

틸리히의 이러한 양극성의 구조는 그가 인간과 신학과의 관계성에서 생각하는 근본적인 구조이다. 하나님의 형상이 가진 장점이 있으면서 동시에 자신의 한계를 벗어나 자기가 중심이 되려는 인간의 욕망, 또는 이기적인 유전자라는 인간을 생각하게 하는 두 구조이다. 이 양극성은 인간의 모호성을 생각하는 구조라서 급진적 좌성향의 신학이나 급진적 우성향의 신학의 색채에는 분명하지 않은 색깔을 보이기 때문에 환영받지 못할 수도 있다. 그러나 이러한 그의 신학은 발달심리학자 에릭슨(Erik Erikson)의 사회심리학적 인간이해에 영향을 끼쳤고, 에릭슨도 인간의 발달을 8단계로 보면서 각 단계의 양극성에서 위기가 있다고 보았고, 각 단계는 인간이 성숙해지면서 위기를 겪어 내야 하는 과정으로 생각했다는 점에서 틸리히의 신학적 인간이해를 도울 수 있다고 생각한다.[4]

---

4) 발달심리학자 에릭슨은 그의 심리학을 심리사회적이론(psycho-social theory)라고 하며, 인간은 자기와 사회와의 상호관계성의 작용을 통해 자기를 형성한다고 보았다. 그는 인간의 발달을 영아기, 유아기, 놀이기, 학령기, 청소년기, 청년기, 중년기 그리고 노년기의 8단계로 보았는데 각 발달단계에 과업이 있고, 위기가 있다고 보았다. 예를 들면, 영아기에는 '신뢰(trust) 대 불신(distrust)'의 위기가 있는데, 이 시기에 부모(주된

1) 자기통합의 도덕과 모호성

도덕은 인간이 개인 및 집단질서를 위해 만든 타피조물에서는 볼 수 없는 중요한 덕목이다(Tillich, ST.3, 1956, p. 32). 도덕은 인간의 중심된 자기가 있기 때문에 인간만이 만들어 낸다. 그리고 틸리히 는 이 도덕이 가능한 것은 인간만이 자기통합을 할 수 있기 때문이 라고 본다. 그런데 이 자기통합은 늘 틸리히가 제시하는 양극성의 구조를 가진다. 개인화(individualization)와 참여(participation)이다.

자기통합의 도덕은 개인이 노력하여야 할 덕목이다. 도덕적 인 간이 되려고 하고, 도덕적 덕목을 지키는 것은 지극히 개인이 수련 해야 할 덕목이다. 그런 면에서 이 도덕은 아주 개인화된 개인적인 것이다. 그래서 이러한 도덕적 수련과 수행을 통해서 가장 개인화 된 인간은 접근하기 가장 힘든 경지에 있는 것이며, 또한 가장 외 로운 사람이다(Tillich, ST.3, 1956, p. 33). 자신의 도덕적 경지를 평 범한 사람들이 따라 오지 못하거나, 이해할 수 없는 것은 다른 영 역에 있는 사람이기 때문이다. 마치 1차원적 사람이 3차원적 인간 을 이해할 수 없는 것과 같은 것이다.

그러나 이 도덕적인 것은 참여를 반드시 필요로 한다. 이것은 인 간의 운명이다. 깊은 산속이나 대중이 붐비는 도시 속에서 참선이 나 도의 경지를 깨우쳤다고 하더라도 그 깨달음이나 득도를 한 것 이 자신에게만 있다면 그것은 별 의미가 없다. 왜냐하면 인간은 자

돌봄자)가 유아의 요구에 대해서 민감성을 가지고 돌봄을 제공하면 유아는 불안의 구 조에서 신뢰가 형성되는 과정으로 가고, 만일 부모가 이러한 것을 제공하는 것을 실패 하면 유아는 외부 사람과 세계에 대하여 불신뢰를 형성하는 과정을 겪는다고 보았다. 이렇게 양극성의 구조가 자기를 형성하는 인생의 과정에 8단계가 있다는 것이며, 이 과정을 자연스럽게 여긴다.

신의 도덕적인 것을 가지고 사람들과 함께 현실에 참여해야 하는 운명을 가지고 있다. 즉, 인간은 공동체 안에 살아가고 있고, 사람과 사람 사이라는 관계성 속에서 살아가기 때문에 '참여'라는 것 없이, 개인화라는 작업은 완성될 수 없다. 인간은 세계의 일부이기에 여기에 참여할 수밖에 없다.

틸리히는 개인화와 참여는 본질적인 인간 관점에서는 양극성을 가진 구조인데, 이것이 실존적 분리에 의해서 문제가 발생한다고 본다. 즉, 개인화를 추구하는 사람은 실존적인 분리 상태에서 자신을 자신 안에만 가두어 버리는 것이다. 그리고 더 이상 참여를 안 하는 것이다(Tillich, 1951, p. 309). 이 상태는 외로움의 상태가 되고 참을 수 없는 것이기에 집단에 참여하게 되는데, 이것은 인간의 실존적 분리에서 오는 외로움으로 집단에 몰입하게 되는 것이기에 여기서 창의성이 발생하기보다는 인간이 가진 분리가 문제인 것이다. 이렇게 되면 인간은 존재론적 고독함을 느끼기 보다는 실존적 외로움에 익숙해 진다.

이 참여가 책으로 되든지, 강연으로 되든지 모든 것은 행위로써의 참여이며 이 참여의 과정에서 자신이 가진 개인화에서 얻은 것들이 피할 수 없는 통합과 분열을 만나게 된다. 자기통합의 결과인 도덕은 관계성 속에서의 사람과 사람 사이나, 사회에 대한 참여가 없이는 개인화가 어렵다. 이 관점에서 참여는 필수적인 것이지 선택이 아니다. 인간은 공동체에 참여함으로써 거부와 수용의 과정을 통해서 성장하고, 통합이나 분열의 가능성을 가지고 있다. 그리고 인간은 이러한 참여를 통한 통합과 분열의 가능성을 벗어날 수 없는 것이다. 이 참여를 통해 인간은 자신의 도덕적 능력을 증대할 수 있지만, 또한 붕괴(disruption)의 위험을 가진다(Tillich, ST.3,

1956, pp. 33-34).

붕괴의 위험성이라는 것은 개인화의 참여를 통하여 인간의 끊임 없는 정복의 욕구에 의해 발생하는 가능성이다(Lim, 2000, p. 84). 인간이 개인화 작업에 더 많이 참여할수록, 인간은 더 많은 참여를 하게 되는 데, 세상 속의 참여는 파괴의 구조를 낳고 역사 안의 모 든 악을 발생시킨다(Tillich, 1952, p. 66). 자기통합의 결과인 도덕 은 인간이 만든 위대한 것이지만, 인간이 가진 존재론적 문제를 해 결하지 못한다. 이유는 도덕의 발생으로 인한 도덕의 참여는 역사 상에서 "전제적인 지배자(totalitarian rulers)"를 만들었기 때문이다.

인간은 이 두 가지 양극성으로부터 자유로울 수 없다. 이 두 가 지 양극이 인간의 모호성이기도 하지만, 이것은 인간의 숙명과 같 은 것이다. 개인화의 강조로 인간은 개인의 도덕성에 대한 높은 경 지를 가질 수 있지만, 이 도덕성에서 오는 인간 고독의 위협으로 인해 자신의 주변에 있는 세계와 공동체는 상실되어 버린다. 그래 서 이 도덕성은 현실의 참여가 요구되는데, 이 참여에 대한 강조는 완벽한 집단화의 위협을 가져다 준다. 그리고 이 집단화로 개인과 개인의 주체성이 상실되고, 개인은 전체의 일부분으로 되어버리고 만다(Tillich, 2006, p. 188).

이 두 가지 관계가 어느 한쪽에 의해 균형이 깨지고, 한쪽으로 몰입이 되면, 예를 들어 개인화 쪽으로만 치중되면 인간의 본질적 고독은 본질적인 것이 되지 못하고 존재론적 외로움이 되고 만다. 결국 핵심적인 것을 잡지 못하고 부수적인 것에 몰입된다는 것이 다. 역으로 참여에 몰입되면 세상과 공동체에서 느껴야 하는 본질 적 소속은 존재론적인 자기포기가 된다. 즉, 개인화를 하지 못하 고, 세상 구조에 자기를 몰입했기 때문에 결국 이것은 자기포기란 것이다(Martin, 1966, p. 101).

도덕은 중심된 자기가 있는, 하나님의 형상을 가지고 있는 인간만이 만든 법이지만, 인간은 다시 이 법을 가지고 세속적 구조에 참여함으로써 이 법의 도덕적 의미를 상실하고, 개인이나 집단의 이념적 투구나 치리의 수단으로 사용해 버린다. 도덕에서 오는 개인의 고독과 사회의 참여, 이 두 가지는 본질적인 인간의 두 양면이나, 이 균형의 상실은 존재론적 고독과 집단주의에 자신을 떼어 맡기는 포기로 된다(Martin, 1966, p. 101).

앞서 언급한 종교적 사디즘 혹은 도덕적 사디즘이라는 것은 종교의 법과 도덕을 잣대로 삼고 그것을 엄격히 수행하는 사람인 듯하지만, 인간이 살아가는 장(human contexts)에 진지하게 귀를 기울이거나 참여하지 않기에, 자신이 가진 법을 근거로 해서 사람을 곤경에 처하게 하는 것이다. 틸리히는 역사에서 인간이 수많은 법을 만들어 내었지만, 이 법이 힘 있는 자의 치부하는 수단으로 전락하는 역사가 되풀이되는 현상을 보았다. 법을 만들고 그 법 위에 군림하는, 법을 개인과 집단의 이익과 자리를 지키기 위한 수단으로 변형되게 만드는 전제적인 독재가들이 수없이 출몰했었다.

한 국가의 지도자가 지도자의 노선과 이념만을 절대화시키는 것은 소위 자기중심적 성향이기에, 틸리히가 말하는 양극성의 균형이 깨지는 것이고, 자기 자신이 중심에 서려는 것이기 때문에 이것은 마성(魔性)을 나타내는 것이다. 이렇게 하는 것이 국가의 지도자이면, 국가의 지도자의 이름으로 법을 말하지만 실은 자신의 내부에 있는 마성, 자신이 중심이 되려는 의도에 국민이 피해를 입는 것이다. 종교의 이름으로 선한 것을 말한다고 하지만, 그 내부에 자신의 중심이 있을 때에는 마성이 발휘되는 것이다.

2) 자기창의성의 문화와 모호성

모든 생존하는 것은 형식이 필요하다. 인간이 활동(역동성)을 하기 위해서 장소가 필요하고, 머물 곳이라는 형식이 필요하다. 인간이 머물 곳이 없으면 존재 자체의 역동성이나 활동이 뜸해지고 힘을 잃어 간다. 인간이 이 땅 위에 존재하기 위해서는 시간과 공간이라는 차원이 필요하고, 존재가 더 실현화되기 위해서는 집과 같은 자리(places)라는 것이 절대적으로 필요하다. 형식이라는 집이 없이는 인간은 생존할 수 없다. 이러한 모든 것이 생존을 위한 형식이다. 그래서 틸리히는 "무엇이든지 형식(form)을 잃어 가는 것은 존재를 잃어 가는 것이다."라고 정의했다(Tillich, 1951, p. 118).

형식을 상실한 역동성은 혼란과 공허만을 남긴다. 역으로 형식이 너무 강하여 역동성이 사라지는 경우에는 너무 엄격하고 창의성이 사라진 율법주의(legalism)만이 나타난다. 그래서 형식을 가지지 않는 역동성의 혼란이나, 형식만을 중요시하는 율법주의는 자기파괴를 만든다(Martin, 1966, p. 129). 이것은 인간이 가진 딜레마이다. 역동성은 형식의 구조를 벗어나 다른 차원의 것들을 새롭게 만들어 내는 힘이 있고, 새로운 세계에 대한 만남을 주지만, 틸리히의 생각은 이 역동성의 '자기초월'이라는 것이 형식을 파괴하고 역동성 자체가 최고의 핵심 사항이 되어 버리는 모순을 낳는다(Tillich, 1951, p. 264).

형식 안에는 중요한 요소를 가지고 있는데 그것이 역동성이다. 틸리히는 이 역동성을, 쇼펜하우어(Schopenhauer)의 '의지(will)', 니체(Nietzsche)의 '권력의지(will to power)', 프로이트(Freud)의 '무의식(unconsciousness)', 철학자 셸러(Scheler)의 '투쟁(strife)' 개념

으로 보았다. 인간의 중심된 자기 기능의 하나인 역동성과 형식
은 실질적인 인간의 생활에서 발생한다. 즉, 자기의 활동은 활동성
(vitality)과 의도성을 가지고 실질적 인간의 생활에서 나타난다. 그
래서 인간의 자기에 두 가지 기능이 있다면 의도성은 인간에게 내
재적으로 표현되고, 활동성은 외적으로 표현된다. 또한 활동성은
역동성과, 의도성은 형식과 비교할 수 있다. 형식을 망각하는 역동
성은 늘 인간에게 노출되는 위험성이다. 형식을 벗어나지 않으면
서 역동성을 가지려는 것이 인간에게 얼마나 많은 제한된 구조를
줄 수 있는지 우리는 안다. 그러나 한편에서는 이 형식을 초월함으
로 인간에게 주는 생동성은 인간이 이 세상에서 살아갈 생기를 갖
게 한다(Tillich, 1951, p. 78).

   인간의 자기가 가진 이 역동성은 모든 방향을 향해서 열려 있는
것이고 제한된 것이 없기에, 인간에게 주어진 조건과 세계를 넘어
서는 것을 창조할 수 있는 능력을 가지고 있다. 이와 같은 맥락에
서 인간은 집단적으로 그리고 개인적으로 삶의 환경에 대한 끊임없
는 개선과 도전을 감행하고 있는 상태이며, 이것의 집약이 곧 '문화
(culture)'이다. 자기통합과 상이한 것은 자기통합이 자기의 내적인
것에 중심을 두는 반면, 자기창조는 외적인 것에 중심을 두고 있다
는 점이다(Tillich, 1951, p. 180). 인간만이 역동성을 통해서 문화를
창조할 수 있는 것은 역동성이 신성한 자기(divine self)에 뿌리를
두고 있기 때문이다(Tillich, ST.3, 1956, p. 50).

   그런데 틸리히는 자기 창의성의 단점은 인간이 죽음에 가까워
질 수록 이 창의성은 자기 파괴성을 직면한다는 점이다. 인간은 살
아가고 있고, 그 가운데 창의성을 발휘하지만 죽음은 또한 인간
을 기다리고 있는 것이기에 틸리히는 인간의 운명을 "삶의 본능"

과 "죽음의 본능"의 모호성을 가진 것으로 보았다(Tillich, ST.3, 1956, p. 56). 삶과 죽음으로 대변되는 자기창조와 자기파괴는 개인만이 아니라 인간의 모든 영역에 적용이 된다. 그래서 틸리히는 이것을 "삶과 죽음의 투쟁(a life-death-struggle)"이라고 했다. 이 투쟁과정서 파괴는 삶의 창의성을 위한 수단으로도 사용이 된다. 동시에 문화, 자기(self) 등 모든 것은 전쟁, 타인과의 갈등과 같은 파괴에서 오기에 인간의 창의성은 인간의 파괴성이 되는 폭력, 절망 그리고 비극과 공존한다(Lim, 2000, p. 86).

자기창조가 인간의 사회에서 문화가 발생하는 데 핵심 역할을 한 도구는 언어와 기술이다. 인간은 언어를 이용해 개인의 세계를 조형화시키고 구체화시키는 데 틸리히는 이것을 인간의 정신적 차원 속에서 자신의 세계를 창조할 수 있는 것으로 본다. 그러나 언어가 인간에게 긍정적으로 사용될 수도 있지만, 이러한 언어를 사용하여 자신과 타인에게 피해를 입히는 파괴성을 나타내기도 한다. 인간이 추구하는 기술은 고도의 이성이 집약된 결과이며, 이것을 통해서 인류의 문화 및 문명이 형성되어 가지만 이것 역시 언어와 마찬가지로 모호성이 있다. 즉, 기술문명의 위험성이다(Tillich, 1988, xiv).[5]

인간의 창의적 자기에서 발생하는 기술은 세 가지 면에서 모호성을 가지고 있다. 첫째, 자유와 제한의 모호성이다. 이성을 바탕으로 하는 기술은 특별히 현대사회에서 자신의 한계를 넘어서는 자유를 모험하고 있다. 물론 이것에서 오는 기술문명의 혜택도 있다. 그러나 그 한계성을 어디까지 두어야 할 것인가? 예를 들어,

---

5) 틸리히의 기술문명과 신학과의 관계를 책으로 엮는 『우리 사회의 영적인 환경(*The Spiritual Situation of Our Technical Society*)』(1988)에서는 현 시대의 위험은 기술문명, 과학 그리고 자본주의로 보고 있다.

'유전공학에 생명을 연장하기 위한 여러 가지 방법을 어느 선까지 인정하고 수용할 것인가?'라는 질문과 핵 기술에 대한 위험성도 같은 맥락에서 볼 수 있다. 인공지능(AI)에 대한 과학과 기술은 상상할 수 없을 정도로 인류의 과학적 발달을 불러일으킬 것이다. 그러나 인공지능이 인간의 창의성의 결과이기는 하지만, 무한적으로 수용만 해야 할 것인가라는 딜레마가 있다. 둘째, 수단과 목적의 모호성이다. 인간은 목적을 위해서 수단이나 도구를 만들어 그 목적을 달성을 하지만, 오히려 목적과 수단이 섞여 혼합되고, 수단이 목적으로 전락하는 위험성이 있다. 소유가 존재의 절대적 이유가 되고, 존재의 격을 대변하는 목적이 되는 것이다. 셋째, 인간 자기와 물건과의 모호성이다. 인간은 자연의 모든 대상들을 물건으로 변형시키고, 이 과정에서 자연의 대상만이 아니라 인간을 물건으로 변형시켜, 인간도 물건 중 하나로 여겨지게 된다는 것이다. 이것은 자연적인 것이 비자연적인 것으로 여겨지고, 비자연적인 물건과 같은 것이 자연적으로 여겨진다. 인간이 인간 사회에서 물건으로 여겨질 때 심리적인 고통을 겪게 된다(Tillich, 1956, p. 92). 즉, 과도한 역동성은 혼란을 초래해서 역동성과 형식 둘 다 잃을 수 있다(Martin, 1966, p. 102).

자기창조에 있어 인간이 가진 가장 큰 창의력은 '이성'일 것이다. 신학과 철학에서의 이성의 역할은 틸리히 신학에서 매우 중요한 요소이다. 그래서 그는 자기와 세계를 지각하는 데 가장 중요한 것은 이성(reason)이라고 했다(Tillich, 1952, p. 34). 틸리히는 이 이성으로 말미암아 기술과 언어의 개발이 인간 사회에 발생하고 그것을 기반으로 문명이 형성되어 가는 과정에서 인간이 더 중요하게 생각할 수 있는 것이 '기술적 이성(technical reason)'으로 보았다. 그러나 이러한 이성 외에 또 다른 범주의 이성이 있는데, 그것은 이 기술적 이성을 포함하고 있는 이성이다. 그것을 '초월적 이성(ecstasy reason)'으로 본다. 틸리히는 기술적 이성에 국한해서 인간이 보는 범주를 넓혀 그 이상의 초월적 이성에 대한 관심과 포용성을 지적하고 있는 것이다.

역동성과 형식에서 틸리히가 말하고자 하는 것은 어떤 규범이나 구속되는 것이 없이 계속 무언가 새로운 것을 향해서 역동성인 것만을 구하는 것은 곡해된 언어, 곡해된 기술이 인간의 창의성을 차지하게 되어 결국 자기는 형식에서 소외되기 때문에 공허와 혼란 속에 있게 되는데 인간의 사회에서 이 양자 간의 긴밀한 대화가 없어 인간이 곤경과 모호성에 놓여 있다. 인간은 형식과 역동성의 굴레에서 벗어날 수 없다. 형식은 틀을 강조하고, 역동성은 틀을 벗어난 또 다른 차원의 것을 추구하는 창의성을 가져올 수 있다. 그러나 역동성의 창의성을 추구할 때 파괴되는 형식이 있고, 형식에만 있을 때는 창의성이 없는 규범의 공허함이 인간의 한계이다.

3) 자기초월의 종교와 모호성

인간의 본질적 상태에서 자유와 운명의 양극성은 갈등 가운데 있는 것이 아니라 긴장 가운데 있다(Tillich, 1951, p. 308). 자유와 운명이라는 것은 양극성에 있어서 근본이고, 존재의 뿌리에 있다. 그러나 자기실현을 위하여 인간이 자신의 자유에 집중할 때, 인간은 자신이 본래 속해 있는 운명에서 떨어져 나오게 된다. 이렇게 본질로부터 인간을 도피하게 하는 것이 오만과 욕망이다.

틸리히는 이러한 양극성의 개념을 그의 신학적 사상과 인간이해

전반에 사용하고 있다. 그는 인간이 가진 건강의 개념을 설명할 때, 건강하다는 의미는 우리 몸에 질병이 없다는 의미가 아니라고 말한다. 건강한 사람도 질병으로 확산될 수 있는 병원체적인 요소를 몸에 가지고 있지만, 자신의 몸과 정신의 관리를 통해서 건강을 유지하는 것이다. 즉, 건강하다는 상태는 긴장의 상태를 가지고 있는 상태이다(Tillich, 2006, p. 106).

이 방식으로 현재 인류가 봉착해 있는 전쟁과 평화의 개념도 유추할 수 있다. 개인이나 국가가 평화롭게 살아가는 것이 중요한 목표 중 하나인데, 본질적인 의미에서는 전쟁 없이 평화를 가지는 것이 이상적이다. 그러나 실존에서 평화라는 것이 한 국가가 침입하는 적에게 대항할 힘이 없으면 평화는 존속되기 어렵다. 그래서 평화라는 것은 현실세계에서는 전쟁을 해서 이길 수 있는 능력을 가지게 될 때 평화가 지속될 수 있는 것이다.

인간이 자기 자신을 우주의 중심으로 만들려고 할 때, 자유는 그 분명함을 상실한다. 불명확하고 방만한 자유는 궁극적인 의미를 가지고 있지도 않고, 동등한 의미도 가지고 있지 않은 대상, 인간 그리고 물건에게 모든 관심을 가지게 한다. 그러기에 운명을 배제한 자유를 통한 대상, 인간 그리고 물건과의 관계는 피상적이고 무의미하다(Tillich, 1951, p. 308). 이것은 마치 부버가 지적한 바와 같이 모든 관계가 나-그것(I-it)의 관계로 전락해 버리는 것이다. 그래서 운명을 거부한 방만한 자유는 자의적이고, 기계적 필요성을 물건과 사람들을 통해 조작된 것을 가지고 온다.

자기를 초월하려는 인간의 능력이 인류에게 '종교'를 가져다 주었다. 그리고 이 초월성은 자유와 운명이라는 양극성을 가지고 있다. 인간은 자신을 초월하는 능력인 '중심된 자기' 혹은 '하나님의 형상'을 가지고 있어서 어디에든 국한시키지 않고 어떻게 하든지 자신을 벗어나 초월하려는 경향성을 가졌다(Tillich, 1956, pp. 86-87). "인간은 자신에게 주어진 세계를 넘어 다른 세계를 만들 수 있는 능력이 있다. 인간은 기술적이고 영적인 영역을 창조한다"(Tillich, 1951, p. 78). 인간은 끊임없는 자유를 누리고 있으면서 또 한편에 자신이 가진 운명으로 인해 좌절을 겪으면서 이 두 가지 양극성 가운데 있다.

인간은 제한되지 않은 자유를 가지고 있음에도 인간의 운명은 자유에 제한을 건다. 만일 인간이 자신의 운명에 도전받고, 통제받지 않는다면 인간은 자신의 중심을 상실하게 된다. 자신의 제한성을 수용하지 않으려는 인간의 끊임없는 자유 추구는 인간의 운명을 거부하는 것이다. 이러한 것은 인간이 역사상에서 보여 준 현상이다(Tillich, 1952, p. 63). 그럼에도 인간은 자신의 자유에 대하여 재갈을 물리지 않고 자신이 이 우주에서 가장 중심이 되는 것처럼 여긴다. 그래서 틸리히는 이것을 '자기광기(profanization of the self)'라고 말한다.

자기의 광기는 자기가 모든 것의 중심이 되려는 시도에서 발생하고, 어쩌면 인간이 궁극적 차원의 것을 경험하지 못한 점에서 시작된다. 마치 궁극적 관심이나 차원을 만나려는 인간의 굴레는, 이것을 정치나 종교에서 시도하는 과정에서 내면으로는 자신의 욕구/중심이 되려는 욕망으로 가득 차 있어 표면상으로는 '정의' '애국' '하나님' '희생/헌신' 같은 용어가 나오지만, 내면으로는 자기의 광기에 놓여 있다.

인간의 자기는 삶에서 자기초월성의 행위를 시작하면서 자기광기를 시도한다. 자기광기는 내가 모든 것의 중심이 되려는 것이다.

인간 사이에서도, 집단에서도 심지어 종교적 영역에서도 내가 중심이 되려는 것이다. 자기의 광기의 가장 핵심은 자신이 신을 대신해서 성스러움의 영광을 받는 것이다(the glory of holiness). 종교적으로 말해서 성스러움의 영광은 절대자의 몫으로 생각해야 한다면, 인간이 바로 그 자리에 서서 신 노릇을 하면서 다른 인간을 통제할 수 있다는 말이다.

틸리히는 종교라는 것이 인간의 문제를 해결하는 데 완벽한 답은 아니지만, 좋은 답이라고 말한다. 완벽한 답이 될 수 없는 것은 인간이 가진 '자기의 광기'에 대한 문제 때문이다. 이러한 문제 제기에 더 확실한 답을 제시해 주는 것은 아마 프로이트가 자신의 저서 『문명과 문명의 불만족(Civilization & Its Discontent)』에서 지적하는 종교에 대한 내용일 것이다. 프로이트는 종교는 인간이 환영(illusion)에서 만든 것인데, 환영이란 실체는 없지만 그것을 상상함으로 인간생활에 도움이 되는 것을 의미한다. 프로이트가 환영이라고 한 것, 즉 인간의 생활과 불안을 잠식시키기 위해서 만든 종교는 역사상에서 인간이 행하는 자기광기를 수 없이 자행해 왔다. 프로이트는 그것을 두 가지 지적했다. 하나는 노예제도, 둘째는 종교전쟁이다(Freud, 1961, p. 34).

예를 들어, 제1, 2차 세계대전을 보면 우리는 종교를 가진 개인이나 집단들의 '자기광기'를 가장 적나라하게 볼 수 있다(임경수, 2009, p. 247). 이 세계대전을 주도한 국가 중 독일은 양 대전에 다 관련있다. 종교개혁의 중심이 되고, 개신교의 중심이 되는 국가가 인류 역사에서 가장 참혹한 전쟁을 일으킨 것은 인간 개인이나 집단의 '자기광기'에 의해서 모든 것에 중심이 되고 성(the holiness)의 영광을 받으려는 통제되지 않는 자유에 문제가 있기 때문이다.

인간 자기의 초월성에 대한 관심은 자기의 운명을 넘어, 운명을 개척하고 운명에 어떤 의미를 주입할 수 있는 초월적인 영역인 종교를 만들어 낸다. 이것이 인간이 가진 자유의 영역이다. 그러나 이러한 자유의 영역은 인간의 운명을 합리화시키는 자기중심적인 영역을 넘어설 수는 없다. 그래서 종교는 인류에게 유익도 가지고 왔지만, 다른 한편에서는 폐해도 가지고 왔다. 왜냐하면 자기중심적인 인간이 종교를 통해 자신의 운명과 책임을 합리화시키는 작업을 했기 때문이다.

자유와 운명의 양극성 구조에서 틸리히는 자유라는 것은 운명에 의해 둘러져 있다고 주장한다. 그래서 운명은 자기(self)의 환경이다. 그러나 운명이 자유의 반대를 의미하는 것이 아니라, 운명이 자기의 제한과 조건을 형성하는 것이다. "운명은 나에게 닥칠 어떤 것을 결정하는 이상한 힘이 아니다. 운명은 자연, 역사 그리고 나 자신에 의해 형성되어 주어진 나 자신이다. 나의 운명은 나의 자유의 기초이다. 나의 자유는 나의 운명을 형성하는 데 참여한다"(Tillich, 1951, p. 185).

이러한 점에서 사람이 자신의 자유를 누린다고 할 때는 숙고 (deliberation), 결정, 그리고 책임성 안에 이루어져야 한다(Martin, p. 90). 그러나 이런 것이 고려되지 않는 것은 틸리히가 지적하는 인간의 3대 악—불신(unbelief), 오만(hubris), 욕정(concupiscence) —이다(Tillich, 1952, p. 62). 이것들로 인해 자유로운 의지를 가진 인간의 자유는 제한성을 거부한다. 그래서 인간은 자신이 끊임없는 자유를 가지고 있다고 생각하고, 자신이 모든 것의 중심이 되려고 한다. 이것이 신성에 대한 자기모독이다.

자기초월성의 모든 행위에는 자기광기가 항상 있고, 자기광기는 모든 주체를 대상인 물건으로 만든다. 대상화(objectification)는 자기초월성의 운명이다. 인간이 자신의 운명에 도전이나 제한을 받지 않으면 인간은 그 중심을 잃게 되어, 인간의 운명은 무시되고 주목되지 않을 것이다. 인간은 자신의 운명에 대한 것에 관여하지 않거나 무심해질 것이다. 즉, 인간 자신에 대한 진정한 운명을 수용하지 않으면 인간이 가진 진정한 자유를 상실하게 된다.

인간이 운명을 간과하고 자유만을 추구하는 현상은 인간 사회에서 지속되는 무의미, 삶의 공허에서 발생한다. 그리고 이러한 현상은 실존주의와 심층심리학에서 나타나는데, 삶의 운명을 거부한 현상이다(Tillich, 1952, p. 63). 우리는 이러한 삶의 무의미, 무목적, 지속적인 공허감은 심리학에서도 접근할 수 있지만, 인간의 실존 심연에 숨겨져 있는 인간 존재와 실존에 대한 모호성과 번민은 실존신학과 실존주의적 통찰에서 볼 수 있음을 생각해야 할 것이고, 실존신학적 통찰이 얼마나 많이 인간의 문제를 생각하게 하는 관심을 제공하는지 보아야 할 것이다.

V. 인간의 실존적 불안

V. 인간의 실존적 불안

1. 인간의 네 가지 한계성에서 발생하는 불안

심리학자 오토 랭크(Otto Rank)는 프로이트 시대에 '불안'에 대한 심도 깊은 연구를 했다. 그가 정의하는 불안과 인간의 관계는 불가분의 관계다. 인간은 출생하는 과정에서부터 불안을 경험하고, 살아가는 막연한 불안, 그리고 죽음이 기다리고 있는 인생의 끝으로 가야 하는 불안이 있기 때문이다.

출생부터 불안을 가지는 인간에게 불안은 평생 함께해야 하는 과제이다. 그래서 인간이 이 불안에서 안정성을 획득해야 하는 것은 인간의 본능이 되는 것이고, 이 안정성을 획득하기 위해서 여러 노력을 한다. 폴 투르니에(Paul Tourier)는 이 노력의 결과 중 하나는 '자리(places)'를 마련하는 것이라고 했다. 이 자리는 심리적 자리, 사회적 자리 등 여러 가지 의미를 포함하는데, 이러한 모든 노력은 자신의 불안을 안정시키기 위해서다. 신학적 관점에서는 인간이 가진 네 가지 한계성—시간, 공간, 인과성 그리고 실체변형—이것들은 인간에게 불안이며, 이 불안은 인간이 자신에게 있는 한계성과 동시에 경험할 수밖에 없는 비존재에 대하여 인식하는 상태이다(Tillich, 1951, p. 186).

1) 인간의 자리: 시간과 공간의 불안

우주가 시작되기 위해서는 시간과 공간이라는 것이 있어야 한다. 한 인간이 이 땅 위에 살아가기 위해서도 마찬가지로 시간과 공간이라는 요소가 반드시 있어야 한다. 시간과 공간이라는 개념이 구체적으로 현실화되어 나타난 것이 '자리(places)'이다. 그래서 시간과 공간의 개념을 포괄하는 '자리'라는 개념은 인간의 출생, 성장 그리고 죽음의 과정에 이르기까지 중요한 역할을 담당한다.

틸리히는 시간이라는 것은 한계성을 가지는 인간에게 가장 중요한 것으로 생각했다. 시간은 한계성 중에서도 가장 핵심적인 것이다. 인간에게는 시간의 개념이 세 가지가 있다. 과거, 현재 그리고 미래이다. 그러나 모든 것은 과거로 돌아가 버린다. 그리고 미래는 오지 않은 것이다. 과거는 미래로 향하지 않고, 현재의 시간에서 미래는 오지 않은 것이고, 현재의 모든 것은 과거가 되어 버리는 한계에 놓인다. 즉, 모든 현재적인 것은 영원히 없는 것이고, 현재는 잡을 수 없는 과거로 돌아가 버리고 마는 것이다. 문제는 이러한 시간 구조에서 현재화시키고, 그것들을 잡으려는 모든 것이 수포로 돌아간다는 점이고, 이러한 시간을 통해서 모든 것은 일시성이라는 것이고, 인간의 삶도 모두 과거로 돌아가기 때문에 일시성이라는 점이다(Tillich, 1951, p. 306).

인간이 존재한다는 것이 현재를 의미한다면, 그리고 현재라는 것이 단지 환영이라면(illusory), 인간의 존재는 비존재라는 죽음에 의해 정복당하는 것이다(Tillich, 1951, p. 193). 시간의 긍정성은 이 시간 안에서 인간은 어떤 것을 창조하기도 하고, 방향을 설정해서 목적을 향해 움직인다. 그러나 시간은 창조되었고, 방향을 가지고 나갔던 모든 목적을 삼켜 버리고 무효화시켜 버린다.

시간의 제한성을 인지한 인간은 자신의 시간을 연장하길 원한다. 그래서 이 연장의 도구로 이 세상에 있는 한시적인 것에 관심을 가져 자신의 운명을 잊어버린다. 미래에 대해서 자신에게 적합한 기억을 고안해 내고, 자신의 삶의 끝에는 삶이 연장되는 것들을 상상한다.

> 인간은 자신에게 주어진 인생이라는 시간을 조금 늘리려고 노력한다. 인간은 시간의 순간을 가능한 한 이 세상의 일시적인 것들을 채우려고 노력한다. 인간은 자신의 것이 되지 않은 미래 속에 자신을 위해서 기억을 창조하려고 노력한다. 인간은 자신의 생애 후에 자신 삶의 연장과 영원성이 없는 끝없음을 상상한다(Tillich, 2006, p. 178).

현재는 인간이 살아가는 데 중요한 시간이지만, 이것에는 영원한 현재가 없다. 인간은 젊고, 건강하고 때로는 미적인 요소를 가지려고 노화와 죽음에 대해 발버둥치며 저항하지만 이것을 극복한 사람은 없다. 심지어 인간의 현재를 통하여 만들어 놓은 창조적 발전(the creative evolution)은 매순간 파괴적 분열(destructive disintegration)이 동행한다(Tillich, 1951, p. 307).

40대 남성의 시간(세월)이라는 흐름에 대한 조사에서는, 틸리히가 말하는 시간의 허무성이라는 것이 실생활에서 얼마나 충분하게 나타나는지를 잘 설명한다. 인생의 중간점에 서 있는 사람들에게 시간의 속도를 느끼는 것은 고통스러운 것이며, 시간의 속도에 충격을 받는다. 이러한 심리적인 압박으로 심리적 침울함과 자신에 대해 생각하는 시간들이 많아지기도 한다(Mayer, 1978).

시간의 빠름은 인간에게는 공포이다. 인생 중반의 어느 시점에서 화살처럼 날아간 세월에 대한 속도감을 느끼고, 과거의 시간이 빠른 것과 같이 앞으로 남은 시간에 대한 빠름을 생각한다. 그리고 이러한 빠른 시간의 속도에 대한 불안과 답을 줄 수 없는 심리적 불안이 인생의 중반을 지내는 이들에게는 해결해야 할 중요한 과제 중 하나이다.

영원한 시간이 인간에게 없다는 것은, 시간이 흐른다는 것이고, 끝을 향해 움직이고 있다는 것이고, 시간의 끝에는 죽음이 있다는 것이다. 영원할 것 같은 시간은 쏜살같이 날아가 버리고, 시편 기자의 고백처럼 시간의 빠름을 '내가 날아 가나이다.'라고 표현한다. 시간의 종착점에는 돌이킬 수 없는 죽음의 그늘이 있다. 물론 이러한 현상은 개인의 정신과 신체적 질병과 노화의 과정에서 수반되고, 죽음에 대한 걱정을 초래한다(Levinson, 1978, p. 213).

기독교상담신학자 존 페턴(John Patton)은 시간이 가진 이러한 이중성에 대하여 구약에서 나타난 이스라엘인의 '기억' 교육을 말한다. 인간에게 시간의 개념은 세 개념인데, 과거의 것들을 어떻게 현재에 가져올 수 있고, 과거에 있었던 사건은 또 다시 미래에 자신의 민족에게 올 수 있는 사건이라는 것을 확신하는 방법은 '기억'이라는 매체를 통한다는 것이다. 예를 들어, 출애굽이라는 사건은 수천 년 전에 발생한 이스라엘의 사건이고, 과거의 사건이지만, 이 사건을 하나님의 관점에서 보면 하나님의 시간이라는 것은 영원한 현재(eternal now)에 있었던 사건이다. 그러면 이 영원한 현재에 참여하는 방법은 사람이 교육을 통해서 수천 년 전에 발생했던 출애굽 사건에서 하나님의 인도와 도우심을 기억하는 것이다. 출애굽은 수천 년 전의 과거의 사건일 수도 있지만, 그것은 기억을 통해서 하나님이 현재 이스라엘 민족에게 하는 사건이라고 믿는 것이고, 동시에 미래에 다가올 출애굽 사건을 믿는 것이다. 그러기에 기억이라는 것은 과거와 현재를 매개할 수 있는 매우 중요한 요소이다. 동시에 이 기억이라는 어원은 '신앙고백'을 하다 라는 어원과 같은 줄기에 있다(Patton, 1993). 어거스틴은 기억이란 개인의 자기를 창조하고 유지한다고 믿었다. 기억은 과거와 현재만이 아니라, 미래와 연관되어 있다고 생각했다. 그러기에 인간의 깊은 감정은 우리가 어떻게 기억하고 무엇을 회상하는가 하고 깊게 연관되어 있기에 기억하는 능력이 없다는 것은 자기 자신과 자신의 세계에 대하여 말할 수 있는 힘이 없다는 것이다(Patton, 1993, p. 31).

기억을 통해 현재에 과거를 가져오고, 오지 않는 미래를 현재에 기대하는 것은 인간이 가진 일시성이라는 시간의 부정성을 극복하는 데 도움이 된다. 그러나 시간에 대한 부정성은 인간이 현재를 살아가지만 인간이 현재의 시간을 인지하는 순간 그것은 영원한 과거의 시간이 되어 버린다는 점이다. 이러한 시간은 인간이 소유할 수 없는 것이고, 모든 것을 '무'의 원점으로 돌려 버리는 속성에서 인간은 시간의 흐름과 함께 사라져야 한다는 비존재(non-being)의 위협을 경험한다. 시간 속에 태어났지만, 시간은 인간을 사라지게 하는 가장 큰 위협으로 보았다.

인간 존재가 존재에서 비존재가 된다는 우울한 자각은 세계 모든 국가의 문학의 중요한 주제였다. 인간 시간과 생명의 일시성이라는 것은 존재의 구조 속에 있는 것이며, 존재가 곡해되어서 발생하는 것은 아니다(Tillich, 1951, p. 194). 인간이 이러한 시간의 불안, 더 이상 자신의 것이 아닌 과거와 아직 자신의 것이 아닌 미래에 대한 불안에서 이길 수 있는 것은 '존재론적 용기(courage)'이며, 이 용기만이 불안을 정복할 수 있다(Tillich, 1951, p. 194).

모든 시간이 과거가 되어 버리고, 미래는 아직 현재가 되지 않았다는 불안은 부정적인 측면이기는 하지만, 이 한계를 연결시킬 수 있는 것은 영원한 현재(Eternal Now)라는 것이 있으면 가능하다(Martin, 1966, p. 96). 즉, 영원한 현재는 하나님의 시간이다. 하나님은 3차원 시간을 만들었지만, 이 시간대에 속하면서 그 어느 시간에도 매이지 않는 영원한 현재이기 때문이다.

앞서 지적한 바와 같이 우주의 생성이나 인간이 생존키 위해서는 시간과 공간이라는 것이 확보되어야 한다. 이 시간이나 공간이라는 어쩌면 추상성을 가진 개념이 좀 더 확실성을 가지기 위해서는 장소라는 것으로 변모하게 된다. 이러한 관점에서 보면 공간이라는 것은 심리적 공간을 비롯해서 사회적 공간 그리고 지리적 공간이 인간에게 확보되어야 한다.

인간이 공간을 처절하게 확보하려는 일생의 노력은 인간이 가진 불안구조와 연관되어 있다. 공간을 통한 자리를 확보하지 못했을 때 현실에 적응할 수도 없고, 살아갈 수도 없다는 심리적 판단은 공간 차지와 확보를 어쩌면 목숨과도 같이 생각할 수도 있다.

모든 존재는 자신을 위한 공간을 확보하고, 또한 확보한 공간을 유지하기 위해 투쟁한다. 이 말의 의미는 무엇보다도 육신적인 위치—몸, 집, 도시, 나라, 세계—를 말한다. …… 공간을 소유하지 않는 것은 존재하지 않는다. 그러므로 모든 생존 세계에서 공간을 소유하기 위한 투쟁은 바로 존재론적 필연성이다. 이것은 유한한 존재의 공간적 특성에 의한 결과이며, 창조된 선함의 질적인 특성이다. 이것은 죄를 범하는 것이 아니라 바로 존재의 유한성이다. …… 모든 유한한 존재는 공간을 의존할 수 없다. 왜냐하면 존재는 이 장소가 아니면 다른 장소를 잃어버리는 상황에 직면할 수밖에 없기 때문에 인간은 이 지구상의 순례자이다. 결국 인간은 자신이 소유했고, 또한 소유할 모든 장소를 잃어버릴 수밖에 없다. …… 특정 공간과 그 공간을 확보하여 소유했던 인간과는 어떤 필연적 관계가 이 두 가지 사이에 없는 것이다(Tillich, 1951, pp. 194-195).

시간과 공간의 불안을 극복하기 위하여, 또는 시간과 공간이라는 추상적인 개념이 현재화되기 위한 '자리'에 대한 관심은 개인의 실존에 매우 핵심적인 사항이다. 인간의 시간은 공간과의 결합을 통해서 현재를 만들어 낸다. 인간은 존재하기 위하여 공간을 만들어 낸다. 공간을 가지지 못했다는 것은 존재하지 않는 것이다. 그래서 인간은 공간에 대한 심리적 욕구, 사회적 욕구, 그리고 지리적 욕구를 가지고 자신만의 공간과 자리를 가지기 위해 노력한다. 아니 어쩌면 이 자체가 인간으로써 한 평생을 살아가는 데 있어 안전과 의미를 줄 수 있는 어떤 근거가 되기 때문이다. 우리가 살아가기 위해 공간적 자리와 지리적 자리, 사회적 자리가 중요한 것은 우리가 가진 불안을 잠재우고, 새로운 일에 대한 관심을 가지기 위해서이다. 이러한 점에서 인간에게는 모든 영역에서 공간은 존재론적 필요성이다(Tillich, 1951, p. 194).

오토 랭크의 통찰처럼 인간은 불안 가운데 출생하고 죽음의 그림자에 추적을 받고, 그리고 평생 생존해야 하는 불안이 중요한 과제이다. 인간은 이 불안을 잠재우기 위해서 또는 승화시키기 위해 일종의 안정기저를 마련해야 한다.

부모와 환경을 의존할 수밖에 없는 어린아이는 끊임없는 자기보다 위력적인 부모와 외부 구조에 자신을 맞추면서 생존할 수밖에 없다. 이러한 방식도 외부세계의 위협에 대하여 자신의 자리나 공간을 확보하려는 것과 같다. 인간에게는 어느 정도의 안정된 개인의 시간 그리고 안정성을 제공하는 자리에 대한 제공이나 확보가 필요하다. 그러나 시간이나 장소에 대한 광적인 관심은 인간이 병리적 불안에 놓이게 하는 요소가 되기도 한다.

끊임없이 시간 속에서 안정된 자리를 가지기 위한 인간의 몸부림은 한편으로는 개인의 생존과 더불어 다른 한편으로는 인간의 문화라는 것을 만들어 내었다. 그리고 그렇게 만들어진 구조 속에서 사람들은 소위 성공이라는 공간을 가지기 위해서 노력하며 불안해 한다. 이러한 현대인의 사회구조와 자신의 삶에 대한 질문을 톨스토이는 단편소설『이반일리치의 죽음(*The Death of Ivan Ilych*)』의 주인공 이반일리치를 통해 자신이 이제껏 추구했던 사회적 공간과 지리적 자리의 획득이라는 성공의 무의미를 통탄한다 (Tolstoy, 1967, p. 278).

시간 속을 보내면서 공간 속에서 안착하기 위해 자리를 가질 수밖에 없는 인간의 구조는 앞서 언급한 것처럼 심리적 안정 위치, 지리적 자리, 그리고 사회적 자리를 가져야 한다. 심리적 자리는 조금은 피상적이지만 이 자리는 부모의 관계성을 통해서 형성되는

자리이다. 그러나 이 부모의 자리가 영원한 것은 아니다. 부모의
자리를 통해서 형성되는 나는 언젠가 자기의 자리를 가지고 또 다
른 독립적 자기가 되어야 하기 때문에 부모의 자리도 떠나야 할 자
리이다. 좀 더 실질적인 것은 지리적 자리이다. 어쩌면 인간이 거
주하는 안식의 자리이다. 이 안식의 자리는 토지이다. 인간에게 토
지는 먹을 것으로 주고, 쉴 곳도 주고, 살아가는 공간을 제공하는
자리이고, 부의 상징이기도 하고, 최종적으로는 우리가 묻혀 흙으
로 돌아가는 자리이기도 하다. 토지라는 지리적 공간은 인간이 살
아가는 근원적인 것을 제공해 주기에 이 토지에 대한 관심과 소유
는 인간생활에 중요한 요소이다. 그러나 이 토지라는 자리도 영원
한 것이 아니다. 이것을 소유하기 위해 오랜 세월 고생했고, 이 토
지로 인해 스스로에게 만족하고, 때로 비교의식에서 우위성을 가
지기도 했다. 성서에 나타난 부자 농작민의 이야기처럼, 토지의 소
산물이 넘쳐서 창고를 다시 새것으로 좋고 넓게 지어 놓는 것이 인
간의 마음일 것이다. 그러나 예수의 말처럼 오늘 밤에 그 소유주의
영혼을 하나님이 불러 가면 그 모든 자리의 소산이 무슨 소용이 있
을지 물어보아야 한다.

　사회적 자리도 마찬가지 맥락이다. 사회적 자리는 심리학적 관
점에서 보면 인간이 생존하기 위해 사회구조 안에서 가지게 되는
직함이다. 이 직함을 통해 우리는 제2의 다른 인간으로써 구성원
의 역할을 한다. 그런데 생존을 위해서 이 직함 또는 사회적 가면
(페르소나)이라는 것은 중요하다. 그러기에 이 사회적 자리를 가
지기 위해 오랫동안 노력했고, 그것을 지키기 위해서 분투했지만
어느 순간에 내가 가진 이 자리가 영원하지 않다는 것이다. 마치
시인 조병화 씨의 시 「의자」의 내용처럼, 내가 앉아 있는 이 의자

는 영원한 것이 아니라 언젠가는 내려놓아야 할 자리이고, 새로운 사람이 내 자리에 앉아야 할 운명이다. 왜냐하면 인간이 소유했던 모든 공간은 절대적으로 자신의 것이 없기 때문이다. 인간은 '이 땅 위에서 나그네(pilgrim on earth)'로 존재하기 때문이다. 한계성을 가진 인간이란 정의는 절대적 자리와 절대적 공간이 없다는 것이고, 소유했던 모든 것을 자신과 함께 잃게 된다(Tillich, 1951, p. 195).

안정된 공간을 구하는 것은 인간이 가진 불안정(insecurity) 때문이다. 다른 한편에서 인간이라는 정의는 불안정하다는 것이다. 이 불안정을 해결하기 위해 인간은 과거부터 현재 그리고 미래에도 공간에 집착할 것이다. 인간이 살아있는 한 공간/장소가 없다는 불안정을 거부할 것이다.

시간은 공간과의 결합을 통해서 현재를 창조한다. 이 결합을 통해 시간은 정지해 버리는데, 그것은 이 결합체 위에 인간이 설 수 있기 때문이다. 즉, 이것은 장소이다. 인간이 존재한다는 것은 장소를 가진다는 것이기에 모든 인간은 장소를 구하고 유지하기 위해 애쓴다. 그러나 삶과 생존 또는 그 이상의 어떤 것을 위해 공간을 확보하려고 했던 모든 것은 인간의 공간적 우연성을 극복하려는 시도에 불과한 것이기에 모든 것은 실패한다. 그래서 자신이 노력했던 모든 공간의 사유화가 불가능하다는 것을 알고, 인간은 모든 공간의 점유로부터 뿌리가 뽑히게 된다는 절망으로 던져진다(Tillich, 2006, p. 182). 소유했던 모든 공간이 영원하지 못하기 때문이다. 이러한 시간과 공간의 제약성에서 오는 불안, 그리고 불안하기 때문에 더 집착하는 시간과 공간을 우리가 어떻게 직면할 수 있을까? 아마 인간은 새로운 것, 더 의미있고 창의적인 것을 위해, 더

대의(大意)적인 의미를 가진 것에 헌신하기 위해 현재의 자리와 과거로부터 등지는 것이 필요할 것이다(Tourier, 2013, p. 252).

2) 인과성과 실체 변형의 불안

시간과 공간처럼 인과성(因果性) 역시 모호성을 가지고 있다. 즉, 존재와 비존재에 대한 양가성이다. 인과성은 원인과 결과에 대한 문제이다. 결과가 있다면 원인이 있겠지만, 그 원인을 분석해 보면 그 원인에 따른 다른 원인이 있고, 그 원인을 다시 추적하면 또 다른 원인이 연속적으로 있다는 것을 안다. 이 세상에 존재하는 모든 것을 추적해서 들어가면 그 원인이 있는데, 이 원인에 대한 답을 최종적으로 얻을 수 없고, 끊임없이 연속적으로 원인에 대한 문제를 제기하고 있다. 인간 자신을 포함해서 존재하는 모든 것은 자신의 힘으로 이 세상에 존재하는 것은 없다. 하이데거(Heidegger)의 말처럼 인간은 우주에 던져진 존재이다. 그러기에 스스로가 원인이 되는 질문에 대한 답은 없는 것이다. 왜냐하면 이러한 질문은 끝없는 인과에 대한 질문만이 계속되기 때문이다 (Tillich, 1951, p. 196).

시간과 공간의 제약을 느끼는 인간은 '불안'에 놓이고, 불안이 가중할수록 흔들리지 않기 위해서 '확정적인' 답을 구한다. 그리고 이 확정적인 답들은 인간 자신의 불안이나 강박신경증을 달래기 위한 수단으로 사용된다. 인류의 역사는 불안에서 확정적인 답을 가지고 살았던 우리의 과오를 보게 한다. 그리고 이러한 논리는 집단만이 아니라 개인에게도 동일하게 적용된다.

원인에 대한 꼬리에 꼬리를 무는 질문이 지속되는 것은 인간을 포함하는 존재하는 모든 것의 무기력함을 보여 주는 것이다. 인간을 포함한 모든 실존하는 생명체는 존재의 근거와 이유에 대한 설명이 확정되기 원하지만, 이러한 질문에 대한 답은 연속적인 끝이 없는 질문만이 발생한다. 인간이 살아가는 세상에서 인과성에 익숙한 사회과학의 문명은 원인과 결과에 대한 분명한 관계의 규칙을 가지고 있지만, 인과성에 대한 질문은 연속적인 질문만을 만들어 내기 때문에 인간으로 비존재/무의 심연(the abyss of non-being)에 빠지게 하여, 인간으로 하여금 자신을 지탱할 수 있는 근원을 희박하게 만든다. 왜냐하면 인간 자체가 자신의 존재를 확고히 할 수 있는 궁극적 원인이 아니기 때문이다.

우주에 던져진 존재인 인간은 자신의 자의적인 선택 없이 어떤 것에 의해 결정되어 이 세상에 태어났다. 이 과정에서 모든 것은 이미 결정되어 있는 것이다. 인종, 성별, 모양, 성향 등이 이미 결정되어 있었기 때문에, 더구나 출생에 대한 선택도 본인이 결정한 것이 아니다. 그래서 이러한 근원적인 인간에 대한 물음에 대하여 나올 수 있는 명확한 답은 없다. 근원에 대한 물음은 꼬리에 꼬리를 물고, 연속적으로 답을 구하지만 불가지론에 빠질 수밖에 없다. 이것이 바로 인간이 가진 한계성이고, 근원을 알 수 없는 불안이 여기서도 발생한다.

원인론이 전통적인 신학에 주는 도전은 전통적인 하나님에 대한 최종적 원인에 대한 회의와 질문이다(Tillich, 1951, p. 196). 이러한 불안이 인간에게 주는 도전은 자신의 존재에 대한, 필요성에 대한, 결핍에 대한 불안이다. 끊임없이 제기되는 질문과 답의 연속은 인간에게 왜 존재하여야 하는가에 대한 질문을 하게 하고, 여기에 대한 적합한 답이 없다. 이것이 존재의 한계성이다.

실체(substance)라는 것은 인간이 근원되는 중요한 것을 언급할 때마다 나올 수밖에 없는 것이다. 실체라는 것은 변화의 근원이 되는 요소를 의미한다. 즉, 인과성과는 다른 관점이다. 실체는 모든 것의 근원에 있는 어떤 핵심 요소이며, 상대적으로 독립적이고 움직이지 않는 변화가 없는 어떤 것을 의미한다. 근원이란 변화하지 않는 것이어야 한다. 그러나 실체라는 것은 역사 속에서 비본질적 사건(accidents)이나 환경과 연관성을 가지고 있기에 이 비본질적 요건들은 실체와 깊은 연관성이 있다. 인간 세상에 나타나는 모든 비본질적 사건은 실체 없이는 발생하지 않는다. 그래서 이 우연적인 사건들은 실체와의 본질적인 관계성을 가지고 있다. 이러한 점에서 실체가 비본질적 요건과 만일 관계가 없다면 실체는 아무것도 아닌 무와 같은 것이다(Tillich, 1951, p. 197). 유한한 모든 것은 자신의 본질이 비본질적인 요건으로 인해 사라질 것이라는 불안, 즉 끊임없이 본질이 비본질적 요건 속에서 변화로 인해 본질이 상실될 것이라는 불안을 가지고 있다.

결국 이러한 불안의 관점에서 인간은 변하지 않는 것에 대한 끊임없는 물음을 계속하고 있다. 역사 속에서 인간은 개인이나 집단이 존립의 근거로 간직했던 실체가 끊임없이 도전받으며, 종국에는 그 실체가 상실될 것이라는 두려움을 가지고 있다. 그래서 인간은 이 본질을 상실하지 않기 위해 본질상 유한한 어떤 것의 지속적인 것을 가지고 와서 정당화하려고 하지만 실패한다.

실체는 기대하지 않은, 뜻하지 않은 사건과 연관이 있고, 끊임없이 연속되는 일과 사건을 통해서 내용이 드러난다. 그러나 여기에는 실체의 문제가 있다. 이 실체는 여러 가지 일과 사건에 의해 나타나기에 이 실체가 변형을 가지는 문제가 있다. 그래서 모든 존재하는 것은 실체에 도전을 주는 변화와 손실을 경험해야 하고, 최종적으로는 비존재의 위협을 받는다. 이런 점에서 사람은 실체가 상실할 것이라는 불안을 가지며, 최종적인 손실을 두려워한다(Tillich, 1951, p. 198).

원인과 결과에 대한 문제를 풀 수 없는 인간의 한계성, 그리고 실체는 끊임없이 우연적 사건에 의해 변질될 수밖에 없는 한계성이 인간을 절망에 놓이게 한다. 인과성의 한계와 실체 변화의 한계성을 극복하기 위해서 인간 자신이 절대적인 원인이 되려 하거나, 절대적 본질이 되고자 노력은 모두 다 절망으로 나가게 할 뿐이다.

실체의 상실에 대한 불안만이 아니라, 위에서 언급된 모든 제한성(시간, 공간, 우연성)에 대한 불안을 극복하는 것은 인간의 본질 안에 있는 '용기(courage)'이다. 결국 인간은 본질을 상실되고 말 비본질적 요건들에 투사한다. 그 결과는 자신에게 창의적인 일, 사랑의 관계로 나타나는데, 틸리히에 의하면 이러한 것은 자기고양(self-elevation)이 아니라, 오히려 이러한 일은 자신의 유한성을 수용하는 것이고, 자신에게 인간의 불안을 가져오는 행위라고 본다(Tillich, 1951, p. 198). 결국 이러한 일들은 용기에서 발생하는데, 어떻게 인간이 자신의 한계성과 상실을 받아들이는 용기가 가능한가가 질문이 된다.

2. 인간의 세 가지 불안

인간에게 가장 본질적인 불안은 지적한 네 가지 한계성만이 아니다. 이 한계성 안에 쌓아올린 모든 것, 특별히 시간과 공간 안

2. 인간의 세 가지 불안 147

에서 자신의 자리를 만들기 위해 개인이 수고했던 모든 것이 무로 돌아간다는 것은 필연적 사실이기 때문에 틸리히는 이것을 '형이상학적 충격(metaphysical shock)' 또는 '비존재의 충격(shock of nonbeing)'이라 하고, 이것에서 오는 것이 가장 핵심 불안이라고 하였다(Tillich, 1953, pp. 36-54). 그리고 이러한 비존재의 충격에 대해 인간만이 질문할 수 있는 것은 인간만이 자신의 한계성을 넘어 질문할 수 있는 힘이 있기 때문이다(Tillich, 1951, p. 186).

비존재의 충격이란 존재인 인간 안에 비존재/죽음이라는 것이 필연적일 수밖에 없다는 것이며, 이 비존재의 충격은 불안을 만들어 낸다. 이 불안은 인간이 비존재가 된다는 실존적 인식이고, 이것은 비존재라는 것이 추상적인 것이 아니라, 비존재가 인간 자신 존재의 부분이라는 것이다. 그리고 이것은 인간 자신의 불가피한 유한성의 경험이다(Tillich, 2006, p. 70).

불안은 두려움과 내용을 달리한다. 두려움은 대상이 있을 때 느끼는 감정이다. 인간이 어떤 대상을 통해 위협을 통한 감정적 동요이다. 그러나 불안은 대상이 없다. 틸리히에 의하면 불안이라는 위협의 근원은 무(nothingness)이기 때문에, 그리고 무라는 것은 근원이 본질적으로 알려지지 않은 미지의 것이기 때문에 대상이 될 수 없다(Tillich, 2006, p. 72).

불안은 모든 것을 원점인 무로 되돌리는 것이기 때문에 인간은 이 불안을 직면하지 않는다. 인간에게 불안의 근원을 직면하는 것은 너무 가혹하기 때문이다. 근원을 알 수 없는 불안을 대신해서 나타나는 두려움은 오히려 실체가 있기 때문에 직면하는 방법에서는 더 쉬울 수 있다. 근원을 알 수 없는, 모든 것을 없는 것으로 돌리는 죽음의 무서움에 대하여 인간이 반응하는 방식에 대해 프로이트는 인간은 죽음이 인간과 상관성이 없는 것처럼 행동한다고 보고 있다. 그래서 인간은 죽음의 관망자로 서 있으며, 무의식에서는 자신의 불사성을 생각하고 죽음을 믿고 있지 않는다고 보고 있다(Freud, 1959).

프로이트의 죽음에 대한 정의에 따르면 인간은 죽음에 대하여 의식적으로 무의적으로 방어하여 자신에게는 마치 죽음이 없을 것이라는 생각을 하고 살아간다. 이렇게 하는 이유는 죽음을 생각하거나 가지고 있을 때에 자신에게 있는 것을 감당할 수 없기 때문이다. 이러한 관점을 틸리히의 두려움과 연관시킨다면 죽음에 대한 이해가 좀 더 명확해 질 것이다. 궁극적으로 불안은 죽음이 가져다 주는 요소이다. 그러나 인간이 죽음을 직면하는 것을 싫어하기에, 프로이트의 말처럼 죽음이라는 생각을 우리 삶에서 억압하여 생각을 하지 않거나, 사람의 손이 닿지 않는 높은 선반 위에 숨겨 버리는 것이다. 실제로는 이 죽음의 위협과 불안이 있지만 사람은 여러 가지 방법으로 회피한다. 이러한 점에서 보면 인간은 죽음이 가져다 주는 불안을 회피하고 대신 보이는 '두려움(fear)'을 오히려 수용한다. 실체가 없는 불안보다, 실체가 있는 두려움을 인간이 다루는 것이 훨씬 용이하기 때문이다.

'인간의 마음은 우상을 만들어 내는 공장'이라는 신학자 존 칼빈(J. Calvin)의 말처럼, 인간은 자신의 불안을 대체할 수 있는 두려움을 만들어 낸다. 결국 두려움은 불안 탈출용이며, 동시에 인간의 두려움은 우상과 밀접한 연관이 있다. 즉, 인간이 불안을 대면하는 것은 마치 하나님을 대면하는 것과 같기 때문에 이것을 회피할 수밖에 없다. 그래서 불안 대신 두려움을 택한다(Tillich, 2006, p. 74).

우상주의(idolism)는 진실한 신앙과 반대의 것이다. 진실한 신

앙이란 인간이 하나님의 뜻에 따라 말과 행위를 하는 반면, 우상
주의적 신앙은 하나님이 인간의 의도에 따라 오도록 하는 것이다.
인간은 신앙의 초기 단계에서 대다수의 사람이 유아 때의 마술적
신앙 기간을 거치는데 이 시기에 주의해야 할 것이 우상주의이다
(Capps, 1983, pp. 45-46). 이 단계의 신앙은 마치 유아가 모든 것
을 입을 통해서 경험하려는 것, 자기 방식만으로 경험하려는 것이
기에 유아의 만족을 위해 눈에 보이는 것만 그리고 현재적인 것만
이 경험에 유효한 것이 된다(Steinberg & Blesky, 1991, p. 157). 이런
관점에서 보면 인간이 가지는 두려움은 인간에게 불편하고 존재의
근간을 흔드는 불안을 대신하고 있는 두려움이다. 그러나 틸리히
는 이러한 두려움의 방패는 결국 실패할 것이라고 생각한다. 왜냐
하면 궁극적으로 인간은 불안을 극복할 수 없는 대상이기 때문이
다(Tillich, 2006, p. 74).

1) 운명과 죽음의 불안

존재 자체가 비존재를 인정하지 않으면, 비존재는 이러한 존재
에 의존하여 살아간다. 인간이 이러한 비존재라는 운명의 구속은
세 가지로 나뉘고, 그중 첫째가 죽음의 불안이다. 항상 자신의 신
학구조를 양극성의 구조에서 보려는 틸리히는 죽음불안의 양극적
인 구도를 운명과 죽음의 구조로 본다. 죽음이라는 것은 모든 이가
불가항력적으로 수용할 수밖에 없는 절대적인 반면, 운명이라는
것은 개인에 따라, 상황에 따라 다르게 영향을 미치는 상대적인 것
이다.

틸리히에 의하면 불안이라는 위협의 근원은 무(nothingness)이

기 때문에, 그리고 무라는 것은 근원이 본질적으로 알려지지 않은 미지의 것이기 때문에 대상이 될 수 없다(Tillich, 2006, p. 72). 그래서 이 불안을 논리적으로 피해 가려는 노력은 다 수포로 돌아간다. 예를 들어, 인간은 이 불안을 잠식시키기 위해서 영혼과 그것의 불멸성에 대한 논의는 힘이 있지만 틸리히는 실존적으로는 납득되지 않는다고 생각한다. 왜냐하면 모든 인간 생명의 죽음은 생물학적 활동의 끝이며, 완전한 상실이라는 것을 알고 있기 때문이다(Tillich, 2006, p. 77).

죽음에 대한 불안의 정도는 집단문화보다는 개인문화에서 매우 민감하게 느낀다. 집단문화는 개인의 가치나 미래라는 것이 집단이 규정해 주고, 개인의 문제는 집단에서 규정하고 해결되기 때문이다. 집단을 떼어 놓고 개인을 생각할 수 없는 구조이다. 그러기에 죽음에 대한 가치개념도 집단의 정의에 의해서 완화되기 때문에 개인주의 사회 속의 개인보다 훨씬 불안의 정도가 약하다(Tillich, 2006, p. 77).

현대인과 고대인의 의식구조에는 핵심적인 차이가 있는데, 고대인의 사고구조와 삶의 목표에는 성(聖)스러움과 일치하려는 것이 삶에 가장 중요한 가치를 차지하고 있었다(Rennie, 1996). 그러기에 성과의 일치를 도모하면서 살아가는 것은 중요한 것이고, 어떤 장소를 가든지 지구의 축이 되는 핵심적인 자리(Axis Mundi)를 신성하게 여기는 습관이 있었다. 그러기에 현대인에게 중요한 자리를 매김하고 있는 성(性)에 대한 관심은 상대적으로 적을 수밖에 없었다. 심지어 고대인은 성(聖)에 대한 친밀을 통해서 자신의 몸에 대한 부정하였고, 이러한 구조가 죽음에 대한 관념에도 지대한 영향을 미쳤다(Becker, 1970). 즉, 성(性)에 대한 관심을 가지는 것

은 몸에 대한 관심을 가지는 것이기에 몸의 쇠퇴 그리고 죽음이라
는 것은 고대인에 비해 현대인이 더 많은 영향을 받을 수 있다. 반
면 고대인에게는 성(性)에 대한 관심이 상대적으로 작았기 때문에,
몸에 대한 관심도 적었고, 어쩌면 자신의 정체성을 성(聖)과 연관
성을 가지고 살기에 죽음에 대한 관심도 적었고, 죽음에 대한 불안
이 있지만 성스러움을 통한 승화는 현대인보다 훨씬 용이하였다.

운명의 불안은 죽음의 불안 안에서 작용한다. 죽음불안은 구체
적인 불안들을 안고 있고, 이러한 구체적인 불안들의 전체 집합에
운명이라는 요인이 자리 잡고 있다. 운명의 불안은 우연적이고, 예
상할 수 없고, 운명의 의미와 구조를 보여 주지 못하는 것이다. 즉,
인간 존재는 일시성인 존재의 우연성이 있다.

> (인간은) 우연한 순간에 태어나서, 우연한 순간에 죽어 버리
> 고, 양적으로나 질적으로 우연한 여러 가지 경험들로 가득 찬 일
> 정 시간 속에 존재하고 있다는 사실을 지적할 수 있다. …… 우리
> 는 우리의 세계를 바라보는 이 장소와 우리 자신의 우연성, 우리
> 가 바라보는 현실(세계)의 우연성 등을 설명할 수 있다. …… 우
> 연적이라는 말은 인과적으로 확인되지 않았다는 의미가 아니라,
> 우리 실존의 결정적인 원인이 궁극적인 필연성을 가지고 있지
> 않다는 뜻이다(Tillich, 2006, pp. 78-79).

이러한 운명의 우연성에 대한 불안은 절대적이 아니라 상대적이
다. 어떤 이는 운명의 불안을 느끼며 살아가지만 어떤 사람은 그렇
게 살아가지 않는다. 그러기에 죽음의 불안처럼 절대적이지 않다.
그러나 틸리히가 말하는 죽음의 불안은 인간 생명의 출생과 살아
가는 것에 대한 우연성 그리고 일시성이 가져다 주는 덧없음과 뿌

리 없음의 상대적 불안이, 절대적인 불안인 죽음 안에서 인간에게
있다는 것이다.

죽음의 절대적 가능성에 대한 인간의 불안은 신경증적 불안을
발생시킨다. 틸리히도 죽음불안에 대한 것/비존재 불안에 대한 것
을 해결하지 못했을 때 가지는 신경증적 불안과 일반적 불안에 대
해서 언급하고 있다. 사람들 사이에 이러한 죽음불안에 대한 사실
적 조사도 있다. 심리학자 자크(Elliott Jaques)는 고인이 된 서양 예
술가 310명을 작품을 조사하였다. 조사 대상 중에는 우리가 익히
아는 예술인이 많이 있다. 중요한 점은 인생의 중간 시점이 되어서
위기를 맞게 되는데, 이 위기로 인해서 사람들은 자살을 선택하거
나, 자살이 아니면 작품활동이 한동안 정체되는 상황을 맞이한다.
이들이 이러한 문제를 맞이하는 중요한 이유는 죽음에 대한 불안
이다.

자크는 자신의 조사를 통해서 이 죽음불안 위기를 벗어난 사람
과 벗어나지 못한 사람을 비교하였다. 이 위기를 벗어난 사람은 나
름대로 죽음불안에 대해 승화한 사람들이었다. 이들은 인생에 맞
이한 불안을 극복한 이후 작품활동을 매우 왕성하게 하는데, 다만
작품의 내용이 다르게 나타난다. 죽음불안 이전의 것은 작품의 내
용이 주로 남녀의 사랑과 열정이 주제인 반면, 이 위기를 잘 넘기
는 이들은 작품의 내용이 영혼, 신, 자연, 가정과 같은 주제로 변
화하였다. 이 주제들은 예술가들이 이전에는 관심을 가지지 않은
영역이었다. 그런데 죽음불안의 위기를 제대로 승화하지 못한 사
람들은 자살을 선택하거나, 작품 활동을 아예 중단하였다(Jaques,
1981, p. 4)

자크가 언급한 서양 세계의 특별한 예술가의 세계는 인생의 중

반 시기에 인간이 죽음의 불안과 연관되어 가지는 감정과 현상을
잘 설명하고 있다. 그러나 이 현상이 비단 예술가들의 세계에만 속
하는 감정이 아니다. 예술가들의 세계는 보편적인 감정이기보다는
특별한 민감성을 가지고 세계와 현상 그리고 사람에 대한 통찰을
통해서 얻을 수 있는 창의성의 세계가 있기에 보통사람들보다 더
민감한 사고와 통찰의 세계를 가지고 있다. 그러나 자크는 이 죽음
의 불안 현상이 일반인에게도 어느 시기에 불안의 전조처럼 발생
하고 있다고 보고 있다(Jaques, 1981, p. 24).

틸리히가 지적하는 죽음의 불안은 모든 사람에게 절대적이다.
그러나 이러한 죽음불안에 대한 것은 수 만 년간 나이가 40세 정도
에 죽어야 하는 죽음에 대한 불안의 유전자가 현대인에게 유전되
어 인생의 중반에 느낄 수밖에 없는 혼란이나 불안이 충분히 있을
수 있다(Levinson, 1978, p. 328). 그리고 죽음불안은 어떤 근거를 가
지고 인간에게 위협할 수 있다.

틸리히가 지적하는 절대적 불안인 죽음이 인간을 습격할 때 대
부분의 인간은 이것을 방어할 수밖에 없다. 죽음은 누가 무엇이라
해도, 심지어 종교적 승화가 있어도 접하기 어려운 엄격한 진실이
다. 죽음의 절대적 가능성에 대한 인간의 불안은 신경증적 불안을
발생시킨다.

죽음의 불안에서 탈출하려는 시도는 신경증적 갈등의 핵심이
된다. 이 시도가 극단적이고 엄격할 때 행동은 '신경증'이 된다.
…… 신경증적 삶은 죽음의 불안으로 인해 발생한다. 그러나 이
신경증적인 사람이 자발적이고 창의적으로 살려는 능력을 제한
하는 한, 죽음에 대한 방어는 그 자체가 부분적 죽음이다. 이것이

랭크가 신경증 환자는 죽음의 빛에서 탈출하기 위해 생의 대여 (loan)를 거부한다고 말한 의미이다. 이들은 날마다 부분적 자기 파괴를 통해 죽음의 두려움에서 자신을 자유롭게 한다(Yalom, 2013).

얄롬이 말하는 "죽음에 대한 방어는 그 자체가 부분적 죽음이 다."라는 문장은 무엇을 의미하는 것일까? 죽음을 수용하지 못하고, 방어하려는 불안으로 인해 현실에서 정상적인 생활이 잠식되기에 엄격히 말해서 정상적인 생활을 침해하기 때문에 스스로에게 죽음이라는 의미이다. 인간에게 일상의 행복과 즐거움이라는 것은 집착과 몰입을 통해서 오는 것이 아니다. 우리가 집착이나 중독에 들어가는 이유는 자신에게 있는 불안을 수용할 수 없기 때문에 몰입함으로써 현실의 불안을 없애려는 의도이다. 그러나 이 방식은 현실을 도피해 찾은 자유라고 생각되지만 자기파괴라는 죽음에 더 가까운 방식을 택하고 있는 것이다. 얄롬이 지적하는 날마다 부분적으로 집착이나 중독을 통해 죽음의 불안으로부터 자신을 자유롭게 하는 것이다.

우리는 틸리히가 말하는 두려움과 불안에 대한 정의를 다시 한 번 살펴볼 필요가 있다. 그는 불안은 대상이 없는 것에 오는 것을 말했고, 이것의 실체는 죽음이라는 비존재라 했다. 두려움은 구체적 대상이 있는 것이다. 틸리히에 의하면, 사람들은 대상이 없는 불안을 수용하기가 어렵기 때문에 불안을 두려움으로 바꿔서 생활을 한다고 했다. 대상이 있다고 생각되는 것은 대상이 없는 불안보다 훨씬 생존하는 데 유리하기 때문이다. 왜냐하면 핵심불안을 비켜 나가기 때문이다. 그래서 가시적인 대상에 인간의 불안이 있다고 생각한다. 나의 필요에 따라 대상을 옮길 수도 있고, 제 위치에 놓을 수도 있다. 그래서 보이는 외적인 요인이 인간에게 불안을 발생하게 하는 요인이라고 생각해서 그것을 소유하거나 폐기하려는 움직임을 한다. 그러나 실제적으로는 이러한 외적인 요인들에 죽음불안을 가장한 두려움의 이유가 있다고 생각하면 할수록 더 깊은 불안의 늪에 빠지게 된다. "죽음의 불안은 모든 두려움 안에 있는 불안의 요소를 결정한다. 만일 불안이 대상에 의한 두려움에 의해 변경되지 않는 벌거벗은 상태의 불안이라면 항상 궁극적 비존재(ultimate nonbeing)의 불안이다"(Tillich, 2006).

인간에게 궁극적인 비존재의 불안을 직면해야 하는 것은 삶과의 균형이다. 실존주의심리치료에서 가장 중요한 명제 중 하나는 죽음과 삶에 대한 균형이다. 일상에 문제가 나타나는 것은 죽음에 직면하지 않으려는 사람의 상처들로 인해 일상생활의 균형이 깨지는 것이다. 보이는 두려움으로 만들어 버리고, 이 보이는 두려움을 없애거나 정복하기 위해서 자신을 불사르게 된다. 이것이 때론 집착과 중독이 될 수 있다. 그래서 중독은 내 안에 가지는 근원적인 불안을 없애기 위해서, 자신이 가지고 있는 강도만큼의 불안을 상쇄시킬 수 있는 중독에 빠지는 것이다. 그리고 이 중독에 들어가면 모든 불안은 일시적으로 마비되고, 그 순간만은 자신의 불안에서 해방되는 감정적 이완을 경험한다. 결국 견딜 수 없는 불안을 상쇄시킬 만한 습관을 반복적으로 실행하다 보면 그것이 중독으로 되는 것이다.

얄롬은 강력한 죽음불안을 적극적으로 피하기 위해서 인간이 선택하는 방법이 융합이라고 본다. 그리고 이 융합에서 최극점에 있는 것이 중독이라고 생각한다. 중독은 한순간에 들어가 자신이 가진 모든 불안을 회피해 버리는 것이다. 그리고 대표적 중독을 일중독, 나르시시즘, 영웅주의로 보고 있다(Yalom, 2013). 틸리히의 용어로 해석하면 중독이라는 것은 신학적으로 비존재를 피하기 위하여 존재를 피하는 것이다. 자신에게 죽음이 있다는 현실을 부정함으로써 존재라면 다 경험하는 죽음이라는 비존재를 회피해 버리는 것이다. 예를 들어, 일중독을 보자. 일이 나쁜 것은 아니다. 일은 여러 가지 중요한 기능 외에 인간으로 하여금 상실과 죽음을 극복하는 강력한 도구이다. 이러한 면에서 일중독이라는 것은 더 강력한 회피 의도가 있다. 이것은 시간의 흐름에 대항하고 거부하는 것이다. 더구나 일을 통한 어떤 결과물이 계속 남아 준다는 것은 시간의 흐름을 막을 수 있다는 만족감을 줄 수 있다.

그러면 왜 비존재라는 죽음, 그리고 여기서 오는 불안을 인간이 직면해야 하는 것일까? 그것은 비존재라는 죽음이라는 것이 인간에게 가장 핵심적인 불안의 근원이 되지만, 만약 이 죽음이라는 것을 통하여 인간이 도전이나 생활의 균형을 가지지 않으면 인간 삶의 핵심을 상실하고, 인간이 살아가는 의미에 대해 주목받지 못하기 때문이다. 이 점에서 인간은 자신의 한계성에 대해 바르게 인식하지 않으면 인간에게 주어진 진정한 자유를 상실하게 된다(임경수, 2010, p. 246).

사람은 죽음에 대한 움츠림과 회피를 반복하며 살아가는 동안에 자신의 성격을 형성한다. 이 움츠림과 회피는 결국 자연스러운 일상생활을 하지 못하게 하고, 자신에 대한 자긍심을 가진 활동을 막고, 생각없이 무분별하게 살게 해 결국 인간 의미에 대한 부정적인 결과를 양산하고 만다. 결국 일상으로부터의 회피와 움츠림의 반복은 죽음불안을 피하기 위한 수단이었고, 이렇게 반복되는 유형

은 얄롬의 지적처럼 "죽음의 불안에서 탈출하려는 시도는 신경증
적 갈등의 핵심이 된다."라는 통찰과 상통한다. 그리고 "날마다 부
분적인 자기파괴를 통해 죽음의 두려움에서 자신을 자유롭게 하도
록 산다."라는 말처럼, 움츠림과 회피는 일상생활의 부적응을 촉발
하며 자신에게 죽음을 부정하기 위해 자기파괴를 하는 행위이기도
하다. 이러한 실존주의 심리적 통찰은 틸리히가 정의하는 신경증
은 "비존재를 피하기 위해 존재를 피하는 것"이라는 관점과도 일치
한다.

2) 공허함과 무의미의 불안

비존재라는 죽음의 위협은 인간의 정신적 영역까지 위협한다.
그래서 이것은 영적인 비존재(spiritual non-being)의 불안이다. 인
간의 정신적인 자기긍정이 일상에서 발휘되면 이것은 참여하는 대
상에게 변화를 가져오는 창의성이 된다. 창의성을 가지는 사람은
의미를 가지고 참여하고 자기긍정을 가지고, 자신이 참여하는 작
업을 통해서 정신적인 일과 내용을 사랑하는데, 그것은 이러한 작
업을 통해서 자기의 실현을 맛보기 때문이다(Tillich, 2006, p. 81).
그러나 비존재는 인간이 가지는 정신적 활동에 따른 자기긍정의
것들도 위협을 가한다. 그래서 공허함은 상대적일 수 있지만, 무
의미는 절대적인 것이다(Tillich, 2006, p. 80). 공허함이 상대적인
것은 개인에 따라 공허함을 느낄 수도 또는 아닐 수도 있기 때문
이다. 그러나 무의미라는 영역은 죽음의 비존재가 인간의 정신 영
역까지 영향을 미치기에 이것으로부터 피할 수 없는 절대적인 것
이다.

공허의 불안이란 과거 인간이 한 시대에 애써 창조하여 만들어
온 내용이 현 시대에서는 환영받지 못하고, 현 시대에 만족을 주기
에는 부족하다고 느끼는 것이다. 그래서 다시 궁극적인 의미를 찾
으려고 하지만, 이런 의미가 상실된 이유는 정신적인 중심의 상실
이고, 이것은 인간이 인위적으로 만들어 낼 수 없는 것이기에 깊은
불안을 만들어 낸다(Tillich, 2006, p. 82).

인간이 신념했던 모든 것이 외부 사건이나 비존재의 위협에 의
해 사라지게 된다. 한 개인이나 집단이 신봉했던 확신은 좌절을
겪게 되기에 이러한 신봉이나 신념은 일종의 창조적 실수(creative
error)였다. 이러한 공허는 인간을 무의미의 바다로 몰고 간다
(Tillich, 1952, pp. 47-48).

공허함과 의미의 상실, 즉 무의미는 인간이 비존재의 위협에 노
출되었을 때이며, 궁극적 관심(Ultimate Concern)을 상실할 때 무의
미를 느끼는 것이다(Tillich, 2006, p. 82). 이러한 공허함의 불안을
없애기 위해 인간은 어떤 권위에 굴복하거나, 이 세상에서 일시적
이며 가변적인 것이지만, 현실성을 가지고 있는 확실성의 대상에
종속하여 복종함으로써 공허로부터 자신을 보호한다. 마치 자신
에 대한 주관성을 가지고 있지 않은 사람은 대중이 추구하는 것과
그 심리에 자신을 동화시켜 자신에 대한 불안을 잠식시키고, 자신
에 대한 소속감의 불안을 감소시키려는 것과 같다. 인간은 자신이
가지는 무의미, 그리고 의심에서 벗어나기 위해 광적인 노력을 하
면서 특별한 의미를 줄 수 있는 대상에 귀착하지만 결과적으로는
의심을 더 증폭시킨다(Cooper, 2006, p. 45). 결국 틸리히는 인간에
게 공허와 무의미는 궁극적 관심에 대한 상실로 본다. "무의미함의
불안은 궁극적인 관심, 즉 모든 의미에 의미를 가져다 주는 의미의

상실에 대한 불안이다. 이 불안은 정신적 중심의 상실, 실존의 의미에 관한 질문에 대한 답변—아무리 그것이 상징적이고 간접적이라 하여도—의 상실로 생긴다"(Tillich, 2006, p. 82).

공허함과 무의미에 대한 불안은 개인이나 사회구조에서 형성된 가치관을 가지고 살아가는 사람들이 어느 순간에 자신이 가지고 살아온 의미가 진정성이 없다는 것을 알았을 때 느끼는 불안이기도 하다. 이러한 점에서 분석심리학자 칼 융의 생의 주기에 대한 분석은 틸리히가 정의하는 공허함과 무의미의 해석에 도움을 준다고 생각한다.

융의 관찰을 유의 깊게 봐야 하는 이유는 내담자들의 신경증, 무의미가 종교와 깊은 연관이 있다는 점이다. 융은 신경증의 문제는 영혼의 부재로 보아야 한다고 주장한다(Jung, CW.8, p. 83). 융은 인생의 무의미에 시달리는 내담자를 해결해 주는 길은 교회 구성원이 되거나 특정 교리에 의해서 가능한 것이 아니라고 보았다. 그는 스위스에서 개최된 기독학생회의(Christian Students' Conference)에서 영적 우울증에 빠진 사람들이 정신과의사를 찾아가는지 성직자를 찾아가는지 유럽의 가톨릭 신자들과 개신교 신자들에게 질문을 방송한 후 통계를 내보았다. 결과는 설문에 응답한 개신교 신자의 57%는 목사보다는 정신과의사를 찾아가겠다고 했고, 8%만이 목사를 찾아가겠다고 했다. 나머지 35%는 결정을 하지 못했다. 반면 가톨릭 신자의 58%는 신부를 찾아가겠다고 했고, 25%는 의사를 방문하겠다고 했고, 17%는 결정하지 못했다. 응답한 사람의 52%를 차지하는 가톨릭 신자나 개신교 신자들이 성직자를 방문하지 않으려는 가장 큰 이유는 심리적 지식과 통찰의 부재였다. 28%는 성직자들의 의견과 교리적 해석이 편협한 생각과 태도를 가지고 있다고 보았다(Jung, CW.8, 1981, pp. 334-335).

성직자와 교회의 편견과 왜곡된 것들이 영혼이 고통스러운 현대
인의 신경증적 불안을 더 가중시키고 있다. 사람들은 이 불안을 해
소하기 위해서 외형적인 허상의 실체에 자신의 목숨을 두고 살아
가고 있기 때문에 불안은 더 가중될 수밖에 없다. 융의 관점은 인
간이 겪는 근원의 상실로 인한 신경증적 불안에 종교가 중요한 역
할을 할 수 있는 이유를 다음과 같이 밝히고 있다.

> (신의 형상에 대하여) 융은 인간의 전통이 파괴된다고 하여
> 도 신(신의 형상)을 향한 향수병은 파괴되지 않고 일어설 것이
> 라고 했다. 왜냐하면 인간의 정신세계에서 신을 이해하는 가
> 장 근본적인 구조가 조형되어 있기 때문이다. 신의 형상을 구함
> 으로 삶의 의미를 구하려는 의지를 가지는 인간의 경향은 정열
> (passion)이나 사랑보다 더 강한 것이다. 이것은 인간의 목마름
> 이다(Lim, 2000, p. 19).

인생 오전의 성취적인 허상으로 인생의 오후까지 잠식해 버리
고, 인간은 허구성에 사로잡혀 마치 진리를 잡은 것처럼 살아가다
가 무의미와 허무가 사로잡히게 된다. 융이 지적하는 인생의 무의
미에 사로잡혀 신경증에 빠져 살아가는 현대인에게 종교는 필요한
것이지만 그는 종교의 형식이 아니라 종교성이 있는 것임을 말하
고 있다. 그것은 마치 종교성이 없는 것은 영혼이 없는 사람과 같
은 것이고, 종교 형식의 몰입은 신경증적 불안을 덮기 위한 페르소
나의 가면일 수도 있다.

틸리히의 지적처럼 불안 가운데 허무와 무의미를 가지는 사람들
은 확실성을 가지고 있는 외부 대상에 몰입하여 자신을 피하기도

하는데, 사실 이러한 것 역시 존재를 피함으로써 비존재를 피하는 방식이다. 그리고 이것을 신경증적 불안으로 보았다. 분석심리학의 관점에서는 인간이 몰입할 수 있는 외적인 대상에 몰입한다는 것은 가면적인 사회적 가치와 가면을 가지는 것을 의미한다. 그리고 이러한 몰입은 오히려 인간 개인들이 가진 무의미와 공허를 직면하지 않으려는 것이기에 인간의 한계성에서 오는 콤플렉스를 버려 버리는 것이다. 그러기에 인간은 상대적으로 자신의 피난처인 외적 대상을 확대시킬 수 있다. 이것을 분석심리학에서는 균형을 상실한 과도한 페르소나(persona, 사회적 가면)라고 본다(Young-Eisendrath & Hall, 1991, p. 29).

틸리히가 말하는 인간의 공허와 무의미는 원천적으로 인간과 떼어놓고 생각할 수 없는 현상임은 분명하다. 그러나 공허와 무의미가 현대인에게 더 많이 접근하게 되는 것은, 산업사회구조에서 오는 성공과 성취에 대한 사회구조가 인간의 참의미에 대하여 우리를 더욱 목마르게 한다. 그래서 더 많은 성공과 성취가 현대인에게 의미를 가져다 주고, 공허를 상쇄시켜줄 수 있는 목적이 된다는 생각을 가지고 있다. 결국 이러한 구조에 사는 우리는 시간이 흐를수록 상징적 자기에 대한 관심보다는 동물적 자기에 관심을 더 가지게 되어 이타성이라는 덕목을 생각할 시간도 없이 인생을 보낼 수도 있다.

3) 죄의식과 정죄의 불안

죄의식과 정죄의 불안은 인간 자신의 도덕적 자기긍정을 위협하는 불안이다. 하나님의 형상을 가진 인간의 능력이 도덕과 같은 자

기의 개인화의 작업을 하지만 이러한 도덕적 자기긍정을 하려는
것에도 비존재의 불안이 있고, 이 모호함에 대하여 인간은 죄의식
을 느낀다. 왜냐하면 우리가 재판하는 것은 우리 자신이고 양심이
며, 우리의 정체를 가장 잘 알고 있기에 부정적 판결을 내리고 여
기에 우리는 죄의식을 느낀다. 그리고 죄의식은 상대적이지만, 정
죄는 절대적이다(Tillich, 2006, p. 87).

도덕적 비존재의 불안은 절대적 표현 면에서는 자기거부(self-
rejection)나 또는 정죄의 불안이다. 이 불안을 벗어나는 방어는 두
가지 방법을 가지고 있다. 첫째, 인간 자신에 대한 부정적 판단
을 무시하고, 무규범(normlessness)삶 속에서 죄의식을 없애 버리
는 방식으로 살아가는 것과, 둘째, 완벽한 율법주의로 사는 것이다
(Tillich, 1952). 그러나 이런 시도도 헛된 것이다.

> 비존재는 운명의 관점에서는 상대적으로, 그리고 죽음의 관점
> 에서는 절대적으로 인간의 본질적 자기긍정을 위협한다. 비존재
> 는 공허함의 관점에서는 상대적으로, 그리고 무의미함의 관점에
> 서는 절대적으로 인간의 정신적인 자기긍정을 위협한다. 비존재
> 는 죄의식의 관점에서는 상대적으로, 정죄의 관점에서는 절대적
> 으로 인간의 도덕적 자기긍정을 위협한다. 이처럼 불안의 세 가
> 지 위협은 세 가지 유형으로 나타난다. 운명과 죽음(죽음의 불
> 안), 공허함과 의미의 상실(무의미함의 불안), 죄의식과 정죄(정
> 죄의 불안)가 그것이다(Tillich, 2006, p. 76).

이러한 세 가지 위협은 인간의 불안을 발생시키고, 이 불안은 인
간 자기 자신의 한계성과 유한성을 인식하는 데서 발생한다. 그리
고 이러한 불안을 틸리히는 크게 두 가지로 구분한다. 첫째, 실존

적 불안이고, 둘째, 신경증적 불안이다. 신경증적 불안은 실존불안을 수용하는 데 실패한 결과의 불안이다. 즉, 존재를 피함으로써 비존재를 피하는 방식이다. 인간 존재의 가능성과 한계성의 양극성의 구조를 수용하지 못하고 부정함으로써 인간 존재를 부정하는 것이고 결국 이것은 비존재를 수용하지 않는 것이다.

신경증 불안은 결국 인간의 실존적 불안을 회피하기 위하여 인간의 한계성을 마치 영원성의 가치로 생각하는 것이다. 그리고 자기 자신에 대한 확고한 신념을 가져 편파적이고 변하지 않는 비현실적인 자기인식에 빠진다. 이렇게 되면 인간은 자신의 안정성에 대한 끊임없는 필요성을 필요로 하기에 잘못된 필요성을 만든다. 그래서 신경증적 불안은 심리치료를 필요로 하는 반면, 실존적 불안은 인간의 한계성의 불안에 대한 것이기에 목회적 도움을 필요로 한다(Tillich, 1952).

인간이 가지는 실존에 대한 불안들(시간, 공간, 인과성, 실체변형, 운명과 죽음, 공허와 무의미, 죄의식과 정죄)은 신경증적이고 병리적인 불안과 완연하게 구별이 되는 근원적인 불안이다. 이 실존적 불안들은 멸할 수 없는 존재론적인 특성이 있으며, 이 요인들은 정신분석 및 여타의 심리학에서 발견하기가 쉽지 않은 영역이기도 하다(Cooper, 2006, p. 52).

정신과 영역이나 심리학 영역에서 보는 불안의 개념이 기독교상담신학적 관점에서의 불안에 대한 관점과 근원적으로 차이가 있는 것은 상담신학적 관점은 인간을 실존적인 관점에서 가지고 있는 불멸의 불안을 존재론적으로 보는 것이다. 반면 정신적 차원에서만 보려는 불안은 실존불안을 살펴보는 데 실패한다. 그래서 인간의 불안을 병리적 차원에서만 보는 것은 제한적인 자기 확신을 가지게 된다(Cooper, 2006, p. 52).

  그렇다고 상담신학적 관점에 정신의학이나 심리학과는 별개의
노선을 걷는 것은 아니다. 틸리히는 '불안'이라는 것이 단순한 질
병이기보다는 모든 인류 및 개인에게 자신의 존재를 보존할 수 없
다는 불안이 있는 것이기에 이것은 우주적인 질병이기에 이 불안
에 대한 지속적인 설득력 있는 연구를 위해서 인간에 대한 존재론
적 관점에서의 이해를 통해 심리학과 사회학의 인간이해가 지속
적이고 설득력이 있는 불안에 대한 연구가 될 것으로 본다(Cooper,
2006, p. 51).

VI. 신경증적 불안과
기독교상담신학의 상관성

Ⅵ. 신경증적 불안과
기독교상담신학의 상관성

실존주의 심리학은 틸리히가 바라보는 불안에 대한 관점에 공통점은 있지만, 근본적인 차이성은 있다. 이것이 심리학과 신학이 바라는 보는 인간 구조에 대한 차이라고 본다. 물론 심리학은 철저하게 객관적인 사실을 중심으로 인간을 이해한다는 측면이 있고, 신학은 객관적인 사실과 더불어 그 사실을 뛰어넘을 수 있는 초월적 영역을 보기 때문에 관점의 차이가 있을 수 있다. 우선은 얄롬이 생각하는 죽음불안에 대한 구조를 생각해 보자.

죽음불안이 실존과 긴밀하게 연결되어 있기에 다른 구조 안에서 '불안'과는 다른 함축성을 가진다. 실존적 치료자들은 불안이 제거되는 수준을 완화시키려고 희망하지만, 불안을 제거하려는 희망은 갖지 않는다. 불안 없이 삶을 살 수 없고, 죽음을 직면할 수 없다. 불안은 안내자이자 적이고 확실한 존재로 가는 길을 제시할 수 있다. 치료자의 과업은 편안한 상태로 불안을 줄이는 것

이고, 그리고 나서 이 존재하는 불안을 환자의 자각과 활동성을
증진시키기 위해서 사용해야 한다(Yalom, 2013).

불안은 제거되지 않는 것이다. 더구나 실존적 불안은 제거되는
것이 아니라 그것을 직면하고 수용해야 하는 것이다. 실존주의 심
리에서 보는 죽음불안이라는 것은 없애는 것이 아니라, 이것을 수
용하고 삶의 동반자로 인식하고 수용하는 것이다. 삶이란 동전의
양면과 같이 죽음과 삶의 양면이 존재할 때 가장 건강하게 지낼 수
있는 것이다.

삶을 살아가면서 인생의 양면을 다 볼 수 있는 것은 심리적으로
건강함을 의미한다. 그러나 한쪽 만을 보는 것은 불균형을 이루지
만, 동시에 한쪽으로만 흐르는 에너지로 인하여 강렬함과 힘을 실
을 수 있는 구조를 이루기 때문에 편협된 힘을 가질 수 있다. 이러
한 관점에서 신경증적 불안이 영웅주의, 일중독 그리고 자기애성
을 유발하면서 발생하는 특징이 있다. 그리고 이러한 것에 빠져 신
경증적 불안에 빠진 사람들이 비존재의 불안을 회피함으로써 나오
는 왜곡된 자기긍정의 천재적 창의성 산물을 인류 역사는 즐기고
있다. 예를 들어, 현대인이 영웅주의에 빠지는 것, 그리고 사회구
조가 영웅주의에 빠지도록 구조를 짜고, 유도하는 방법과 특성은
현대인의 신경증적 불안과 연관이 있다.

얄롬은 실존주의 관점에서 이 불안을 제거할 수 없다고 본다. 오
히려 이것을 삶의 동반자로 여기는 것이 필요하다고 본다. 그러나
이러한 관점에서 한 발 더 나아가 틸리히는 이러한 불안을 수용할
수 있는 용기(courage)에 대하여 언급한다. 이 용기는 믿음을 의미
한다. 그리고 이 용기는 인간존재의 뿌리가 하나님과 필연적 관계

성을 가지고 있다는 신성한 자기확신이다(the divine-affirmation). 신학적 관점에서 틸리히가 말하는 용기의 개념은 심리치료가 접근하지 못하는 영역을 제시해 불안을 극복하는 계기가 된다. 이러한 관점에 대해서는 이 책의 후반부에서 불안극복과 용기의 관계를 좀 더 구체적으로 언급하겠다. 이 장에서는 틸리히의 기독교상담 신학이 말하는 '불안'이라는 개념을 좀 더 심리학적 관점에서 어떻게 형성되어가고 있는지를 거짓자기(false self)의 형성과정과 불안, 애착이론을 통해 부모와의 애착구조가 어떻게 불안의 구조를 형성하는지, 그리고 발달심리관점에서 발달과정에서 잘못된 관계가 어떻게 불안을 형성하는지를 살펴보도록 한다. 이렇게 함으로써 우리가 신앙이나 신학에서 단순히 말하는 '불안'이라는 개념은 부모와 사회구조의 결핍이 일조하고 있다는 관점을 제시하고 있다.

1. 신경증적 불안과 실존불안

인간의 모든 문제는 인간 자신이 가진 불안에서 온다. 이 불안은 하나님 형상이라는 완전과 이 완전이 가지는 유혹으로 인한 경계선의 파괴에서 오기도 한다. 그리고 이 완벽이 가지고 있는 인간만이 만드는 문화, 도덕 그리고 종교의 영역이 있다. 문화는 창조와 더불어 파괴성을 나타내고, 도덕은 자기개발이 있지만 동시에 자기중심의 것으로 문제가 되고, 종교는 초월적 영역에 대한 관심이지만, 이 초월로 인간 자신이 중심에 서려는 것이 인간의 모호성이다. 동시에 시간, 공간, 인과율 그리고 실체 변형에 대한 구체적인 답을 얻을 수 없는 인간의 한계성은 불안을 더해 준다. 이러한 원인들이 가져다 주는 죽음에 대한 불안, 인간이 하는 모든 일에 대한 무의미에 대한 불안, 그리고 도덕적이며 종교적인 정죄의 불안이 인간을 엄습한다.

틸리히는 불안을 크게 두 가지 범주로 구분한다. 첫째, 실존적인 불안이고 둘째, 신경증적 불안이다. 실존적 불안은 그의 지적처럼 인간의 한계성에서 오는 정상적인 불안이다. 이 불안은 모든 사람에게 내재해 있는 것이지만, 일상생활에서의 불안에 대한 문제를 안정감 속에 받아들이는 과정이 없으면, 실존적 불안을 직면하지 못한다. 오히려 실존적 불안은 인간의 한계성을 직면하면서 오는 불안이지만, 한계성에서 시작하는 불안을 수용하지 못하는 사람들의 경우는 실존적 불안 대신에 신경증적 불안을 선택하는 것이다. 왜냐하면 실존적인 불안은 대상이 없는 비존재/무라는 죽음불안에서 이것을 직면하지 못하고, 이것을 대체하는 신경증적 불안을 택하여 비존재의 위협을 피하는 방식이다.

실존적인 불안과 병리적인 불안 사이, 그리고 실존적인 불안의 주요 유형들 사이에 명확한 구분이 결핍되어 있다는 것이 그 이유이다. 그러한 구분은 심오한 병리학적 분석 만으로는 만들어 낼 수 없는 것으로 존재론적 질문이다. 심리학과 사회학이 제공한 자료들은 단지 인간 본질에 대한 존재론적 이해의 조명 안에서 불안에 대한 일관적이고 포괄적인 이론을 체계화할 수 있다(Tillich, 2006, p. 100).

심리학에서 지적하는 신경증적 불안 혹은 병리적인 불안은 정신과 의사의 영역에서 관리하고 치료를 해야 하는 것이다. 그러나 틸리히는 인간이 태생적으로 가질 수밖에 없는 실존적인 불안을 간과해서는 안 된다고 보고 있다. 그리고 그의 관점은 현대정신의학은 이 실존적인 불안을 보지 않고, 신경증적 불안에 대한 것만으로 치료되어야 하는 것으로 보는 한계가 있다고 생각한다.

인간에게는 질병의 잠재력이 되는 것들이 우리 몸 안에 이미 있다. 건강하다는 의미는 질병이 없는 것이 아니라, 질병이 있는데 이것을 이겨 낼 수 있는 항체가 있다는 것이다(Tillich, 1953). 그래서 균형을 이루어 살아가고 있는 것이다. 그러나 대다수의 사람은 건강하다고 생각하면서 자신의 몸에는 질병의 잠재성이 있다는 사실을 잊어버리고 있다. 이러한 관점에서 틸리히는 인간이 가지는 본질적인 인간에 대한 실존적인 불안에 대한 것을 보아야 하고, 이 실존적인 불안을 수용할 수 있는 존재의 용기(courage)를 실존으로 끌어들여야 치료 될 수 있다고 강조한다. 질병의 잠재성이 모든 인간에게 있는 것과 같이, 모든 인간 안에 가지고 있는 인간의 한계성에 오는 근원적 불안, 의심과 죄의식에 대한 것이 사람들에게 설명되어야 하고, 특별히 정신의학자들에게도 설명되어야 한다. 그래서 건강함과 잠재적 질병 가능성 사이에 인간이 놓여 있는 것과 같이, 실존적 불안과 병리적 불안(신경증적 불안) 사이에 인간이 피해갈 수 없는 인간의 본질이 회피되지 않고 설명되어야 한다(Tillich, 2006, pp. 104-106).

이러한 관점에서 보면 틸리히는 인간의 불안을 다루는 데 있어 정신의학과 신앙과의 상관성이 절대적으로 필요하다고 본다. 왜냐하면 신경증적 불안은 죽음불안을 직면하지 못해 발생한 정신적인 영역이고, 실존적 불안을 직면키 위해서는 존재의 용기를 필요로 하는 신앙의 영역이 이 불안을 해결할 수 있기 때문이다. 그러나 인간의 실존을 받아들이려 하지 않은 성향은 대상의 두려움을 가지고 있는 신경증적 불안을 가지는데, 이 신경증적 불안은 개인으로 하여금 위축된 자기긍정으로 변한다(Tillich, 2006, p. 101). 여기서 틸리히가 말하는 '위축된 자기긍정'이란, 자기긍정이 왜곡된 형태로 발달한 것을 의미한다. 사실 불안을 많이 경험하면 사람이 위축되고, 사고의 폭도 좁아진다. 때로는 자신의 시간과 공간에 갇히는데, 당사자에게는 오히려 이것이 자기긍정의 견고한 성으로 되었다는 의미이다.

살아가는 것에도 적당한 시간과 공간의 조화가 필요하다. 불안에 시달리는 사람들은 시간과 공간의 제약을 받는다. 과거의 시간들은 불안에 의해 안정감을 느끼지 못한 트라우마로 있었기 때문에 과거의 기억을 무의식 가운데 차단한다. 미래는 기다리는 것이 어렵다. 왜냐하면 기다린다는 것은 고통이기 때문이다. 과중한 불안은 어떤 목적을 위해 현재를 참아야 한다는 사회성을 가지기 어렵다. 그래서 신경증적 불안에 시달리면 미래의 시간이라는 것은 없는 것이다. 이렇게 되면 가장 선호하는 것은 눈에 보이는 현재인데, 현재 자신이 보고 느끼고 하는 매우 본능적인 욕구나 충동에 의해 움직이게 되는 것이다. 그리고 이것이 계속되면 중독의 과정으로 들어간다.

틸리히가 말하는 위축된 자기긍정은 신경불안증에 놓인 이들이 가지는 에너지가 있음을 말한다. 위축된 자기긍정은 발달심리학에서도 설명된다. 발달심리학자 에릭슨은 청년기의 심리사회적 과업을 친밀감(intimacy) 대 소외(isolation)로 보고 있다. 친밀감은 일, 사랑 그리고 우정에 대한 관심과 여기에 대한 헌신적인 작업을 시작함으로써 본격적으로 관심을 받았던 존재에서 이제는 본격적으

로 사회와 대인관계에서 사회성을 가지고 앞의 세 가지 과업을 수
행하면서 살아가는 것을 의미한다. 반대로 소외감이란 이 세 가지
에 대한 무관심을 말한다. 그런데 이 세 가지에 헌신하지 못하는
사람은 새로운 탈출구를 찾는다. 그것은 거짓된 친밀감(pseudo-
intimacy)을 말한다(Erikson, 1980, p. 101). 그리고 위축된 자기긍정
은 곧 거짓 친밀감이다.

거짓된 친밀감이란 사람은 관계성을 맺으면서 살아가는 것이 보
통이라면 이 친밀감에 대한 불안과 거부의 경험으로 인해 친밀감
을 거부한 채 살아가는 것이다. 그러나 사회생활과 고독과 외로움
을 이겨 내기 위한 친밀감을 거부하였지만, 자신의 정서적인 생존
을 위해서 거짓된 친밀감을 소외 속에서 익히게 된다. 이것은 전적
으로 인간이 자기의 생존을 위해 만들어 버린 생존전략이다. 그래
서 거짓 친밀감은 나 중심의 관계방식이다. 때론 대상이 사람이 될
수도 있고, 때론 물건을 통해 친밀감을 가질 수 있는 것이다.

거짓된 친밀감은 자기의 결핍관계나 사랑에서 나오는 자기중심
의 에너지이다. 그러나 겉으로 표현되는 것은 상대방을 위한 사랑
이나 헌신으로 위장될 가능성이 있다. 그리고 이렇게 표현되는 사
랑의 에너지는 집요한 힘을 발휘할 수 있기 때문에 보통 사람의 사
랑의 힘보다 강력하게 느끼는 에너지가 있다. 그래서 이 위장된 사
랑에 대한 것을 객관적으로 보려는 시도 없이는 이 사랑으로 인해
사람이 함몰되어 버릴 수 있다.

사실 결핍된 사랑의 구조에서 자신의 결핍된 사랑을 채우려는
욕구는 집요하고 강력하다. 정상적인 사랑은 타자를 위한 자신의
헌신과 타자와의 사랑의 상호작용을 통해서 또 다른 차원의 사랑
세계를 알 수 있다. 즉, 시행착오, 갈등과 위기를 통해서 내가 이

전에 알지 못했던 사랑의 세계를 볼 수 있는 통찰을 배워 간다. 어떤 점에서 개인의 사랑을 통해서 인간 세계의 보편적 사랑에 대해서 눈을 떠 가는 과정이다. 그래서 사랑하는 과정에서 발생하는 위기나 갈등이라는 것이 불편하기는 하지만 개인들에게 인간과 사랑에 대한 더 넓은 시야를 제공해 준다. 그러나 위축된 자기긍정에서 나오는 개인의 결핍을 채우기 위한 사랑은 상호 간에 갈등이나 위기가 발생하면 분노에 빠진다. 왜냐하면 이 갈등이나 위기를 발생시킨 상대가 자신이 추구하는 사랑을 배신한다고 생각하기 때문이다. 결국 성장과정과 환경에서 겪은 트라우마는 개인의 성(城)을 만들어 방어기제로 삼고, 그 성에 스스로를 고립시켜 자신의 생각만을 절대화시키는 외딴섬에 살게 된다.

틸리히가 말하는 긍정적 자기위축이라는 말은 인간 개인의 존재를 받아들이지 못해서 비존재인 죽음을 피하는 방식이기에, 이 비존재를 피하기 위해서 에너지를 사용한다. 이런 관점은 실존주의 심리학자 얄롬의 관점과 매우 비슷하다. 얄롬은 신경증의 핵심이 죽음불안을 탈출하려는 시도라고 본다. 죽음불안으로 인해 신경증적인 삶을 살며, 자신을 죽음의 불안으로부터 탈출시키기 위한 방식으로 부분적인 자기파괴를 통해서 살아가는 방식으로 본다. 결국 틸리히가 말하는 긍정적인 자기위축이라는 내용은 얄롬이 말하는 부분적인 자기파괴방식이다. 얄롬이 자기파괴라고 한 것은 비존재의 죽음불안을 극복하는 방식이 일시적인 긍정적인 효과를 가져 오지만 결국 개인을 파멸시키는 요인이 되기 때문이다.

틸리히는 신경과민에 시달리는 사람들이 가진 특성은 비존재라는 존재의 비밀을 폭로하기에 일반인보다 더 창조성이 있다고 지적한다. 그는 그 예로 성서에 나온 거라사인에서 귀신들린 사람의 사례에서 찾는다. 이 귀신들린 자는 예수를 알아보는 초인적인 통찰이 있었고, 보통 사람들이 펼치지 못하는 괴력을 가진 사람으로 살아간 사람이다. 그래서 이들은 창조적인 순간이나 힘을 언제나 발휘할 수 있는 자들이다. 그리고 이러한 사람들이 역사 속에서 괄목할 만한 업적을 남겼다.

> 인류문화의 역사는 신경과민적인 불안이 평범한 자기긍정의 벽을 부숴 버리고 일반적인 수준에 감춰져 있던 사실을 열어 보인 경우를 반복해서 증명해 주었다(Tillich, 2006, p. 102).

인류 역사에 평범한 자기긍정의 벽을 부수고 새로운 사실을 밝혔다는 이들이 자신의 초인적 집중과 노력으로 혁혁한 공을 남겼다는 것이다. 이런 사실은 인간의 일상과 평범한 생활 중에 숨어 있었던 것이지만 이들의 불안구조에서 밝혀진 사실이다. 반면 평범한 사람들은 자신 안에 있는 비존재와 불안을 인지하지 못하기에 자기를 방어하려 하지 않고, 훨씬 많은 면에서 현실에 적응하기에 유연성 면에서는 바람직하다. 그러나 신경과민성에서 오는 창조성을 이끌어 내는 강렬함은 부족할 수 밖에 없다.

인류 역사에서 신경불안증에 있어 창의성을 가지고 무언가를 만들어 낸 사람들은 소위 영웅으로 불린다. 물론 인류의 영웅이 모두 다 그렇다는 것은 아니다. 여기서 말하는 영웅주의에 빠지는 것은, 창의성의 작업에 몰입하는 것이 자발성의 즐거움에서 발생하는 것이 아니라, 비자발성과 동시에 이것을 하지 않으면 불안에 시달리는 구조에 빠져서 영웅주의를 선택할 수밖에 없는 구조에 놓이는 것이다. 일을 자발적이고 즐거움에서 하는 것이 아니라, 일을 하지 않으면 닥치는 불안을 없애기 위해 일중독에 빠지는 것이다. 나만을 사랑하는 자기애성에 들어가지 않으면 모든 것이 불안하기 때문에 자기애성에 중독되는 것이다. 그래서 진정한 영웅과 신경증적 영웅의 비교나 차이는 자발성과 비자발성의 구조로 생각하면 될 것이다.

신경과민성 불안에서 나타날 수 있는 위축된 자기긍정의 영웅의 행적은 얄롬이 지적하는 영웅주의와 연관이 있다(Yalom, 2013). 베커(E. Becker)의 경우도 인간이 영웅주의를 선호하는 것은 죽음불안과 공포에 대한 반영으로 보았고, 이 배후에서 인간을 움직이는 것은 죽음이라고 생각했다(Becker, 1973).

얄롬이 지적하는 영웅주의, 일중독 그리고 자기애성 사랑(나르시시즘)은 죽음의 불안을 피하기 위한 신경증적 불안에서 나타난 현상이다. 이 세 가지 대표적인 현상은 비존재의 불안을 피하기 위한 매체로써 사용하는 것이고, 이 세 가지의 공통적인 것은 자신을 이 분야에 몰입시켜 비존재의 불안을 없이 하는 것이다. 그러나 이러한 행위는 얄롬의 지적처럼 개인 자신을 조금씩 파괴시키는 방식이다. 왜냐하면 이 일에 몰입함으로써 비존재의 불안을 없애는 에너지를 소비하지만, 그리고 그것을 통해서 자신의 불안을 없애는 것 같지만 결국은 일상이 파괴되기 때문이다.

필자의 주관적 생각으로는 모든 심리치료와 종교의 중요한 목적 중 하나는 평범한 일상의 회복과 일상 속에서 종교성을 가지는 것이다. 평범한 자연과 생활에서 종교성을 볼 수 있고, 경험할 수 있는 것은 복이다. 다만 인간의 과도한 불안이 이 평범함 속의 가치를 간과하게 한다. 그래서 과한 어떤 업적과 성과 또는 초자연적 종교성에 매달리는 것이다. 일상과 자연은 초자연성으로 가득 찬

경외로운 시간과 공간으로 형성되어 있지만 인간이 불안으로 가득 차면 이 일상과 자연을 누리지 못하고, 오히려 비현실적인 초자연 세계를 동경하게 된다.

우리는 여기서 신경증에 대한 프로이트의 정의를 볼 필요가 있다. 그는 신경증을 인간의 자기보존과 리비도 요구 사이의 투쟁으로 보고 있다. 그리고 이 투쟁은 혹독한 고통과 포기라는 대가를 치르게 된다고 본다(Freud, 1961, p. 65). 인간이 자신의 가치를 지키려는 욕구와 본능적인 리비도와의 갈등과 투쟁의 결과로 생긴다는 것이다. 이것은 베커가 지적한 바대로 인간이 상징적 자기로 살아야 하는 것과 동물적 몸을 가지고 살아가는 것에 대한 갈등구조로 보는 것과 같다. 그러나 후기 프로이트 학파인 베커의 해석은 프로이트의 신경증에 대한 정의를 더 합리적으로 해석한다. 예를 들어, 오이디푸스 콤플렉스를 단순히 자기보존과 리비도의 욕구 사이의 갈등구조로 보지 않는다. 오히려 오이디푸스 콤플렉스라는 아버지로부터 위협당하는 거세공포는 죽음에 대한 공포이고, 아들 자신이(인간 자신이) 모든 일의 중심에 서려는 욕구로 본다(Becker, 1973, p. 37).

오이디푸스 콤플렉스는 어머니에 대한 아들의 사랑에 대한 문제가 아니라, 내가 중심에 서는 것, 신학의 관점으로는 내가 하나님이 되고자 하는 욕구가 투사된 것이다. 이것은 아이가 거세공포라는 죽음의 공포에서 탈출하여 내 안의 작은 신(神)을 확보하려는 유아적 나르시시즘이다(Becker, 1973, p. 36). 죽음의 위협과 공포는 인간으로 하여금 그것을 이겨 내게 하는 힘을 가진 영웅을 꿈꾸게 한다. 그러나 이 위협과 공포에서 오는 불안이 건강하지 못하기에 역으로 인간은 더 강한 영웅을, 즉 영웅 안에 '자기'가 없는 거짓된 것을 바란다.

영웅주의에 대한 관심은 현대인이 선호하는 것 중 하나이다. 고대사회에도 영웅주의가 있었지만 그것은 외적인 공격과 침략으로부터 개인과 국가를 보호하는 입장에 서있는 영웅이었다. 그러나 현대사회에서 개인이 영웅주의에 빠지는 것은 죽음의 불안에서 탈출하고자 하는 욕구가 저변에 있다. 그래서 현대인들은 영웅주의, 일중독 그리고 자기애에 몰입해 버림으로써 인간 존재의 숙명 같은 것을 피함으로써 비존재라는 죽음불안을 회피한다.

공허와 무의미에 대한 틸리히의 관점은, 인류의 역사는 신경증적 불안에서 오는 병리적인 창의성이 가진 모순을 우리에게 알게 한다. 현실적으로 인간은 이러한 병리적 불안에서 오는 창의성을 우리의 롤 모델로 사회와 교육현장에서 바라보게 한다. 그러나 이러한 병리적 불안에서 파생된 창의성이 가진 모순점을 신학적인 관점에서 바라보아야 할 것이다. 오히려 기독교상담신학자가 지향해야 할 방향은 병리적 불안의 근원과 한계성을 직시하게 하고, 이 불안을 신앙 안에서 수용함으로 실존적인 불안을 가지고 살아가는 균형 있는 신앙과 삶의 필요성이 대두된다.

2. 신경증적 불안의 특성

불안은 누구나 가지고 있다. 그러나 일상생활을 방해하는 불안이 있는가 하면, 일상생활에 약간의 긴장을 줘서 오히려 일상생활에 도움을 주는 불안이 있다. 그래서 불안은 인간의 그림자와 같이 여기는 것이다. 그림자 없는 인생은 딱 한가지이다. 죽은 사람에게는 그림자가 없다. 오히려 살아가는 모든 사람에게는 그림자가 있다. 살아있는 자신과 함께 있는 그림자를 보는 것은 인간 자신에게 상징적인 자기, 즉 하나님의 신성이 있는 자기를 보면서, 동시에 본능에 익숙한 동물적 자기를 수용하고 있는 나를 보는 것이다. 문제는 이 동물적 자기나 상징적인 자기를 간과하는 경우에 사람들에게는 여러 가지 문제가 발생할 수 있다. 또는 상징적 자기에 집중되어 동물적 자기를 간과할 때도 문제가 있다. 그래서 인간은 이두 가지 굴레의 균형과 경계선을 가지고 살아야 하는 운명에 있다. 다른 관점에서는 인간에게는 천사도 될 수 있는 요소와 동시에 들짐승도 될 수 있는 양가적인 면이 있다. 이런 점에서 이 양극을 통합하는 것이 사람을 도와주는 것이 된다(Yalom, 2013, p. 50).

인간 안에 거하는 천사의 본능과 들짐승의 본능, 또는 상징적 자기와 동물적 몸에 대한 기본적 딜레마는 인간이기 때문에 가지고 있을 수밖에 없는 요소이다. 융의 논리로 언급하면 인간이 가지는 페르소나인 가면을 통해 자신을 드러내려는 요소와 성장과정과 사회화과정에서 주입된 개인의 콤플렉스인 어두운 그림자의 집합체와의 갈등은 인간의 모습이다. 그러나 얄롬의 지적처럼 이 양자에 대한 통합적인 상태가 되지 않고는 인간은 한쪽으로밖에 치중할 수 없다. 그리고 인간에게 가장 치명적인 죽음에 대한 불안은 앞에서 언급한 양극성의 구조에서 어느 한쪽만을 더 강화하여 인간을 더 불안에 놓이게 한다.

1) 자기중심성/특수성

죽음의 불안과 위협으로부터 피해 갈 수 있는 방법은 어떤 것이 있을까? 인간은 자기중심적이다. 유전학적으로는 이기적인 유전자를 가지고 태어났다. 불안 가운데 태어난 인간이 자신을 보호하기 위해 가장 친밀하게 할 수 있는 방법 중 하나는 이기적 인간이 되는 것이다. 그래서 이기적인 인간이 좀 더 자유인이 되기 위해서는 다각화된 관점에서 자신에 대한 평가를 받고, 자신을 객관적으로 볼 수 있는 힘, 또는 자신을 재해석할 수 있는 힘을 기르지 않으면 늘 자신 편의적으로 세상과 사람을 바라본다.

인간이 자기중심적 세계에 익숙하다는 것은 대인관계만이 아니라 종교의 영역에서도 여지없이 나타난다. 그래서 우리는 우리에게 다가 오는 불안을 달래 줄 수 있는 가장 적합한 것들을 때로는 신앙의 이름으로 위장하여 신앙생활을 하기도 한다. 물론 이러한 성향이 적으면 적을수록 우리는 바람직한 신앙생활을 할 것이다. 신학적 관점에서 개인이 자신의 특수성을 강조하는 것은 우상주의와 같다. 왜냐하면 자신의 특수성만을 강조하는 것은 열정으로 나타날 수 있고, 이것은 흑백논리를 강조한 전체주의(totalism)이다. 이 전체주의는 내 편이 아니면 적이라는 식의 흑백논리를 가지게 된다. 그리고 이러한 경향은 상당한 열정을 가지게 되는데, 이 열정을 신앙과 연관시킨다면, 이면에 가진 마성은 하나님의 뜻으로 위장된다. 그래서 이 전체주의가 가지는 열정, 또는 특수성(specialness)은 우상숭배로의 부분적인 퇴행이다(Capps, 1983, p. 90). 즉, 자신이 말하고 싶은 것, 믿고 싶은 것을 합리화하고 위장하기 위해서 신앙을 이용하는 것이다.

이념과 신앙에는 특수함이라는 것이 다 사용된다. 신앙, 특별히 기독교 신앙에는 특별한 것이 있다고 믿는다. 그리고 신자들이 신앙에서 확신하는 개인의 특별함이 있다. 그러나 이 특별함이 보편

적인 원리에 의해서 검증받아야 그 특별함의 진정성이 의심받지
않는다.

　지구가 우주의 중심이라는 인간의 자만심은 코페르니쿠스 시대
만이 아니라, 어느 시대에도 있었다. 이것은 강한 개인이나 민족이
지구와 우주에 중심으로 서려는 욕망이다. 종교사회학자 피터 버
거는 뛰어난 개인과 민족이 모든 것 중에 중심에 서려는 욕망은 고
대부터 시작된 인간의 경향으로 보았다. 왕권이나 통치력을 가진
집단들과 그 핵심은 자신의 정체성을 확고하기 위해서 신들의 세
계가 자신들의 권력을 이루어 주었다고 하거나, 혈통적으로 신의
세계로부터 보장을 받았다는 방식으로 정체성을 해결했다. 그리고
시간이 지남에 따라 왕권을 가진 자들의 혈통이 신적 세계와 직접
적인 관련이 있다는 방식으로 합리화를 시켰다고 왕권을 가진 자
신들이 신이기에 권력자들은 국민과 다르다는 합리화를 진행시켰
다(Berger, 1990, p. 38).

　물론 왕권이나 힘을 가진 사람들이 종교를 통해 자신의 왕권이
나 나라의 정체성을 신의 세계와 연결하여 정체성을 가지려는 것
은 인간이 가진 불안 때문이다. 그래서 인간은 이미 태생부터 내재
하고 있는 불안정으로 정의가 된다. 그리고 자신의 몸이 가지고 있
는 불안정으로 인해 인간 자체가 균형의 밖에 있는 것이다. 이러한
관점에서 보면 인간은 끊임없이 불안정을 경험하기 때문에 이 불
안정으로부터 자신을 보호하기 위하여 쉼 없이 자신의 세계를 만
들어 내는데, 이렇게 자신이 생산한 세계 안에서만 인간 자신을 안
전하게 위치하게 하고 실현할 수 있다고 생각하기 때문이다. 이 과
정에서 인간은 자신만의 세계를 만들어 낼 뿐 아니라, 자신을 만들
어 낸다(Berger, 1990, p. 5).

프로이트는 기독교가 주장하는 경험이 내적인 경험에 의존만 한
다면, 그리고 그것이 몇 사람만 경험하고 대부분이 경험하지 못하
는 것이고, 이러한 경험을 기초로 규범을 만드는 것에 반대를 한다
(재인용, Küng, 2003, p. 133). 그가 지적하는 것은 기독교의 특별성
에 대해 좀 더 객관적 사실을 가지길 바라는 것이다. 그리고 특별
성은 힘과 조직의 힘으로 강제성을 띠어서는 안 된다는 입장이다.
그래서 내외부적으로 불안에 놓여 있는 인간은 신의 세계를 통하
여 합리적으로 자신의 안정성을 찾으려고 한다. 사실 프로이트의
비판은 기독교에는 귀에 거슬리는 소리일 수 있다. 그러나 역사상
의 뼈아픈 교훈을 통하여 기독교는 자기중심적인 해석에 충실했다
는 것을 알 수 있다. 지구가 모든 우주의 중심이라는 환영, 인간이
모든 피조물에 비해서 월등하게 뛰어난 존재라는 생각은 모든 주
변의 것들이 나를 중심으로 형성되어 있다는 유아적인 인간의 자
아중심성을 말해 준다.

사회학적 측면에서의 인간은 성숙되기 전까지는 다원화된 의견
이나 생각보다는 단일화된 것에 더 익숙하다. 왜냐하면 다원화는
인간이 이제껏 수호했던 단일화에 대한, 기존 진리에 대해 불신해
버리기는 것이기에, 이런 다원화로 자신의 정체성에 대한 혼란은
곧 자신에 대한 불안이며, 자신의 정신적 거처에 대한 상실을 경험
하게 된다(Berger, 1974, pp. 183-184). 결국 개인이나 집단이나 자
신이 소속되어 있던 정신적 거처를 상실할 것이라는 불안은 자기
중심적 생각 속에 갇히게 된다. 왜냐하면 인간은 불확실성을 참지
않으며, 특별히 불안의 구조가 심할수록 다원화된 것보다는 매우
협소하게 단일화된 것에 집착하여 자신에게 닥치는 불확실성을 배
제해 버리는 것이다.

　도덕에서도 이 같은 현상이 발생한다. 타인과의 비교를 통해서 자신이 우위를 점령하는 것이 취지는 아니다. 도덕은 철저하게 개인의 생활과 수련에 연관되어 있는 것이기에 비교의 대상이 되는 것이 아니다. 혹, 개인이 비교가 된다면 개인이 가진 도덕적 수준과 깊이를 판가름하는 시간을 가지면 가장 좋은 덕목이 된다. 그러나 이러한 보편적인 이해를 떠나 무언가 특별성을 가지고, 특별함을 통해서 우위를 차지하려는 인간의 특성이 있다.

　특별성을 추구하는 데는 자신이 이제껏 생각하던 이념과 가치의 상실에 대한 두려움이 기초하고 있다. 그래서 이것을 수용할 수 없는 것이다. 즉, 대부분의 사람은 자신의 생각과 추구하는 것에 집착하기 쉽다. 그래서 자신이 추구하는 것 외에 다른 사실이 더 진리에 가깝다는 것을 수용하기는 쉽지 않다. 이러한 관점에서 사람들이 추구하는 진리는 그것이 맞고 틀리다는 입장에 있지 않고, 자신이 지금까지 추구했던 것을 버리고 싶지 않은 이기성에 기초한 진리수호라는 것이 맞을 것이다. 이 점에 프로이트는 종교가 현실과의 접촉을 잃고 전적으로 인간이 아닌 다른 것에 집중하면 현실적 접촉을 잃게 되어 종교는 일종의 자기기만이나 현실도피가 되기 쉽다고 본다(Küng, 2003, p. 134). 이 말은 절대적 진리가 없다는 의미가 아니라, 인간의 이기심과 자의적 해석으로 진리가 왜곡된 상태로 수용되기 쉽기 때문에 객관성을 잃지 말아야 한다. 사람에 대해 현혹되지 말라는 소리이다. 이러한 현상이 도처에 있기 때문에, 오히려 진리를 찾으려고 객관성을 가지고 접해 보는 것이 더 바람직하다는 의미이다.

　개인이나 집단이 자신의 특별성을 강조하는 것은 자신이 기존에 가졌던 모든 기초로부터의 변혁에 대한 두려움이다. 그리고 이 변혁으로 자신이 없어질 것이라는 불안이다. 그러나 현대사회는 기능성이 첨부된 이성, 모든 것이 서로 연관성이 있는 것, 다중적 관계성(multi-relationality), 끊임없는 문제 해결성, 다원화, 그리고 진취성이라는 특성이 있다(Berger, 1974, p. 111). 이러한 현대사회의 가치들이 오랫동안 집단생활에 익숙한 가치를 가진 사람들에게는 부적응 반응을 불러 일으킬 수밖에 없다. 그래서 현대인은 마음속 깊은 곳으로부터 자신의 뿌리와 기초가 흔들려 정신적인 집이 없음을 겪고 있다. 예를 들어, 사회학적인 입장에서는 청소년기에 발생하는 사춘기의 위기는 집단시대로부터 부여받은 정신적 틀이 현대문명에 의해서 해체되는 것에 대한 심리적 부적응으로 보는 경우도 있다(Berger, 1974, p. 94). 분명한 것은 앞으로의 세계는 시간이 지날수록 현대사회의 특성이 더 확연한 사회로 변모할 것이라는 점이다. 이렇게 현대사회의 다변화 속에서 현대사회에 부적응과 자신에 대한 부적응 등을 경험하는 것은 현대인의 형이상학적 상실(metaphysical loss of time)이다(Berger, 1974, p. 82).

　무언가 커다란 상실감을 겪고 있다는 개인들, 절대적 고독과 죽음에 대한 공포를 가진 이들은 그래서 자신만이 가진 특별성에 함몰하기 쉽다. 그러나 이러한 특별성은 결핍 구조에서 자신의 성(城) 안에 갇혀 방어하는 구조라는 것을 알아야 한다. 그래서 이 특별성에 대한 것은 항상 보편성의 원칙에 의해 견제받고 평가받아야 한다.

　언급한 바와 같이 개인이나 집단이 보편적인 원칙이 세워지지 않고 특별성만을 강조하게 되면 그것은 특별성을 이용한 개인적 월권이고, 종교에서 특별성만을 강조한다면 그것은 마성(魔性)이 발휘되는 불행한 결과를 낳는다. 더구나 종교에서 특별성이 더 파괴적인 것은 하나님의 이름으로 행해지지만 그 내용에 마성이 있기 때문에 이를 접한 사람들에게 수많은 실망을 안겨 줄 수밖에 없다. 종교와 신의 이름을 빌어 폭력과 유린을 합법적으로 만들려는 것이기 때문이다. 결국 여기에는 개인이나 집단이 가지고 있는 편협한 특수성이 자리매김하고 있기 때문이다. 인간은 상징적 자기와 동물적 몸에 대한 균형을 가져야 할 운명을 갖고 있듯이 특수성과 보편성도 항상 경계선상에서 조율하며 가야 한다.

종교에 관한 특수성과 보편성의 문제를 보자. 세계 3대 신학자로 칭송을 받는 한스 큉(Hans Küng)은 근본주의적 입장에서 가톨릭과 기독교의 잘못된 점을 지적한다. 그의 지적은 얄롬이 지적하는 죽음불안에서 오는 특별성 관점에서 살펴볼 필요가 있다. 한스 큉은 신앙에서 특수하다는 것을 부정하지 않지만, 항상 객관적 사실이 특별성을 보조해 주지 않으면 종교에서 말하는 특별성은 잘못된 구조를 만들어 낸다고 본다. 그리고 기독교상담학 입장에서는 개인이나 집단이 가진 생각을 절대적으로 생각하는 것은 자신이 가진 결핍으로 인해 그들이 누리고 있는 자리에 집착하는 것으로 본다. 동시에 인간은 하나님을 어떤 장소에 국한시키려는 경향은 인간의 자기 근원의 불안에서 오는 자기중심적 특수성이다(Tourier, 2013, p. 62). 왜냐하면 인간이 가진 불안으로 인해 국한시키려고 하는 것이다. 결국 자기를 위해서이다.

한스 큉은 일단 가톨릭과 기독교가 가지고 있는 특별성, 또는 자신이 변하지 않고 수호하려는 객관성 없는 진리에 대하여 비판한다. 그의 비판은 첫째, 교황의 권위와 칙령에 대한 오류성이다. 절대적 진리는 없다. 즉, 절대적 진리는 있지만 그 절대적 진리를 사고하고 밝혀낸 인간이 가진 한계성이 있기 때문이다. 그러나 인간의 속성상 자신이 가진 자리를 변함없이 확고히 하려는 의지로 인해 교황의 무오류성에 대한 특수성을 가지는 신자들의 신앙이 문제이다. 둘째, 개신교는 성서에 대한 무오류성을 지적하고 있다(Küng, 2013). 성서는 영감 있는 책인 것은 분명하지만, 한 인간의 특성과 문화 속에서 기록된 객관적인 책이다. 그러나 이 책에 대한 무오류성, 그리고 축자 영감설과 같은 신비성을 더해 감으로써 개신교가 가진 득도 있었을 것이다. 그러나 성경의 절대적 신비화는 성서를 해석하는 개인과 집단을 통해 너무나도 많은 분쟁을 일으키고 있다. 결국, 이것은 성경의 잘못이 아니라, 성경을 개인과 자기 집단의 자기중심적이며 특수적인 해석을 성서보다 더 높이 놓으려는 인간의 실수다. 예를 들어, 성경의 무오설이라는 것이 성서가 영감으로 가득 차 있기 때문에 영적으로 해석하고 풀어야 한다는 이론이 횡행하게 되어 우리 기독교 사회에 미친 영향은 장로교 교단만 해도 400여개 이르는 교파를 만들어 버렸다. 그리고 자신의 교파가 믿고 따르는 절대적 진리성의 특수성을 강조한다. 대다수의 이단운동은 성서에 대한 절대적인 영적 해석을 근거로 하여 사람들을 미혹해서 한국 사회에서 중심에서 멀어지는 기독교로 되어 가고 있다. 그래서 하늘로부터 한 치의 오차도 없이 인간 세계에 주어졌다는 성경에 대한 생각은 마치 가톨릭에서 교황의 무오류설에 버금가는 특수성이다. 두 가지 다 한계성 있는 인간이 흔들리지 않는 확고한 터전을 가지고 싶은 것에 대한 투사이다.

인간의 세계에서 경험하는 초월적인 세계와 영역은 분명히 있다. 그리고 이러한 것은 매우 특별한 것이다. 영성이나 영적이라는 말은 좋은 것이지만, 이 말이 가진 특별성이 있기에 이것은 사람을 긍정적으로나 부정적으로 끌 수 있는 힘을 가지고 있다. 그러기에 이 영성이라는 특별한 것이 부정적으로 사용되면, 오히려 종교를 힘입어 사람들을 파괴하는 구조가 된다. 그래서 이 영적이라는 특수한 신비로운 것에 현실성을 가지기 위해서 객관적 관찰이 필요하다. 틸리히는 이런 관점에서 인간에게 이성적 합리성이 필요하지만, 이 영역을 초월하는 초월적 이성(Ecstasy Reason)이 있다고 본다. 그러나 이 초월적 이성이 일반적 이성을 위배하지 않고, 이것을 포용하고 뛰어넘는다고 생각한다(Tillich, 1951, p. 112). 다시 말해 가톨릭의 교황 무오류설이나 개신교의 성서에 대한 신비화는 초월적 이성에서 다루어야 할 일이지만, 이 초월적 이성이 결코 일반적 이성의 논리를 위배하지 않아야 한다는 점이다.

기독교에서 빈번히 사용되는 영적인 세계라는 것, 영성이 있다는 것은 중요한 것이지만, 이것에 대한 객관적 이성작업이 필요하다. 영성이라는 이름으로 신앙의 세계에서 특별성으로만 비치는 것은 심리적인 자기방어기제일 수 있기 때문이다.

어떤 나라보다는 많은 기독교 교파가 있고, 이단 시비로 골머리를 앓는 이 시기에 한스 큉이 프로이트에 대한 비판을 한 것에 귀를 기울일 필요성이 있다. 그는 프로이트를 통해 배울 수 있는 것은 '종교에 대한 정직성'이라고 했다(Küng, p. 130). 종교적 정직성이라는 것은 '비판적 합리성'과 '지적 정직성'을 가지는 것이다. 이 양자는 영성의 균형에 필요한 것이다. 영성에서 이 두가지 관점을 배제해 버리면 균형이 상실하게 된다.

인간이 가진 지적인 한계성에 대한 고백, 신비로운 하나님의 세계와 섭리에 대한 것에 대한 인간해석에 대한 한계를 고백하는 것이 필요한 시대이다. 마치 영성과 하나님의 세계를 인간이 생각하는 교파의 교리와 이성과 과학적 범주 안에 다 넣어 설명하려는 것

은 하나님이 인간 세계의 한계 안에 갇히게 하는 것, 즉 한 개인이
나 집단이 추구하고 믿으려는 방식으로 신앙을 왜곡하는 것이기도
하다. 겉으로 보기에는 엄청난 열정을 가진 신앙으로 비쳐질 수 있
지만, 그 내부는 인간이 중심이 되는 것이다. 이러한 추세는 신학이
나 심리학에서 개인과 집단의 우월성을 표시하는 '특별성'으로 표
현되고 있다. 신비와 초월의 영역은 하나님의 세계에 맡겨 두고, 그
것들을 있는 그대로 보는 것이 신앙의 세계를 더 깊게 하는 길이
기도 하다. 신정통주의 신학자 에밀 브루너(E. Brunner)의 말처럼
하나님을 인간의 지식 안에 갇히게 하는 오류를 범해서는 안 된다
(Brunner, 1954, p. 1).

2) 흑백논리의 열정/이분법적 사고

　늘 완전이나 열정을 추구하는 것은 겉으로 보기에는 어떤 결과
가 얻어지는 것이기 때문에 업적과 결과를 중요시하는 현실에는
선호할 수 있는 성향이 될 수 있다. 그러나 이 완벽주의만을 추구
하는 것은 정신적 불안에서 기인할 수 있다. 예를 들어, 완벽주의
는 외적인 것, 또는 사회적 역할에서 늘 완벽을 추구하는 것인데
이것이 즐거움에서 나오는 것이면 관계가 없을 것이다. 그러나 대
다수의 완벽주의는 즐거움에서 오기보다는 자신의 결핍된 정서적
불안에서 쫓겨 나오는 현상이다.

　신경증적 불안은 실존적 불안과 반대되는 현상이다. 실존적 불
안은 엄격히 말해서 긍정적인 불안이며, 인간 자신의 가능성과 동
시에 제한성을 수용하는 상황에서 경험하는 보통의 불안이다. 그
러나 신경증적 불안은 인간이 가진 한계성, 인간이 무에서 와서 무

2. 신경증적 불안의 특성 189

로 간다는 것, 그리고 여기에 오는 죽음과 사라짐에 대한 불안이 근원인데, 이 무를 방어키 위해서 심리적 균형을 상실하는 것이다 (Tillich, 1984, p. 120). 그래서 어떤 사람이나 상황에 대하여 균등한 입장에서 생각하고 행동하지 못하고, 자신의 불안관점에서 한쪽만을 고집하게 된다. 이렇게 되면 이 신경증적 불안에서 보는 관점 중 하나는 흑백논리의 열정/이분법적인 사고와 행동이 된다.

이분법적 사고에 대한 흥미로운 분석이 있다. 대상관계심리학자인 도널드 위니컷(D. Winnicott)은 유아가 성장하면서 부모와의 관계에서 배우는 심리 상태를 지적한다. 유아의 요구에 민첩하고 센스있게 움직이는 어머니로 인해 유아는 성장과정에서 불안을 넘어 안정감을 서서히 획득하게 된다. 불안이 주제였던 아이는 어머니와 환경의 우호성으로 안정감을 획득하면서 주변에 대한 호기심을 가지게 된다. 그리고 이 호기심을 바탕으로 정서적이고 지적인 영역을 넓혀 나간다. 그런데 이러한 순탄한 과정만 있지 않다.

지속적으로 부모에게 민첩하고 민감한 반응을 받은 아이는 자신의 불안에서 안정감을 획득하고 이후에는 자신이 가지는 전능성의 환상(Hallucination of Omnipotence)을 가지게 된다(St. Clair, 1996, p. 73). 즉, 이제는 주변의 환경이나 주된 양육자가 자신의 요구에 의해서 움직인다는 환상의 세계를 가지게 된다. 일면에서는 이 환상의 세계는 일종의 나르시시즘과 같은 것이기에 개인의 자아상을 확립하기 위해서 필요한 단계이다. 그러나 여기에만 머무르면 개인 인격성장에 재앙이 된다.

주된 양육자와 환경을 통해서 형성되는 유아 중심의 나르시시즘은 인간에게 개인이 환영받는 존재, 그리고 환경에 지배당하는 것이 아니라 환경을 지배한다는 생각을 가지게 하는 긍정적인 마음을 가지게 한다. 전능성에 있던 유아는 자신에게 좋은 것으로 대하지 않는 부모를 거짓부모라고 생각한다. 유아는 부모가 사소한 부주의와 무관심을 나타날 때마다, 자신이 전능성의 환영에 빠져 있기에 이렇게 무관심하거나 부주의한 사람은 자신의 부모가 아닌 거짓부모라고 생각한다. 그리고 자신에게 정성스럽게 반응하는 부모는 자신의 참부모라고 생각한다. 자신의 뜻에 맞게 해 주는 참부모가 아닌 사람은 거짓부모라는 것은 아이가 부모를 자신의 관점에 따라 이분법적으로 생각하기 시작한다는 의미이다. 이유는 성숙하지 않는 유아가 자신에 대한 긍정을 지속적으로 받고, 나르시시즘을 가지면서 주변 사람과 환경이 자신의 요구에 의해 움직인다고 생각하기 때문이다. 그러나 나르시시즘은 자긍심에 매우 중요한 요소이기도 하다. 중요한 것은 여기에 고착되면 안 된다는 것이다. 이 전능성의 환영 단계는 다음 단계로 이동해야 한다.

　내 요구대로 움직이는 것, 부모는 참부모고, 아닌 것은 거짓부모라고 생각하는 것으로 인해, 아이의 정신적인 성숙은 멈추게 된다. 아이가 다시 정신적인 성숙을 할 수 있을 때는 자신에게 잘해 주는 사람도, 자신에게 못해 주는 사람도 모두가 같은 부모라는 것을 알았을 때 비로소 가능한 것이다(임경수, 2013, p. 205). 즉, 사람은 어느 한쪽 만을 선택하거나, 절대화하여 살아가는 것은 병리적 선택이요, 자신의 정서적 성숙을 멈추게 하는 것이다. 이 위니컷의 이론이 우리에게 주는 교훈은 자신의 생각과 뜻대로만 사람과 세상을 보려는 개인은 정신적인 성숙을 멈추게 된다는 것이다.

　자신의 양육자에 대한 이분법적 사고는 유아가 자기중심적 세계에 벗어날 수 없기 때문이다. 이 자기중심적 세계에서 모든 것이 자신의 요구대로 움직여야 했다. 자신이 요구하는 대로 움직여

야 하니 일종에 자신의 요구에 대해 완벽하게 움직여야 하는 것이
다. 개인은 성장하면서 부모와 사회를 통해서 자신의 세계를 형성
해 나간다. 나르시시즘도 필요하지만, 이것만이 지속되어서는 안
된다. 정말로 정서적으로 건강한 사람이라면 자신과 함께 한 대상
들, 부모나 형제 그리고 이웃들이 완벽하지 않고 어느 정도 단점을
가지고 있다는 것을 알고, 그 자체를 수용하는 것이다.

> 일차적인 가정의 경험이 없다면 정신건강의 기초는 세워지지
> 않는다. 유아의 욕구에 본질적으로 관심을 갖는 사람 없이 유아
> 혼자서는 외부 현실과 효과적인 관계를 맺지 못한다. 만족스러
> 운 본능적 욕구충족을 주는 사람이 없다면 유아는 자신의 신체
> 를 발견할 수 없고 통합된 인격을 발달시키지 못한다. 사랑하고
> 증오할 사람이 없다면 유아는 자신이 사랑하고 증오하는 사람이
> 같은 사람이라는 사실을 알지 못하며, 그 결과 죄책감을 발견하
> 지 못하고 고치거나 회복할 욕망도 발견하지 못한다. 제한된 인
> 간과 물리적 환경이 없다면 유아는 자신의 공격적인 생각이 실
> 제로 파괴할 수 없는 한계를 알 수 없게 되어, 환상과 사실의 차
> 이를 구별하지 못한다. 함께 살며 자신에 대해 공동의 책임을 갖
> 는 아버지와 어머니가 없다면 유아는 그들을 떨어뜨려 놓으려는
> 자신의 충동을 발견하지도 표현하지도 못하고, 그렇게 하지 못
> 했을 때 생기는 안도감을 경험하지도 못한다(Homles, 2005,
> p. 81).

이분법적 사고는 일종에 흑백논리이고, 흑백논리는 개인이나 집
단을 단결시키고 주장하는 힘을 가지고 있다. 그리고 이렇게 단
결하고 주장하는 것에 매력이나 끌리는 것은 진정한 의미를 주기

에는 미흡한 현대인의 환경으로 인해 불안해 하는 사람들에게 확실하게 어떤 한 길을 보여 주고 제시하여 사람들은 매료당할 수 있다. 왜냐하면, 불안한 사람일수록 확고한 답을 더 찾기 때문이다.

개인과 단체는 사회생활에서 공허(vacuum)를 혐오하고 용납하지 않는다. 더구나 인간은 불확실성에 대해 관용을 가지지 않으려는 생각을 가지고 있다(Berger, 1974, p. 185). 그래서 다양성, 나와 다른 것이 자신을 파괴하거나 해를 끼친다는 동물적인 미성숙한 생각을 가지고 있다. 그러나 이러한 생각 역시 위니컷의 지적과 같이 자기중심적인 비성숙한 구조에서 발생한 것이다.

나의 생각과 우리의 생각은 옳고, 내 생각과 우리 생각과 반대되는 것은 적으로 생각하는 것은 가장 단순한 이분법적 사고이다. 그리고 이러한 이분법적 사고는 열정이라는 힘을 가지고 있다. 자신과 자신이 속한 집단의 이념과 사상에 이분법적 사고를 가지면, 광적인 몰입을 하게 되는데, 이것은 자신과 자신의 집단에 대한 과신에서 온다(Capps, 1983, p. 52).

열려 있는 마음으로 인해, 나와 다른 사람의 생각이나 다름을 인정해 주는 것으로 인해 개인과 집단의 변화는 확실하게 발생한다. 이러한 점에서 우리는 이분법적 사고는 우상숭배로의 부분적인 퇴행과 같다. 그리고 이것은 자기중심성에서 오는 것이다(Capps, 1983, p. 90). 왜냐하면 결국 자신의 생각과 구조의 틀에서 갇히고, 그것만이 진실이라고 생각하고, 심지어 신앙하는 것은 자신에 대한 믿음이기 때문에 우상숭배로 조금씩 퇴행되는 것과 같은 것이다. 이분법적 사고로 생활을 하거나, 신앙을 하게 되면 결국 극단적인 하나님 나라에 대하여 생각도 가지게 될 것이다. 이것을 벗어나기 위해서는 다양한 모두가 연대해 있다는 지체적 신앙론을 가지게 될 때이다.

혹백논리나 이분법적 사고구조가 신앙에 영향을 미치면 어떻게 될까? 신앙은 보편적인 관점에서 현실세계와 초월적 세계와의 만남이다. 신앙에서의 신비롭고 성스러운 주체는 성스러움에도 불구하고 인간의 세계와 만남을 가진다. 그래서 신앙은 성스러움과 세속과 세속에 있는 인간과의 만남이 불가피하다. 즉, 신앙은 성과 속의 만남 속에서 이루어지는 것이기 때문에 이 양쪽에 대한 균형을 늘 가지고 있어야 한다. 그래서 신앙의 현상을 살필 때는 이 양자를 다 보아야 한다(Berger, 1990, p. 26). 그러나 사람이 이분법적인 구조를 가지고 신앙을 볼 때 현실은 늘 불필요한 대상이다. 현실은 우리가 버려야 하고, 멀리 해야 하는 대상으로 생각하는 것이다.

이러한 구조로 신앙생활을 하면서 우리나라에서 대표적으로 터진 사건은 1993년 10월 28일에 발생한 다미선교회의 예수재림사건이다. 그밖에 여러 종교와 연관된 많은 사건이 있었는데, 이 사건들도 종교와 신앙을 빙자한 이분법적 사고의 결과였다. 예수재림에 대한 특정한 날을 미리 못 박고 사람들로 하여금 재림을 준비하도록 하고, 재산을 다 정리해서 재림에 동참할 것을 공개적으로 발표한 사건으로, 한국 사회에서 기독교에 대한 이미지를 매우 실추시킨 사건이었다. 오랫동안 중요 방송국과 뉴스매체에서 다루었을 정도이니 그 정도가 매우 심하였다. 모든 것이 거짓이라는 것이 밝혀졌음에도 재림운동의 합리화가 지속되고 있다.

혹 재림이나 휴거를 한다는 것은 가족구성원 해체와 이산가족으로 남는 불행을 경험하게 한다. 가족이 인간 정서생활의 가장 근원적 요소임을 심리학적 고찰은 여러 가지로 증명해 준다. 그런데 신앙이 휴거를 통해서 가족을 이산시킨 것인데, 이것을 믿는다는 자체가 기독교의 신앙과 반대되는 것이 분명하다. 이러한 기본적 생각 없이 '재림과 휴거'를 고대하는 것은 신앙이 아니라 자기불안에서 신앙을 합리화시킨 매우 사적인 욕구의 분출이다.

이 사건은 기독교인이 가지는 신앙이 성(聖)과 속(俗)을 동시에 가지고 있어야 하는 신앙의 순기능적인 면을 이분법적인 시각으로만 본 사건이다. 인간이라는 몸을 가지고 살아가야 하는 세속은 버려야 할 대상이고, 하늘이라는 천국은 우리가 흠모하고 가져야 할 대상이라는 이분법적 사고의 결과이다. 인간은 현실과 또 다른 영적인 세계에 대한 균형이 필요하다.

생활만이 아니라 신앙에서조차 발생하는 이분법적 사고와 여기서 발생하는 에너지는, 성장과정에서 형성될 수밖에 없는 불가피한 이분법적 사고는 인간이 가진 한계성에서 비롯된다. 한 개인에게 가장 영향을 많이 미치는 부모의 불안한 한계성, 그리고 그들을 둘러싸고 있는 불완전한 사회 구조의 영향이다. 그렇다고 우리가 이분법적 사고를 평생 가지고 살아갈 수는 없다. 부모와 사회라는 환경은 불안 가운데 태어나서 돌봄을 통해 안전을 구축하려는 아동에게는 필수적인 환경이다.

개인이나 단체 혹은 국가가 가진 규범이 절대적이라고 생각한다면, 이들은 자신의 규범이 어떤 면에서 우주의 근본적인 법칙과 일치한다고 하는 생각을 가지고 있을 수도 있다. 고대 집단주의 사회에서는 사회적으로 인정된 규범이 항상 우주의 근본적인 법과 일치한다는 관점을 가진 것과 비슷하다. 그러나 우리가 가진 규범이 완벽한 것이 아니기에 이 규범은 질서/조화(cosmos)의 방향으로 움직여야 한다. 질서/조화는 신학적 관점에서 '인간'과 '생명'을 보는 것이고, 심리학적 관점에서는 개인의 과거를 재해석할 수 있는 주관적인 힘이 발생하는 것이다.

우리가 개인적 혹은 한 사회의 규범(Norms)을 가지고 살아가는 것은 그 개인의 가정과 사회에 적응하는 데 필요한 양식을 익힌 것이다. 그리고 이러한 규범을 익힌 후에는 가정과 사회에서 생존의 틀을 배운 것이다. 생존을 위해서 때로는 적응을 위해서 필요한 기술과 도구를 익힌 것이다. 그래서 이 기술과 도구가 되는 것을 기초로 해서 더 폭넓은 질서와 조화의 세계에 나가야 한다. 문제는 자신의 환경에서 배운 것이 정답이고, 다른 것은 오답이라는 것이 문제가 된다. 이러한 과정에서 힘을 가진 개인이나 집단이 자신이 가진 규범이 절대적이라는 편견을 가지고 힘을 남용한다면 나머지 개인이나 집단은 그들이 제시하는 규범에 들어가려고 노력하게 되고, 그 규범에 들어가지 못하는 사람들은 자신의 열등감이 부적합성을 생각하게 된다(Erikson, 1980, p. 91).

규범이 될 수 있는 기술과 방법만을 익히고 그것을 절대적인 것으로 생각하여 여기에 매달리는 것은 인간으로 하여금 완벽주의에 묻히게 하고, 자기 것에 대해 절대적인 생각을 하기 때문에 이분법적 사고에 놓이게 된다. 우리는 성서를 통해서 하나님이 자신의 사람들에게 이러한 규범을 깨트리는 시도를 하고 있다는 사실을 알게 된다. 대표적인 사건이 베드로가 로마군인 백부장에게 세례를 주게 된 동기이다(사도행전 10장).

이 사건은 베드로가 그동안 성장과정에서 형성한 율법이라는 규범을 얼마나 수호하려고 했는지를 말해 주고, 동시에 하나님은 그가 가진 세계에서 다른 세계로 초대해 주는 것이다. 자기세계에만 갇혀 있어 이러한 이분법적 사고와 신앙을 가지고 있는 사람들에게 중요한 것은 사람들이 살아가는 삶의 현장에 대하여 생각하고, 말하고, 행동하는 것이 강조가 될 때 기술백치를 벗어날 수 있다는 사실이다. 그리고 삶의 현장에 대하여 더 가까운 진실을 보고, 말하고, 행동하는 것을 통해서 자신이 가진 편견의 세계를 벗어나서 더 가까운 진실에 접근하게 된다.

신경증적 불안에 근거하여, 자신의 불안을 잠식시키기 위해 인간 개인이나 집단이 만든 특수성에 대한 맹신과 이분법적 사고는 틸리히가 말하는 경계선의 신앙이나 신학을 도모하지 않는다. 경계선의 신학(boundary theology)은 질문하는 신앙이다. 자신이 현재 가지고 있는 '규범'에 대해 솔직한 질문을 하지 않는 것은 질문 자체가 자신을 불안케 하는 요소이기 때문에 배척한다. 그리고 이러한 불안구조에서 가지는 방어기제인 특수성과 이분법적 사고는, 개인과 자기 집단만을 중심으로 하는 불안요소이기 때문에 개인과 사회에 더 많은 피해를 초래함에도 겉으로 견고한 성(城)을 쌓고 있는 것과 같다. 그러나 그 성은 더 이상 질문도 할 수 없고, 해서도 안 되기에 없는 개인과 집단을 도태시키고, 고사시키는 성이다.

3. 신경증적 불안에 대한 심리학적 분석

현대에 있어서 소외(isolation) 현상 중 하나는 무의미가 보편화되는 것이다. 나의 내담자들이 정신치료를 받는 대부분의 이유는 이들이 어떤 특별한 정신적인 분열증세가 있어서가 아니라, 인생을 사는 의미가 없기 때문이다. 사려 깊은 상담자들은 이

들이 가진 문제는 불만족적인 아동기의 경험만이 아니라, 주된
문화적 변화에 의해 발생하는 격변(upheaval)에 의한 것이라는
느낌을 피할 수 없을 것이다(Edinger, 1992, p. 107).

후기 융학파였던 에딩거(Edinger)는 현대인의 무의미의 보편화
를 말하면서, 이렇게 된 가장 큰 이유는 첫째, 불만족스러운 아동
기의 경험, 둘째, 문화의 급격한 변화에 적응치 못한 것이라고 지
적한다. 틸리히도 자신의 신학을 통해 인간의 비존재를 통한 무의
미를 지적하고 있다. 그러나 우리가 이 장에서 좀 더 탐색해야 할
영역은 틸리히가 지적하는 신경불안, 즉 존재를 피함으로써 비존
재를 피하는 방식이라는 정의에 대하여 좀 더 세부적인 탐색이 필
요하다.

인간이 겪는 비존재의 불안이 곧 신경불안을 겪게 하는 주된 원
인이라는 틸리히의 통찰은 대의(大意)적 정의에서는 맞는 표현이
라고 생각한다. 그러나 미시적 세계의 관점에서는 인간이 신경증
적 불안을 겪는 이유에 대한 설명은 좀 더 필요하다. 이러한 관점
에서 앞서 에딩거의 지적인 불만족스러운 아동기 경험과 문화의
급격한 변화에 대한 통찰이 신경증적 불안의 원인에 대한 좋은 근
거를 제시해 줄 것이다.

인류는 집단주의 사회 속에서 계급주의, 신분제, 남녀불평등, 성
인과 소아의 차별성 등을 겪으면서 정신적인 구조의 변화를 가지
고 왔다. 그런 면에서 고대집단사회 속에서는 신화(myth)를 통해
집단의 이질감을 동질화시켰고, 신화는 같은 뿌리, 또는 신의 세계
로부터 자신이 왔다는 존재에 대한 합리성을 가져다 주었다. 그리
고 이 신화 속에는 사랑과 성장이라는 두 가지 축이 집단을 지탱하

는 데 힘을 주었다. 그래서 세계 모든 신화에는 이러한 두 가지 요소가 있다(McAdams, 1993, p. 68).

개인주의 사회에서 개인이라는 한 주체가 중요시되는 사회가 되고 있는데, 이 개인들에게도 역시 사랑과 성장이라는 두 코드에 대한 체험은 절대적이다. 왜냐하면 이것은 인간의 기본적 심리의 두 코드이기 때문이다. 개인주의 사회에서는 이 두 가지 성향을 경험하고 습득하는 기관은 가족이다. 그래서 가족과의 관계를 통해서, 특별히 부모와의 관계를 통해서 신비의 두 코드가 되는 사랑과 성장을 경험한다.

비존재를 통한 인생의 불안이 최고의 주제인 인간에게 이 불안을 잠식시켜 줄 수 있는 것은 사랑/돌봄(caring)에 대한 요소이다. 인간은 이 돌봄을 통해서 사람과 외부환경에 대한 긍정적인 영향을 받게 된다. 개인주의 심리학을 창안한 아들러(Afred Adler)도 인간이 가진 근본적인 심리를 안정, 힘 그리고 성취로 보았다. 이러한 관점에서 보면 집단주의 문화에서 결속력을 위해 탄생한 신화와 개인주의 문화에서 신화의 근원이 될 수 있는 가정으로부터 받아야 하는 사랑/돌봄과 성장의 코드는 인간에게 근원적인 요소이다. 그래서 사랑/돌봄과 성장이라는 두 요소는 인간에게 기독교를 포함한 모든 종교가 있기 이전에 인간 내부 및 외부에 긴밀하게 반응하는 원형이다.

이 원형적인 심리기제인 돌봄과 성장에 대한 것을 근원적으로 제공해주지 못하는 것은 모든 심리적 불안에 가장 근원적인 것이다. 애착이론(Attachment Theory)의 존 볼비(John Bowlby)는 당시 영국정신분석학회의 대모였던 멜라인 클라인(M. Klein)으로부터 임상에 대한 슈퍼비전을 받고 있었고, 볼비가 맡고 있는 아동들이 신경증적 불안의 증상을 보일 때마다, 클라인은 볼비에게 정신분석학회에서 말하는 원론적인 말로 무의식적 환상에 사로잡혀 아동의 신경불안증이 온다고 말을 했다. 물론 볼비는 아동의 신경증적 불안은 무의식적 환상에 사로잡힌 것이 아니라 어머니와의 관계에서 오는 불안구조로 보았다. 급기야 3개월 후에 이 아동의 어머니는 우울증으로 병원에 입원하게 되었고 이 사실로 인해 그는 정신분석에 실망하게 된다(Wallin, 2010).

프로이트가 말하는 인간의 본능 중 죽음과 사랑은 인간의 굴레에서 지금껏 되풀이되고 있다. 그는 인간이 죽음에 대한 두려움이 있기에 인간의 의식에서 죽음을 가능한 멀리 두려고 하며, 사랑, 특별히 에로스를 기반으로 하는 이 본능적 사랑은 인간 문화에서 미(beauty)와 매력(attraction)으로 변하여 문화의 중심에 있다고 본다. 더구나 클라인이 말하는 무의식적 환상에 놓이는 것은 어떤 면에서 죽음의 불안에 사로잡혀 아이가 신경불안에 빠질 수 있다는 논리이다. 그러나 이러한 정신분석학에서 분석하는 인간의 불안, 틸리히가 지적하는 죽음의 불안은 거시적 의미에서 죽음불안에 대한 해석은 구조가 있어 좋지만, 미시적 차원으로 들어가 실질적인 죽음불안에 대한 원인을 해명하기에는 역부족이다. 그래서 이 장에서 미시적 차원에서의 심리학적 이해를 통해서 인간이 가지는 죽음에 대한 불안, 그리고 틸리히가 지적하는 신경증적 불안이 존재를 피함으로써 비존재를 피하는 방식이라는 정의를 좀 더 구체화시켜서 살필 필요가 있다.

미시적 차원에서 신경증적 불안을 보기 위해서 앞서 지적한 인간이 가진 원형적인 심리구조인 돌봄과 성장의 구조에서 시작해야 한다. 다른 한편에서는 이 돌봄과 사랑의 심리학적 원형구조라는

것이 기독교인 신앙 또는 핵심되는 교리와 불가분의 관계라는 점
이다.

1) 신경증적 불안과 거짓자기

우리는 이제부터 더 구체적으로, 미시적 관점에서 틸리히가 지
적한 신경증적 불안이라는 것이 심리학적 관점에서 어떻게 발생했
는가를 살펴보려고 한다. 그래서 그가 말한 거시적 관점의 신경증
적 불안을 미시적 관점에서 연결시켜 구체화하려고 한다. 애착이
론을 성립한 볼비는 앞서 언급된 입원한 아동의 신경증적 불안의
원인이 무의식적 판타지(fantasy)라는 클라인의 이론을 반박했으
며, 이런 관점에서 정신분석학을 논리적 해석을 가진 학문이라고
생각하지 않았다.

볼비는 정신병리의 대물림이 가족을 통해서 전수되는데 이것은
아동의 어머니가 자신의 부모에게 품었던 적대적 감정을 자신의
자녀에게 표출하고, 자신의 어머니가 충족시키지 않았던 욕구를
채우기 위해 자기의 자녀에게 부적절하고 비정상적인 요구를 함으
로 아동에게 신경증(불안)이 발생하는 것으로 보았다(Marron, 2000,
p. 12).

부모로서의 수양과 자질이 부족하면 부모는 자신의 문제에 집
중하게 되어 자녀가 요구하는 정신적이고 신체적 욕구에 반응을
해 주지 못한다. 그래서 아이들은 자신에 대한 전능감을 느끼지 못
한다. 많이 부족한 부모는 자신의 문제에 집중해 아이가 움직이고
요구하는 것을 놓치는 반면, 아이에게 자신의 욕구를 보임으로 아
이가 부모의 욕구에 따라 반응하도록 한다. 이것이 거짓자기를 만

드는 첫 번째 단계이다(Winnicott, 1975, p. 145). 이러한 관계가 밝
혀지고 회복되지 않으면 개인의 감정적 불안과 성격장애를 발생
시키는 주된 원인이 되고, 정신문제의 근원이 될 수 있다(Bacal &
Newman, 1991, p. 209).

부모의 적절한 돌봄은 아동에게 안전망을 형성해 주고, 아동은
이 안전망에 기초하여 자신의 시간과 공간을 가지게 된다. 그리고
이 안전지대에서 놀이와 상상을 통해서 자신의 세계를 더 건강하
게 넓게 확대해 나간다. 이런 관점에서 계속 성장한다면 아동에게
는 이 우주 안에 있는 모든 환경은 자신의 놀이터가 되는 것이다.
아동은 자신의 긍정적인 경험을 기초로 하여 미래에 대한 기대를
할 수도 있다. 시간과 인내를 가지고 미래를 기다리는 것, 타협과
협상을 통해서 자신의 또래 가운데서도 함께 지낼 수 있는 시간을
가지는 것이다.

미래를 기다린다는 것은 현재의 즐길 수 있는 자유를 조절하여
책임감을 가지고 미래를 기대하는 것이다. 그러나 신경증적 불안
을 가진 사람이 미래를 기다린다는 것은 쉽지 않다. 특별히 부모와
의 애착관계에서 과하게 불안을 경험한 아동의 경우는 미래를 기
다릴 수 없다. 왜냐하면 공허와 지루함을 더해야 하는 미래에 대한
기다림을 할 수 없고, 겪은 불안은 이들로 하여금 미래를 기대하고
기다리게 할 만큼 정신적인 시간과 공간을 허락하지 않는다. 그들
에게 가장 중요한 시간은 '바로 지금 여기'이다. 그래서 이들은 즉
각적이고 일시적인 만족을 충족시키면서 살아갈 수 있다. 마음에
불안이 엄습하면 이 불안을 달래기 위해, 또는 피하기 위해 일시적
만족을 느낄 수 있는 대상을 찾아 해결해 버리는 것이다. 기다린다
는 것은 아픔이고 공포이기 때문에, 미래를 보장하는 그 어떤 것도

없기에 기다리는 미래를 거부하는 것이다. 오직 눈에 보이고 자신에게 만족을 줄 수 있는 것만이 최상의 것이 된다. 다른 한편에서는 과거의 기억이라는 것도 인간의 정신적인 본향을 생각게 하는 중요한 기억들이다. 그러나 부모와의 관계에서 뒤틀어진 과거의 아픔은 사람이 과거로부터 에너지를 얻게 하는 데 실패를 만든다.

과거는 마치 연어가 회귀하여 자신의 모천(母川)을 찾아가는 것과 같다. 인간은 자신의 뿌리를 부정할 수도 없고, 버릴 수도 없는 운명을 가지고 태어난다. 그러나 성장과정의 트라우마는 과거의 시간을 부정하면서 살아가도록 하는 나쁜 요인이 되기도 한다. 볼비는 제2차 세계대전 후 영국의 피해 아동을 조사하면서 심지어 나쁜 가정은 없는 가정보다 낫다는 말을 하였다. 즉, 자신이 기댈 곳이 있다는 것은 인간에게 중요한 것이다. 그런데 과거로 회귀하여 거기로부터 추억을 공유하여 힘을 가져올 수 없다는 것은 개인에게는 불행한 것이다. 결국 이러한 것을 가진다는 것은 아동에게 '자리'가 있는 것이며, 이것이 사회적 자리와 지리적 자리에 가장 기본적인 단위라는 가정이라는 자리이다.

인간에게 주어진 시간과 공간을 구체화하기 위해서 인간은 자리(places)를 찾는다. 시간과 공간이라는 관념적인 것을 현실적으로 하기 위한 중요한 것이다. 인간이 제한적인 삶을 살기에 자리라는 것은 중요하다. 틸리히는 인간 한계성을 시간과 공간의 관점에서 설명을 하였다. 이 자리는 사회적 자리와 지리적 자리이며, 인간은 평생 이 사회적 자리와 지리적 자리에 애착을 가지고 살아간다. 그리고 이러한 자리가 없이 인간이 생존할 수는 없다. 그것은 인간에게 시간과 공간이라는 것은 자리가 없이는 너무나 추상적인 개념이 되기 때문이다. 이 추상적인 개념만 있으면 삶이 구체화인 현실화가 되기 어렵다. 그러나 불안에서 생존키 위한 인간의 선택인 '자리'도 영원하지 않다는 사실을 인간은 비존재의 직면에서 깨닫는다.

성서 최초로 인간이 마련한 자리를 떠나라는 명령은 아브라함에게 발생한다. 떠나는 것은 어느 정도 죽음을 의미한다(Tourier, 2013). 그러나 떠날 수 있는 것은 미래에 자신을 이끄는 하나님에 대한 관계성에서 신뢰가 있었기 때문이다. 안정된 애착은 인생을 탐구와 모험 가운데 살게 한다. 자기가 살았던 성(城)을 떠나게 하고, 새로운 세계와 인간과 문화를 통해 자신을 재구조화한다. 한 곳에서만 머무르는 것, 또는 한 가지 생각만으로 자신을 대변하는 것은 자기 세계에 함몰되는 것이다.

실존주의 문학가인 카뮈의 『성(城)』에는 한 행인이 등장한다. 성문을 통과하려는 행인은 문지기에 의해 거부당한다. 그 거부로 그는 수십 년간 성 주변을 맴돌고 있지만 진입하지 않았다. 그러나 그가 성문 주위에 있는 지난 수십 년간 어떤 누구도 이 성문을 출입하지 않았다. 결국 이 성문은 각 개인이 열어야 할 과제였지만 그는 이 사실을 모르고 있었다. 카뮈의 소설은 '나'에 대해 책임지지 않으려는 우리 개인을 말하고 있다. 그가 문을 열려고 하지 않은 것은 자신의 책임감을 회피하는 불안 때문이다.

신학자 샤르뎅(Chardin)은 인간 개인이 채워진 이후에 타인에게 무언가를 줄 수 있다는 논리를 편다. 즉, 자신을 사랑하지 않으면 타인을 사랑할 수 없다는 점이다. 이러한 점에서 자신이 가진 자리를 떠날 수 있다는 것은 이미 떠나는 사람이 많은 것으로 채워져 있음을 암시한다. 카뮈나 샤르뎅의 말은 한 인간이 인생을 살아가면서 자신만이 짊어져야 하는 책임, 내가 해결해야 하는 과업을 하지 못하는 배경에는 타인을 의지해서 해결하려는 삶의 방식 부재와 자신을 진정으로 사랑하는 것에 대해서 결핍된 구조가 인간에게 있음을 말하고 있다.

제임스 로버트슨(James Robertson)은 볼비와 함께 일을 하면서 1952년에 '병원에 입원한 두 살짜리 아이(A Two-years Old goes to Hospital)'라는 다큐영화를 찍었다. 대상은 로라(Lora)라는 아이였는데 이 아이가 병원에서 겪는 정신적인 고통을 찍은 영화이다. 이 다큐영화를 통해서 알리려 한 것은 아동이 병원에 입원함으로써 발생하는 부모와의 분리는 더 많은 불안을 아동에게 미치고 있다는 사실이었다. 입원한 아이들은 부모와 떨어지지 않으려고 필사적으로 부모를 찾았고 간호사의 말을 듣지 않았다. 아동의 처음 감정 단계는 저항이었다. 그리고 아무리 몸부림쳐도 부모를 만날 수 없다는 사실은 사람과 환경에 대해 무관심하게 만들었고 냉담(apathy)하게 하였다. 이 아이들은 다른 아이들과 심리적 공간과 거리를 두었고, 노는 것과 먹을 것에 관심을 가지지 않았고, 허공을 멍하니 쳐다보았다. 시간이 지날수록 아이들은 더 이기적 성향을 보였고, 부모를 만난 후에는 부모와 떨어지지 않으려 했다(Holmes, 1993). 로버스튼의 발견은 아이들이 병원생활에서 불안과 신경증에 시달리는 가장 큰 이유는 어머니(부모)와의 분리였다.

이 부분에서 언급된 신경증적 불안의 주된 요소는 어린 시절에 겪은, 특별히 가족의 구도에서 오는 부모와의 관계성에서 기인한다는 것을 언급했다. 이러한 점을 고려하여 기독교상담신학적인 관점은 어쩌면 현대인이 겪는 신경증 불안이라는 것이 단순히 신앙으로 극복된다는 차원보다는 성장과정에서 부모관계성이 한 개인의 성향에 많은 영향을 주고 있다는 합리적이고 과학적 결과에 의거하여 인간을 이해하고 탐색해야 할 필요성을 보여 준다.

2) 신경증적 불안과 애착구조

심리학적인 관점에서 불안, 신경증적 불안의 근원은 초기 부모와 가졌던 애착과의 상관성에 있다. 볼비가 클라인의 슈퍼비전이 바르지 않다는 것을 인지한 후 그는 애착이라는 것이 만들어 낸 인위적이고 후천적인 요소가 아니라 본능적인 요소라는 것을 확인하였다. 그래서 이 본능적인 유아의 행동은 어머니의 젖 빨기, 어머니 따라 다니기, 울기, 매달리기, 미소 짓는 것이 어머니와의 가지는 애착현상으로 보았다(Marrone, 2000).

아인스워스(M. Ainsworth)는 볼비와 함께 공동작업을 하면서 애착관계를 살피기 위해서 미국의 볼티모어와 아프리카 우간다에 있는 자녀와 어머니 관계를 탐색하였다. 그녀는 1954년 우간다에서 스물 여섯 가정에서 9개월 동안 모유를 먹고 있는 유아와 어머니의 관계를 2주에 두 시간씩 집을 방문하며 관찰하고 자료를 수집했다. 여기서 발견한 것은 애착은 점차적 발달로 형성된다는 점이다. 생후 6~9개월 사이에 어머니를 인지하여 애착관계가 형성되고, 이것을 중심으로 안전기저로 사용하면서 위험에 놓일 때 어머니를 찾아간다. 그녀는 애착형성은 관계와 돌봄의 질이 양보다 중요하다는 점이다. 이러한 점에서 아기와 어머니의 건강한 애착발달은 이 양쪽의 즐거움에 의해 결정되는 것이다(Wallin, 2010, p. 36).

볼비는 인생이란 일련의 소풍이라고 정의한다. 사실 소풍이라는 의미는 소소한 즐거움과 행복이 스며 있는 일상을 의미한다. 이 시기에 느끼는 사랑과 즐거움은 영적인 자양분(spiritual nourishment)이라고 한다. 신학적으로 또는 신앙적으로 자주 언급하는 '영적'이라는 용어는 어쩌면 일반인들한테는 전문적인 용어이다. 그러나 볼비가 말하는 영적 자양분이 사랑과 즐거움이라는 정의는 영적이라는 종교적 언어를 보편적 언어로 푼 공감할 수 있는 용어이다.

볼비는 세계보건기구(WHO)로부터 전쟁에서 부모를 잃은 아동에 대한 조사 의뢰를 받고 쓴 보고서인「돌봄을 통한 아동의 성장 (*Child Care and the Growth of Love*)」에서 일반적으로 아동에게 가장 필요한 것을 음식과 같은 외적인 것을 주된 요소로 보고 있지만, 아동의 정서적 발달을 위해 가장 필요한 것은 일관성을 가진 부모로부터 돌봄과 사랑이었다.

인간 성장 초기에 아동이 부모로부터 받아들인 돌봄과 관심은 아동이 성장한 후 성인기 미래 정신건강에 중요한 요소임을 강조한다(Bowlby, 1961, p. 11). 그는 아동의 불안이 어디서 왔는지 모호할 때 그 원인을 어머니와의 관계성에서 보면 답을 얻을 것이라고 했다(Bowlby, 1961, p. 12). 왜냐하면 어머니와의 애착관계 단절의 손상은 심각한 심리적인 문제를 발생시킨다고 보았기 때문이다 (Marrone, 2000, p. 8).

아인스워스의 실험관찰을 통해서 나타난 애착의 유형과 특성을 보자. 이 애착의 과정에서 실패되거나 부적절한 애착관계가 아동의 성격형성, 특별히 불안의 구조를 어떻게 형성하는가를 살펴보는 것이 필요하고, 이러한 불안의 구조가 신앙형성에도 어떠한 영향을 미치는지 알아보도록 하자.

볼비는 아동의 신경증 불안을 추적할 때 세 가지 박탈구조가 있다고 본다. 첫째, 모성박탈(maternal deprivation)이다. 부모가 아이와 함께 있지만 정신적으로 도움을 제공해 주지 못하는 경우이다. 어머니가 아동에게 어떻게 돌봄과 관심을 제공하는지를 모르기 때문에 방치하는 것과 같은 경우이다. 둘째, 부분박탈(partial deprivation)이다. 이것은 어머니가 간헐적으로 자녀로부터 사라지는 것이다. 집안이나 개인 사정으로 몇 일이나 몇 달씩 떨어져 지내는 것이다. 이 박탈 역시 아동에게 불안의 연속을 제공한다. 아직 자기를 형성하기에 미약한 아동에게 자기를 돌볼 주된 돌봄자의 사라짐은 불안을 조장한다. 이러한 것이 간헐적이지만 연속적으로 발생하면 아동은 과다한 사랑을 어머니에게 요구하게 되고, 복수의 감정, 죄의식과 우울감에 빠지게 된다(Bowlby, 1961, p. 11). 잃어버린 것을 다시 찾으려는 인간의 본능으로 인해 사람에게 더 많이 집착하고 떠나지 않으려고 한다. 셋째, 완전박탈(complete deprivation)이다. 이것은 부모의 갑작스런 죽음이나 정서적으로나 신체적으로 완전하게 박탈되어 세상에 혼자 내버려지는 것이다. 이러한 관계성을 가진 아동이나 사람은 다른 사람들과의 관계성을 할 수 있는 힘이 없다(Bowlby, 1961, p. 12). 모든 안전기저가 허물어지고, 세상에서의 출발이 정상적인 환경보다 매우 늦게 시작되거나 기형적으로 시작될 가능성이 있다.

　과다하게 사랑을 상대에게 요구한다는 것은 자신의 곁에만 있어달라는 부탁이다. 나를 떠나지 말아달라는 부탁이다. 왜냐하면 어머니가 사라져 발생한 정신적 불안의 고통이 컸기 때문에 이러한 일을 당하지 않기 위해서 내 곁에 있는 부모에게 단단히 붙어 있어야 한다. 성숙되기 전의 박탈 경험은 대상을 회피하는 친밀감의 두려움에 빠지게 하거나, 대상을 독점하려는 집착현상을 나타낸다.

이것은 음식에 대한 것이나, 자기 의견에 대한 주장에서도 마찬가지다. 결국 이러한 불안으로 아이는 외부세계를 신기함과 호기심을 가지고 탐험하지 못하고 대신 자신의 세계로 후퇴하여 자신의 성(城)을 만들게 된다. 소위 과다한 박탈은 아이로 하여금 부모와 융합되거나 혹은 분리되게 만든다. 융합은 부모의 요구에 자신을 맞추어서 자신의 성이 곧 부모의 성이라 여기는 것이다. 이것은 겉으로는 자신이 있는 것 같으나, 내용에서는 내가 없는 것이다. 늘 누군가에 나를 융합시켜 자신을 생각하기 때문이다.

박탈의 종류를 세 가지 언급했지만, 다음 사항은 애착을 이해하는 데 매우 중요하다. 첫째, 아동이 이 박탈을 경험할 때가 언제인가가 내담자를 이해하는 데 중요하다. 둘째, 박탈의 기간이 얼마나 길었는가이다. 셋째, 박탈의 강약이 어느 정도인가이다(Bowlby, 1961, p. 18).

우리는 앞서 영적 자양분이 '즐거움과 사랑'이라는 볼비의 해석을 보았다. 이 보편적인 언어로 영적 자양분을 해석하는 것은 신앙의 맥락에서 해석하는 것이 다소 낯설 수 있지만, 심리학적 해석을 통해서 대중과 호흡을 필요로 하는 이 시기에 볼비가 보는 관점은 많은 도움을 준다. 그리고 필자는 신학에서, 특별히 틸리히가 지적하는 죄는 소외(isolation)라는 개념과 애착이론에서 지적하는 적절하지 못한 애착관계가(특별히 전적박탈이나 부분박탈) 사람을 사람으로부터 분리시키거나 융합시키는 개념과의 연관성을 볼 필요가 있다고 생각한다. 틸리히는 이 소외가 여러 이유를 가지고 있지만 결과적으로 근원자와의 분리로 보고 있다. 그러나 애착이론관점에서는 죄가 근원자인 하나님과의 분리에서 오는 것이 아니라, 인간육체의 근원이 되는 어머니로부터의 민감성과 돌봄의 분리, 즉 실패에서 아동에게 불안이 오고, 이 불안으로 인해 아동이 세상에 적응하는 데 어려움 내지는 실패를 가져온다. 물론 이 애착의 실패가 신학에서 말하는 '죄'의 개념은 아니다. 그러나 애착의 실패는 분명히 신체적으로나 정신적으로 자기 자신과 타인에 대해 '소외'라는 것을 파생시키고, 이 소외는 인간에게 죄의 가능성에 노출되는 것이다. 틸리히가 사용하는 용어인 '꿈꾸는 무죄함(dreaming innocence)'은 이 불안의 경험으로 사라져 가는 것이다. 그래서 틸리히의 소외의 개념이 애착이론을 통해 우리 인간이 죄를 짓게 되는 근원적 원인에 애착관계에 발생하는 결핍이나 박탈을 통해 꿈꾸는 무죄함이 불가하다는 실질적인 것이 더해진다. 애착이론은 틸리히의 소외라는 개념을 좀 더 현실적으로 해석할 수 있는 도구를 제공하고, 죄라는 추상적인 개념을 좀 더 심리학적이고 사회적인 틀에서 신학과 대화를 할 수 있는 창구를 마련해 준다고 생각한다.

아인스워스는 아동과 어머니의 관계성을 고찰하면서 세 가지 애착유형을 보았고, 후에 그의 제자들이 '불안전 혼동애착유형'을 추가로 제시하였다. 첫 번째가 안정애착유형이다. 이것은 아인스워스가 실험하기 전 예상한 것과는 반대였다. 그녀의 추측은 어머니가 방을 나갈 때 안정애착아동은 감정 동요 없이 잘 있을 것이라는 것이었다. 그러나 실제로 어머니가 밖으로 나갔을 때 아동은 정서적 동요가 있었다. 이것은 상당히 중요한 심리학적 발견이었다. 정서적으로 애착관계가 잘 되어 있는 아동일지라도 어머니의 외출은 아동의 마음에 약간의 불안을 가져다 줄 수 있다는 것이다. 그리고 아동은 어머니가 나간 후 작은 감정적 동요는 있었지만 몇 분 안에 안정을 되찾아 자신의 일에 집중한다는 것이다. 이 안정유형은 전체 아동의 66%로 나타난다(Holmes, 2005, p. 170).

안정애착을 가진 아동이 주의집중이 더 뛰어난 것은 안정감을 부모로부터 획득했기 때문이다. 더 많은 시간을 외부세계에 호기심과 탐험심을 가지고 접근하는 것이다. 처음 보는 놀이기구라는 생소한 것, 자기 신체 이외의 것에 대하여 관심을 가지는 것도 마찬가지 맥락이다. 어려움이 있으면 혼자 해결하려는 것도 있지만, 잘 안 풀리면 부모의 도움을 요청하는 것이다. 사실 아동이 안정애착을 누릴 수 있는 것은 아동이 가진 자신의 희노애락적인 감정을 받아 주는 부모 때문이다. 그래서 아동은 자신이 겪은 감정의 세계를 수용하는 대상에게 감정의 상태를 표현함으로써 감정세계에 대해서 휘둘리지 않게 되는 것이다.

안정애착은 기독교 신앙에서 우리가 어떠한 마음자세로 살아가야 하는지에 대한 중요한 심리적 이정표를 제공한다. 안정애착아동이 가진, 모르는 것에 대한 질문, 새로운 세계에 대한 궁금증, 가능한 혼자 해결하려고 하지만 안 될 때는 도움을 요청하는 것, 안정된 것 같지만 주된 돌봄자가 자기와 멀어질 땐 감정적 슬픔에 빠지게 되지만 시간이 지날수록 평상심을 되찾는 것은 기독교신앙과 신학이 바른 신앙과 연관되어 반드시 생각해야 할 과제이다.

신경증적 불안이라는 것이 어떻게 안정애착관계를 간과하고, 오히려 우리 시대에 신경증적 불안에서 출발하는 완벽주의의 산물이 마치 좋은 신앙의 결과처럼 대체되었는지를 알게 하는 중요한 사실이다. 안정애착이 인간이 가진 최고의 감정적 원활함에 있는 것이라면 이것은 기독교 신앙에서 의미하는 완벽과는 차이가 많이 있다. 흔히 기독교 신앙에서 우리는 하나님의 완전하심 처럼 우리도 완전하라는 말을 사용한다. 그러나 이러한 요구는 어쩌면 인간

균형을 무너트리는 것이 될 수 있다. 그리고 이러한 요구가 인간의 불안을 더 조장할 수 있다. 오히려 안정애착에서 보이는 이 자연스러움을 건강한 신앙의 유형으로 가져옴이 설득력이 있다.

안정애착을 가진 아동은 열려 있는 마음을 가지고 있었다. 부모가 나갔을 때 잠시 슬퍼했지만 이내 평정심을 찾았다. 온전한 인간이라면 최소 부모의 부재에 대한 감정적 표현이 있어야 한다. 이들이 가진 특성은 부모와 재회하였을 때 부모를 따뜻하고 기쁘게 맞이하였다는 것이다. 대화가 자연스러웠으며 대화를 상호적이었으며, 어느 특정한 주제에 초점을 맞추지는 않았다.

아인스워스의 제자인 메인(Mary Main)에 의하면 안정애착의 부모와 안정애착자녀 간에 매우 닮은 점이 있다. 이들 부모는 애착관계가 중요하고 의미있다는 것을 알고 있었으며, 애착관계를 객관적으로 성찰할 수 있는 통찰을 가지고 있었다. 이들은 대화에서 일관성이 있고 협력적이었고, 질문에 대하여 기억과 느낌 사이를 오가면서 융통성을 가지고 임하였다. 중요한 발견은 이 부모들은 과거의 상처가 없는 것이 아니라 자신의 기억과 생각을 과거에 고정시키지 않고 현재에 머무르려는 성향을 가지고 있었고, 자신에게 어려움을 준 부모를 이해하고 용서하려고 한다는 점이다(임경수, 2014, p. 109).

안정애착을 가진 부모를 통해서 또 다시 온전과 완전함에 대한 차이성을 보게 된다. 안정애착을 가진 부모지만 이들이 가진 공통점은 과거에 상처가 다 있었다는 점이다. 그러나 이들은 과거에 머무르려고 하지 않고, 현재와 미래를 생각하려는 사람들이다. 더구나 자신에게 잘못한 부모를 기억하고 있지만 그 부모를 원망하지 않고 그들의 사정과 정황을 이해하려고 하고, 나아가서 용서하려고 한다. 이들의 이해와 용서는 완료형이 아니라 현재 진행형이다.

신경증적 불안을 해소할 수 있는 것은 왜 완벽이나 완전을 추구하는지 근원의 탐색이 필요하다. 이 불안을 상쇄시킬 수 있는 것은 중독과 같은 것이고 이것이 해결되지 않으면 몇십 차례 그것을 되풀이하여 불안을 해소하려고 증상이 발생한다. 그래서 이 성향을 가진 사람들은 안정애착의 사람들을 보게 될 때 완벽하지 않고 밋밋하다고 느낄 수 있다. 그러나 인간적인 관점에서 완벽이라는 것은 온전함으로 대체되어야 한다. 안정애착 사람들이 자신의 부모를 이해했다 또는 용서했다는 완료형이 아니다. 즉, 상처나 불안을 조장했던 이들을 완전하게 용서했다는 것이 아니다. 이것은 계속 진행되는 현재 진행형이다. 안정애착의 아동이나 부모가 이렇게 자연스럽게 자신의 감정을 표현할 수 있는 것은 성장과정에서 자신의 감정을 솔직하게 표현하고, 그 표현과 감정을 수용할 수 있는 대상이 있었기 때문이다. 이러한 것이 흔히 신경증 불안에 시달리는 사람과 안정애착을 가진 사람의 차이이다. 그러나 신경증적 불안의 사람들은 온전하거나 합리적인 것보다는 답이 확실한 것을 요구한다. 그러한 것이 자신이 가진 불안을 없앨 수 있기 때문이다. 이 욕구는 자신의 심리적 해결을 위한 욕구이지 답이 아니다.

볼비는 불안의 근원 중 핵심은 애착 대상의 상실과 분리이거나 이 애착 대상으로부터 받은 정서적 문제에서 발생하는 것으로 본다. 이러한 관점에서 그는 더 구체적으로 박탈과 성격의 문제를 부모와의 애정적인 유대관계와 깊은 연관성이 있는 것으로 보았다 (Bowlby, 1961).

어머니의 부재와 상실은 아동에게 절망을 가져다준다. 마치 성인에게 무의미라는 단어가 익숙하듯이 아동에게는 어머니의 부재는 모든 것들로부터 무의미를 가져다준다. 부모는 아동에게 존재의 이유가 되는데, 이 대상의 사라짐이나 실패는 존재 근거의 상실로 이어진다. 음식도 사람도 싫어진다. 또 한편에서는 이런 현상이 계속되어 성인이 되어서도 피상적 관계를 급우들과 형성한다. 즉, 형식적인 관계만 있을 뿐이지 진실한 감정이 없으며, 영혼이 없는 것과 같은 사람의 관계이다. 그래서 이런 사람들은 돌볼 수 있는 힘이 없고 진정한 벗들을 사귈 능력도 없다. 왜냐하면 이들이 가지고 있는 애착의 세계에 대한 불신은 사람들을 자신에게 접근하기 어려울 정도로 만들고, 도와주려는 사람에게 좌절과 절망감을 준다. 즉, 사람이 자신에게 접근하기에는 너무나 많은 편견으로 상대를 멀리하게 한다. 동료 간에 가지는 우정의 가치를 알지 못하게 되고, 인간관계성 안에 뿌리내리고 있는 감정이 성장과정에서의 애착박탈과 상실로 인해 성장하지 못한 것이며 이렇게 자신의 에너지를 소비하다 보니 막상 일상이 무너지게 된다(Bowbly, 1961, p. 34).

볼비의 이야기를 다시 해석한다면 인간의 정신적 기초는 온전한 가정에서의 성장 경험이다. 이것이 허락되지 않으면 불안을 잠식시킬 수 없다. 더구나 이런 관계성이 없다면 외부현실에 대해 어떻게 적응해 나갈 수 있는 관계성이 형성되지 않는다. 자신에 대한 자긍심은 부모로부터 오는 것이기에 자신의 몸이 얼마나 예쁘고 가치가 있는지는 부모와의 온전한 관계성을 통해서 형성되고 통합된 인격을 가지게 된다. 같은 대상에게 사랑과 증오를 반복할 수 있는 기회가 없다면 자신 안에 있는 모순된 감정을 알 수도 없다. 그렇게 되면 자신이 생각하고 말하고 행동하는 것은 획일적으로 다 맞다고 생각하고 자신 안에 있는 모호성을 인지하지 못하게 된다. 동시에 현실과 환상의 차이성을 알지 못한다 (Homles, 2005, p. 81).

사실 볼비의 애착에 대한 이러한 관찰은 불안이라고 정의하는 신학적 측면과 철학적 측면에서 가지는 부족한 면을 충분히 보충해 준다. 그리고 불안이라는 것의 최초의 출발은 공허한 형이상학적 관념에서 출발하는 것이 아니라, 가정에서의 부모와의 관계성에서 출발한다는 점을 부각시킨다. 온전한 가정은 정서적 건강의 기초가 되는 통합된 인격을 발생케 하고 외부 적응력에 대한 힘을 길러 주지만, 동시에 인간의 양면성을 보게 하여 자신의 양면성을 보게 한다는 균형성을 가져다준다.

과도한 결핍은 과도한 요구를 낳고, 이것은 또 다른 특권이거나 특별성을 요구하는 것과 같다. 이렇게 함으로써 앞선 장에서 언급한 바와 같이 인간의 특수성 요구(영웅주의나 일중독, 자기애)는 과한 결핍 구조에서 발생하는 균형 잃은 요구이고, 이런 것을 요구함으로써 현재 자신이 가진 문제를 부정한다. 결국 자신의 부정을 위해서 특권을 요구한다는 것이다. 이러한 경향은 신앙에서도 보편성을 간과하고 자신을 중심으로 하는 특수성만을 강조하는 신앙이 될 확률이 높다. 볼비의 이러한 관점, 과도한 요구는 과도한 결핍에서 오는 것, 이것은 신경증적 불안이라는 죽음의 위협에서 오는 것이며 성장과정에서 충분한 돌봄에 대한 결핍에서 오는 증상으로 볼 수 있는 창문을 열어놓는다. 물론 성장과정만이 아니라 성인이 되어서도 감당할 수 없을 만큼의 큰 트라우마와 같은 외적인 충격을 경험하게 될 때도 같은 결과를 낳는다. 결국 성장과정에서, 특별히 충분히 공급받아야 하는 정서적 돌봄의 실패 그리고 정서적 돌봄의 주체인 어머니의 상실과 분리는 신경증적 불안을 유발하는 정신적 병리의 뿌리가 된다(Bowbly, 1961, p. 12).

3) 신경증적 불안과 발달심리

이 부분에서는 성장발달과정에서 특별히 0~6세 과정에 있는 아동이 발달과정에서 겪게 되는 심리적 현상에 대해 탐험함으로써 어린 시절의 신경증과 연관된 발달과정을 살펴보려고 한다.

아동의 성장을 발달심리적 관점에서 조사한 에릭슨(E. Erikson)의 발달 초기의 1단계의 설명은 아동이 부모의 돌봄을 통해서 세상을 살아가는 신뢰(trust) 대 불신뢰(distrust)의 구조를 익힌다고 본다(Erikson, 1984, pp. 32-33). 그리고 이 두 구조는 살아가면서 가장 보편적이고 우주적인 법칙이 된다. 인생 초기에 신뢰가 중요한 것은 인간은 신뢰를 받고 출생하고 성장하여야 하며, 동시에 삶의 과정이 끝이 나면 신뢰를 받는 가운데 또 다른 세상으로 떠나야 하기 때문이다. 신뢰란 태어나는 과정과 성장과정에서 나에게 박수를 보내 줄 수 있는 사람들과 환경이 제공되어야 한다는 것이다. 이러한 신뢰를 통해서 살아간다는 것은, 사람들과 관계를 가진다는 것은 신비적(numinous)이라는 희망을 가지게 되는 것이다. 여기서 신비적이라는 의미로 에릭슨은 중년기의 역할에도 이러한 용어를 사용하는데, 이 신비적이라는 것은 마치 종교적 체험을 통하여 인간이 새로운 세상에 살아가는 것과 같은 느낌을 가지는 것을 의미한다.

삶에 신비성을 가지는 것은 삶에 대한 희망을 가지는 것이고, 모험성을 가지는 것이다. 그리고 이 희망은 인생의 초기에 아이가 세상에서 자기가 살아가는 데 적합한 인간이라는 것과 주변의 모든 요소가 자신을 위해 마련되어 있다는 긍정적인 생각을 가지게 한다. 그래서 주변에 대한 관심과 웃음과 모험을 부모의 기지를 기초로 하여 움직이기 시작한다. 이렇게 할 수 있는 것은 부모에 대한 무한한 신뢰가 형성되었기 때문이다. 그러나 만일 신뢰할 수 있는 대상이 없고 오히려 돌봄의 좌절을 경험하는 아동에게는 불신뢰의 구조가 형성된다. 이렇게 되면 아동은 외부세계로부터 움츠러들고 자신의 세계 안에 자신을 가두게 된다.

이 인생의 초기에서 기본적인 신뢰가 형성되지 못하고 오히려 불신뢰를 쌓게 되어 보이는 신체적 증상의 하나는 첫째로 폭식(gluttony)이다(Capps, pp. 44-45). 폭식이란 닥치는 대로 먹어 버리는 현상이다. 음식에 대한 절박한 표현을 하는 것은 두 가지 차원에서이다. 첫째, 음식에 대한 절대적 공급의 부족이다. 그래서 음식이 한번 자신에게 오면 강제로 뺏기 전까지 집착을 보이는 것이다. 이것은 자신이 음식이 필요한 때에 적합하고, 일관성 있게 공급되지 않고 매우 불규칙하게 공급되기 때문이다. 그래서 음식이 공급될 때마다 놓치지 않기 위해, 생존하기 위해 폭식을 함으로써 음식을 저장하는 것이다. 자기상실의 두려움 때문에 자기중심적 행동과 사고를 하는 것이다. 결국 박탈에 대한 두려움이 폭식을 하게 한다. 둘째, 이 폭식은 정서적 결핍에 대해서 정서적 관심을 받기 위한 시도이다. 이것은 음식을 매개로 한 정서적 관심을 획득하려는 것이다. 폭식을 함으로써, 비정상적으로 음식을 과하게 섭취하는 과정에서 부모가 자신에게 염려나 관심을 가지면서 관심을 보인다. 무관심보다 폭식을 염려함으로써 부모가 보이는 지나친 관심과 통제라도 이것은 관계성을 가질 수 있기 때문이다. 즉, 관심이라는 것을 받기 위해서 폭식을 시도하고, 다른 때는 관심이 없던 부모가 자신이 폭식을 할 때 관심을 가지는 것을 정서적으로 민 감하게 획득한 아동은 이 시도를 함으로써 부모의 관심을 받으려 고 하는 것이다.

이 폭식은 성장하면서 아동이 앞으로 살아갈 세계에 속에서 삶 과 미에 대한 무관심을 의미한다. 그래서 폭식의 내면적 상태는, "폭식은 어떤 것에 대해서도 특별한 가치를 부여하지 않는다. 다만 먹고 소화시켜 버리는 것이다. 맛을 보지 않고 삼켜 버린다." 더 나 아가 이 폭식은 인간성을 파괴하는 생각을 하고 있다(Capps, 1983, pp. 22-25).

삶과 미(美)에 대한 무관심은 심리적·육체적인 심한 불안에 서 기인하는 것이며, 심화되면 죽음으로까지 확장될 수 있다. 또 한 폭식 성향은 삶의 미에 대한 것을 파괴하고, 한 사람으로 하여 금 질보다는 양을 생각하게 하고, 수단과 방법을 가리지 않고 목 적을 성취하려는 성향을 가지게 한다. 그러기에 주위 사람들과 동료의식을 가지기보다는 자신의 목적을 방해하는 사람으로 생 각하게 되므로, 인간성을 파괴하려는 생각을 가지게 된다(임경 수, 2013, p. 218).

박탈에 대한 두려움, 갑자기 부모가 없어지는 것에 대한 두려움 이 대상이나 음식에 대한 집착을 낳게 되는데, 아이들이 어머니에 게 집착하고 떨어지지 않으려고 할 때는 불안 때문이다. 아이들은 환경이 낯설고, 졸리거나 배가 고플 때 부모에게 더 집착을 한다. 그러나 아이들이 어머니에게 달라붙지 않을 때는 어머니가 자신과 함께 있다는 것과 함께 놀고 있을 경우이다. 그래서 아이들이 자주 부모에게 집착을 할 때는 어머니가 안아 주면 이러한 행위는 점점 없어지고, 아이들은 주변의 환경에 대해 호기심을 가지고 탐험을 한다고 본다. 결국 불안이라는 것은, 과도한 불안은 시간과 공간 안에 주어지는 삶의 의미와 미에 대한 관심을 저버리는 결과를 낳는다.

두 번째 보이는 현상은 우상주의(Idolism)이다. 우상주의는 탐식이 정서적 결여에서 온 것과 같이, 불안 가운데 노출된 사람이 보일 수 있는 자기중심적 사고와 행동, 그리고 이것을 기초로 한 신앙생활과 연관이 있다(Capps, 1983, pp. 58-60). 우상이란 내 마음속에 있는 욕구를 가지고 그것이 하나님의 뜻과 동일하다는 생각을 하는 것이다. 진정한 신앙은 하나님의 뜻에 신자들이 따라가는 것이지만, 신경증 불안 가운데 살아가게 되면 자신의 불안 가운데에서 가지는 욕망을 하나님의 뜻과 동일하게 놓는 것이다. 그래서 하나님이 자신을 위해 살아 주길 원한다. 물론 표면적으로는 신앙을 가지고 있지만, 내면에는 신앙은 자신의 욕구를 위한 도구와 수단이 되는 것이다. 그래서 심리적 우상주의에 놓이는 것이다.

불안에 노출되면 마치 우상을 자신의 요구대로 만드는 것처럼, 대상에 대해서 무차별적 신뢰를 가지게 된다. 그것이 좋고 나쁘다라는 판단보다 내가 현재 가진 불안을 해소해 줄 수 있는가 없는가에 더 관심이 있고, 자신의 불안을 상쇄시켜 줄 수 있는 것에 신뢰를 가지는데 전적인 신뢰를 가지는 것이다.

에릭슨의 발달심리학에서 유아기를 지나면 다음 단계는 초기 아동기에 들어간다. 한 아동이 성장하면서 부모에게 받은 일관된 사랑, 환경에 의해서 변덕을 부리지 않고 꾸준하게 자녀에게 관심과 사랑을 제공하고 있다는 사실은 아동이 성장하면서 그리고 내외부적 곤란한 환경을 접할 때마다 이겨 낼 수 있는 정신적인 근거가

된다. 동시에 이러한 부모의 일관된 사랑은 아동에 대한 자기긍정
에 대한 영역을 허락해 준다. 물론 여기서 말하는 일관성이라는 것
은 전혀 변하지 않는 어떤 경지라고 말하기는 어렵다. 사람은 자신
이 바로 서려고 하지만 변화무쌍한 외부 환경에 영향을 받기 때문
에 일관성에 대한 흔들림을 경험한다. 그러나 환경의 어려움에도
불구하고, 그 어려움 속에서도 편차를 적게하여 일관성을 유지하
려는 것을 통해서 자녀들은 심리적 안정구조를 형성하게 된다.

에릭슨은 아동이 자신의 자율적인 마음과 행동을 보이는 시기에
가장 중요한 양극성의 구조를 '자율성 대 수치심'으로 보고 있다.
그리고 이 양극성의 구조는 아동이 한 행위에 대하여 수용(허락)을
하는가 안 하는가(불허)에 의해 아동이 자율성을 느낄 수도 있고,
수치심을 가질 수 있다고 본다(Capps, 1983, p. 62).

……의심(dobut)할 것 없이 (이 단계에 있는 아동은 부모가) 허
락하거나 불허하는 목소리의 음색과 말에 이미 나타난 것에 의해
서 자신이 잘못된 것인지, 잘한 것인지 혹은 깨끗한 것인지, 더러
운 것인지를 이미 파악하고 이런한 반응을 자신의 내부 양심과
외부 규칙에 연관시키려고 준비한다(Erikson, 1977, p. 92).

아동이 한 행위에 대하여 그것이 성인의 입장에서 좀 어색하거
나 완성도가 낮아도 자신이 한 행위를 수용하는 부모를 통해서 아
동은 자신에 대한 자존감을 느낀다. 즉, 내가 이 세상에서 환영을
받는 존재라는 것이다. 수용을 통해, 자신이 수용받고 이해받은 만
큼의 사랑을 성장한 후에 타인과의 관계에서 나타낸다. 엄격한 의
미에서 인간은 주된 돌봄자로부터 수용되고 허락된 만큼의 인간관

계의 지평선을 가진다. 그리고 이후에 사람들의 관계를 통해서 성숙은 할 수 있지만, 원초적으로는 성장과정의 주된 돌봄자로부터 받은 만큼의 사랑을 표현한다. 우리가 부모로부터 존중받은 만큼 내 자신과 타인에 대한 이해와 사랑을 가질 수 있는 원초적인 구조가 형성된다.

인간의 성장발달에서 최초로 자신의 근육(괄약근)을 움직이는 이 자율성 획득의 단계는 아동이 무엇인가를 할 수 있다는 것이 최초로 시도되는 기간이다. 이 짧은 기간 동안 아동이 처음으로 괄약근을 사용하여 할 수 있는 것은 배변훈련이다. 이 배변은 매우 자연스러운 현상이며, 아동에게는 하나의 창작품과 같은 것이다. 그러나 이때 부모의 눈높이에 의해 배변이 더럽거나 지저분하거나 하는 표현을 부모의 오감과 목소리의 높낮이 그리고 표정으로 하게 되는데, 언어의 의미를 알 수 없는 아동들은 부모의 이러한 표정, 오감, 소리의 톤을 통해서 자신이 하는 일이 허락되는 좋은 일 혹은 불허되는 나쁜 일이라는 것을 느끼게 된다.

심리학자 맥 애덤스(McAdams)는 유아는 어머니의 말에 녹아 있는 음색(tones)과 어머니의 얼굴 표정(images)을 통해서 자신의 세계를 형성한다고 본다(McAdams, 1993, p. 39). 어머니로부터 불허되는 것은 수치심을 안겨 주고, 이때 부모에게 받은 수치심은 아동의 뿌리 깊은 곳에서 자기의 전체가 흔들리는 느낌이다. 왜냐하면 자신의 전체이기도 한 부모, 타인과 자신을 구별하지 못하는 상황에서 부모가 아이에게 주는 부정적인 표현과 평가는 아이 존재 자체를 흔들기 때문이다. 그리고 아이는 수치심을 주는 부모에게 조금씩 분노를 느낀다(Capps, 1983, p. 44).

자신이 하는 일이 남들에 의해 무시되었을 때 어린아이들은 수치심을 느낀다. 자신이 하는 일에 대하여 습관적으로 무시당하면 내적 분노와 화를 불러일으키고, 심지어 폭력으로도 연장될 수 있다. 그리고 수치심은 서서히 외부세계에 대하여 자신을 통제하고 갇혀 살도록 만든다. 왜냐하면 수치심은 자신에 대한 의심과 동시에 외부세계에 대한 의심을 품게 하여 스스로를 외부로부터 통제하고 단절하기 때문이다. 그리고 아동기에서는 자신에게 수치심을 주는 부모에게 비밀스러운 분노를 느끼기 시작한다(임경수, 2013, p. 226).

배변이 부적절하고 수용되지 않는다는 사실을 안 아이는 자신이 부모로부터 수용되지 않는다는 사실을 알고 수치심을 느낀다. 아이 입장에서는 배변에 대한 문제가 아니라 부모가 자기에게 수치심을 준다고 느낀다. 이러한 평가가 계속 지속되면 아동은 배변을 머무르게(holding)하거나, 혹은 막 배출하는(letting go) 것으로 부모의 평가에 저항할 수 있다.

기독교상담신학적 관점에서는 자신의 일이 수용되지 않는 것으로 인해 수치심을 안고 살아가는 어린 시절이 지속되면 성장한 후에 허락과 불허의 평가로 인해 종교의 법, 사회정의에 대하여 판단하고 행동하는 데 영향을 줄 수 있다(Erikson, 1977, p. 92). 아동 자신이 수용되지 않았다는 것, 그리고 부모의 판단이 허락과 불허라는 구조는 아동으로 하여금 청소년을 거치면서 성인이 된 후에도 부모가 틀이 변화되지 않는 이상, 성인이 된 후에는 법과 사랑의 균형에 있기보다는 딜레마에서 빠지게 된다. 이것은 법과 사랑의 관점에서 종교적 판단을 하는데, 그 판단에서 사람에 대한 사랑이 기초가 되지 않고 문자나 현상에 의해서만 판단되는 것을 의미한다. 마치 종교의 덕목이나 법을 말하는 것 같지만 그 안에는 사람에 대한 배려가 없는 것과 같다. 종교에 대한 관심을 가지고 있는 듯 하지만 종교의 진정한 뜻을 버리고 있기에 이들은 "헛된 공의를 나타내거나 내용없는 회개"일 뿐이다(Capps, pp. 77-80). 이러한 사람들은 종교를 가지고 있지만 그 안에 종교성은 없고, 종교라는 형식만 있을 뿐이다.

발달심리학의 관점에서 성장 초기 단계에 부모와의 관계에서 잘못된 양육의 방식은 사람들에게 불안의 요소를 충분히 안겨 줄 수 있으며, 부정적인 내적 세계를 형성할 수 있다는 점을 살펴보았다. 동시에 이러한 양육 및 심리적 양육의 실패는 개인의 정서적 성장만이 아니라, 신앙의 형성과정에서 자신의 불안과 결핍으로 인해 균형을 상실한 신앙을 가지기가 쉽다. 결국 자신의 결핍구조를 가지고 하나님을 신앙하기 때문에, 신앙은 자신의 결핍을 세워 주기 위한 수단으로 변형이 되기도 하고, 율례는 있지만 사랑은 고갈이 되고, 형식은 있지만 내용이 없는 것, 종교는 있지만 종교성은 없는 신앙에 놓이기 쉽게 된다.

Ⅶ. 틸리히의 상관관계방법론을 통한 기독교상담신학

VII. 틸리히의 상관관계방법론을 통한 기독교상담신학

1. 상관관계방법론: 심리학과 신학

1) 심리학과 신학의 상관관계성

틸리히가 신학을 하는 데 사용한 방법론은 상관관계방법론이다(correlational methodology). 이것은 하나의 주제에 대하여 신학적으로 말을 할 때 외부나 내부의 관계적인 것과 상관성을 가지고 그 주제에 대하여 말을 해야 한다는 점이다. 물론 이 방법론은 신학이라는 것이 먼저 주체적인 것이 되기에 인간 내부나 외부의 문제들을 신학에 던지면 신학은 그 문제에 대하여 답을 해 줘야 한다. 그래서 사회의 현상에 대하여 동떨어져 있는 것이 아니고, 인간의 문제에 대하여 신학이 분리되어 있는 것이 아니고, 이것을 끌어 안아서 답을 해야 한다는 점이다. 이러한 점에서 그의 신학을 다른 한편에서는 '답해 주는 신학(answering theology)'이라고도 한다(Tillich, 1951, p. 22). 그의 이런 신학방법론은 독일에서부터 시작했고, 그는 신학적 질문에 대한 답을 하기 위해 인류학, 사회학, 심리학 그리고 연관된 학문과의 상관성을 가지고 학문을 하였기에 그의 신학을 '문화 신학(Theology of Culture)'이라고도 한다.

틸리히는 인간이 어느 시대에서나 하나님을 추구하였고, 이 추구를 다양한 시각에서 바라보았다고 생각하였다. 인간의 시각은 어느 누가 어떻게 하나님을 바라보느냐 또는 생각하고 그것들을 말과 글로 묘사하는 것에 대한 관심을 가지고 있다. 그리고 자신의 생각을 가지고 하나님에 대한 생각을 한다. 이것을 틸리히는 투사라는 표현을 했다. 그러나 그가 중요하게 생각하는 것은 투사에 대한 것이 아니라, 투사를 하게 하는 바탕이 되는 스크린(screen)이 있기 때문에 인간이 그 화면에 투사를 하는 것이다. 그래서 그의 주된 관심은 스크린이 되는 하나님이라는 궁극적 관심이다. 이러한 점에서 이 스크린을 바라보는 사람들은 다양한 시대, 환경, 인종 그리고 개인의 여건에 의해서 바라보고 있는 것이다(Tillich, 1958, pp. 16-17). 즉, 그는 스크린이라는 절대적 화면에 대한 것이 더 중요한 실체라는 것에 관심이 있고, 상대적으로 개인과 집단이 스크린에 투사하는 것은 상대적이고 다양할 수밖에 없다는 생각이다.

스크린에 대한 틸리히의 관점은 궁극적 관심에 대한 초점이다. 반면 대다수의 사람은 이 스크린이 되는 궁극적 관심에 있기보다는, 이 궁극적 관심을 바라보고 평가하는 것에 집중되어 있었고, 집단주의 사회에서는 이 집단세계의 주된 세력을 형성하고 있는 사람들의 관점이 궁극적 관심에 대한 정의가 되었다.

성직자는 하나님을 대리하고, 평신도는 성직자를 통해 나오는 메시지나 계시에 청종해야 한다는 믿음구조는 매우 절대적 권위나 변치 않는 중요한 하나님의 의도를 말하는 것 같지만, 자칫하면 자기모순 구조에 빠져서 성직자도, 평신도도 믿음으로 인해 벗어나지 못하는 모순에 빠지게 한다. 하나님은 충분히 권위적이기도 하지만, 충분히 관계적이기도 하다. 다만 이 궁극적 관심인 하나님에 대한 인간의 해석은 시대와 개인의 문화에 따라서 다르게 해석되고, 더구나 사회적으로 권위적인 구조에서는 그 해석이 더 편파적일 수밖에 없다. 즉, 그 시대의 문화구조 속에서 하나님을 보는 것이다. 그래서 이러한 사회구조에서 나오는 하나님에 대한 신학이나 신앙은 충분히 편협성을 가지고 있다는 사실을 인정해야 한다. 그리고 이러한 편협성을 극복하기 위해서 인간과 하나님에 대한 새로운 평가와 해석이 가능케 할 수 있는 학제 간의 대화를 통해서 고민들이 진지하게 진행되어야 할 것이다.

틸리히 시대에 그는 시대의 신학을 앞서가는 신학자였다. 좀처럼 학제 간의 대화를 시도하기 어려운 시대에 그는 신학이라는 것이 하나님의 대한 신학이 아니라, 인간의 질문에 대하여 교회와 신학이 답해야 하는 학문으로 보고 있었다. 그래서 이러한 인간에 대한 고민을 좀 더 풀어 주고 길을 제시할 수 있는 학문을 심층심리학(정신분석학)으로 보았다. 물론 틸리히가 오늘날 생존해 있다면 정신분석학을 기초로 해서 파생된 새로운 심리학의 세계가 많이 있어 그것과 교류를 해 가며 인간 존재에 대한 문제를 규명해 나갔겠지만, 틸리히 시대에 인간에 대한 가장 깊은 고민을 던진 학문은 정신분석학이었기 때문에 그것을 근거로 틸리히는 인간에 대한 번민을 신학과 함께 접목시켰다.

인식론적 측면에서도 역시 하나님(the divine)과 인간의 관계
성은 상호의존적이다. 상징적으로 말하면 하나님은 인간의 질문
에 답을 하고, 하나님 답의 영향 아래서 인간은 그 답을 물어본
다. 신학은 인간의 실존 안에 함유된 질문을 형성하고 인간의 실
존 안에 함축된 질문들의 안내하에 신성한 자기현현 안에서 함
축된 답을 형성한다. 이것이 질문과 답이 소원(estrangement)
될 수 없는 지점에 인간을 몰아가는 순환이다. 그러나 이것은 순
간적인 것이 아니다. …… 인간이 가지려는 본질에 대한 일치와
인간의 무한성으로부터 유한성 인간의 실존적 소원의 현상은 인
간이 자신에게 속한 하나님에 관하여 물어보는 능력이다. 인간
이 반드시 물어봐야 하는 이 질문은 인간이 하나님으로부터 소
원되어 있다는 것을 지적하는 것이다(Tillich, 1951, p. 61).

틸리히는 인간과 하나님과는 긴밀한 관계성이 형성되어 있는
것을 전제로 하기에 인간 존재에 대한 질문을 하나님에게 하는 것
이 매우 자연스럽다. 왜냐하면 하나님과 인간의 관계성은 상호의
존적으로 보기 때문이다. 그리고 인간의 실존에 대한 질문은 인간
의 '소원(estrangement)'에서 발생하는 자연스러운 질문이며, 동시
에 이 질문은 인간이 본질로부터의 근원을 가지고 있다. 그리고 이
러한 질문에 대한 답을 신학이 제시해 주어야 하는 것이다. 그런데
앞서 언급한 집단주의 사회에서 개인의 정체성은 집단에 의해 주
어지고 결정되는 것이기에 이 집단에 대항하여 반대되는 의견을
물어볼 수 있는 사람이 없는 것처럼, 집단주의 사회에서는 모든 개
인의 정체성은 곧 집단이 대변한다. 그래서 이 구조에서 집단을 배
반하거나 집단과 다른 생각을 가질 수 있다는 것은 상상하기 힘들
다. 이러한 사회에서는 집단은 있지만 개인은 없는 것과 같다. 그

래서 모든 정체성을 집단을 위해서 살아가고 죽어가는 것이다. 집단사회와 신분사회가 르네상스와 종교개혁을 통하고, 산업혁명을 거치면서 개인이 집단에 대하여 반대할 수 있는 힘이 생겼다. 구원의 개념도 민족적인 집단개념에서, 개인주의 사회에서는 개인적인 문제가 되었다. 신학적으로 말해 많은 개인이 집단 사회에서 할 수 없었던 궁금한 질문을 많이 할 수 있는 구조가 되었다. 그리고 집단주의 사회에서는 개인의 야망이나 도전 없이 체제 안에 살아가는 것이 소명이었다면 개인주의는 이 집단주의의 망상에서 벗어나 자신의 힘으로 무엇인가를 해야 하는 구조이기에 과거와는 다르게 많은 개인의 궁금증과 정신적 어려움이 있는 것이다.

인간의 질문과 신학의 답이 이제는 획일적이고, 암기에 기초한 것, 또는 관습에 따라 되풀이되는 식의 답은 통용되지 않는다. 결국 현대의 한국 교회에서 많은 사람이 기독교를 등지거나 떠나는 이유 중의 하나는 교회가 인간의 실존과 그 물음에 대하여 솔직하게 고민하지 않고 있다는 것과, 관습처럼 되풀이되는 도그마적인 틀에 의거한 답을 제시하는 것에 대한 염증이다. 마치 자녀는 학교생활과 친구관계에서 오는 문제들을 부모에게 호소하는데, 부모는 학업생활을 열심히 할 것을 말하는 것과 마찬가지다. 자신의 호소에 관심을 가지지 않는다고 사회 구성원들이 생각하게 되면 그때부터는 심리적 단절이 시작된다.

틸리히는 인간의 질문과 여기에 대한 교회와 신학의 답이 정확한 답은 나올 수 없지만 이러한 상호관계성 안에서 질문되고 답이 되는 순환의 과정을 통해서 무언가 정답에 가까운 지경으로 우리를 몰고 가 더 이상 분리가 이르지 않는 지점까지 갈 것이라는 생각을 가지고 있다. 여하튼 일방적인 대화나 신학보다 상호관계성

을 가지고 질문을 던지고 답을 내놓는 이러한 여정이 온전한 신앙
과 신학을 형성할 것이란 점이다.

　기독교상담학자 도널드 캡스는 에릭슨의 발달심리를 기초로 한
학령기에 속해 있는 청소년의 심리를 진리와 비교한다. 이 시기에
학생들에게 '공부'나 '성적' 또는 '학교'라는 것이 절대적으로 중요
한 요소로 생각하게 하는 구조에 노출되면, 이들 중에 이 요소를
성취한 학생들은 자신이 '진리'를 잡거나, 진리에 이르렀다는 생각
을 하게 된다. 반면, 이 요소를 가지지 못한 학생들은 자신을 무능
하거나 부적격자라고 생각한다. 이 요소들을 가진 학생들은 잘못
하면 '기술백치(crafticiody)'에 빠지게 되는데, 이 의미는 자신이 배
운 것들로 자신과 타인에 피해를 준다는 의미이다. 그래서 진리는
이러한 요소에 기초를 두고 있는 것이 아니라, 인간이 살아가는 장
(human contexts)에 대하여 생각하고, 말하고, 행동하는 것을 해야
한다. 이렇게 함으로써 인간은 진리에 조금은 더 가깝게 갈 수 있
다(Capps, 1983, p. 67). 인간의 현장을 도외시하는 모든 것은 결국
사람으로부터 버려진다.

　틸리히가 말하는 중요한 점은 인간의 실존 질문과 교회와 신학
의 답을 통해 온전한 신학과 신앙으로 가는 중대한 기초가 되는 것
은 사실이지만, 이러한 질문을 하는 인간의 행위는 인간이 이미
하나님으로부터 분리되어 있다는 사실을 지적하는 것으로 본다
(Tillich, 1951, p. 61). 왜냐하면 인간이 하나님으로부터 분리가 되
지 않았다면 이러한 질문을 할 수 없기 때문이다.

　신학과 신앙을 한다는 것을 혹자는 매우 특별한 것으로 볼 수도
있지만 신학과 신앙의 가장 큰 목적은 일상생활에서의 참의미의
회복이다. 애착이론가 볼비의 말처럼 일생을 일련의 소풍과 같이

살아가는 것이다. 오늘 하루도 소풍을 간다는 마음은 우리가 여러 가지 욕심으로 좌절에 이끌려 마음이 휘둘려 일상의 신학과 신앙을 상실해 버리는 것이다. 그리고 그 상실 가운데 매우 특별한 어떤 것들만을 찾아다닌다. 욕망과 좌절에서 빚어진 공허와 불안을 달래 줄 수 있는 것은 일상을 떠난 것에서 매우 특수한 것을 추구하기에 일상의 신학과 신앙이 들어오기 힘들다.

개인주의 사회에 진입하면서 개인이 집단사회와 분리되어 자기 정체성을 세워 가는 과정에서 겪는 불안과 고충, 그리고 인류 역사상 가장 비참한 제1, 2차 세계대전을 거치면서 겪은 인류의 비극적 사건은 인간성에 대한 의심과 회의, 그리고 신학적으로는 하나님 형상에 대한 정통 기독교 인간관에 대한 회의와 도전을 가져다주었다. 이렇게 인간 의식의 변화에 대하여 틸리히는 신학과 심리학이 분리되는 것은 실수였다고 여긴다. 왜냐하면 이 두 분야는 인간에 대한 공통적이고 기본적인 구조를 가지고 고민하기 때문이다. 그래서 심리학과 신학은 상관적인 해석이 있어야 한다(Tillich, 1984, p. 83).

"신학적 판단이 어떻게 심층심리학과 실존주의에 적용이 되었는가. 인간의 본질적 성향과 인간의 실존적 곤경의 관계는 신학이 실존적 분석과 심리학적 자료를 만날 때마다 첫 번째로 질문해야 하는 근본적인 것이다."(Tillich, 1984, p. 84)

2) 무의식의 욕망과 인간의 죄성

집단체제와 신분주의 사회를 벗어나 개인주의 사회에서 철저하

게 생존하면서 과도한 경제에 내몰리면서 생존해야 하는 현대인에
게 과거와는 상상할 수 없는 정도의 정신적 질환이 있다. 한 인간
으로써 생존을 위한 필요한 것들이 넘쳐 나면서도 더 많이 소유하
면서 동물적 본능의 인간으로 왜곡되어 살아가는 사람들은 더 증
가하고 있다. 이러한 현상은 현대사회에서 개인들에게 때로는 개
인방어기제를 발휘하여 생존했고, 어떤 사람은 영웅이나 자기중
심적으로 되어야 한다는 오이디푸스 콤플렉스에 놓여서 살아간
다. 이러한 현상에 대하여 틸리히 시대의 신학자들은 관심이 없었
고, 다만 인간의 무의식의 욕망을 설명한 심층심리학/정신분석학
에 의심을 가졌지만, 틸리히는 이것이 기독교적 관점에서의 신학
을 하는 데 매우 중요한 것으로 생각했기에 처음부터 환영을 했다
(Rogers, 1985, p. 102).

틸리히는 하나님의 형상을 지닌 인간이 지닌 모호성에 대해서
지적했다. 하나님의 형상이라는 완전체가 있지만, 이것은 동시에
자신의 한계성을 뛰어 넘으려는 유혹을 항상 받는 존재이다. 인간
은 하나님의 형상을 지닌 피조물로써 그 뛰어남에 기초하여 문화,
도덕 그리고 종교를 만들어 내지만 결국 이것들도 인간의 자기중
심적 성향으로 인해 자기중심적인 마성을 나타내는 데 이용된다.
이러한 인간의 모호성을 목격하면서 틸리히는 정신분석이 인간 존
재의 모호성을 해석하는 도움이 된다는 것을 발견하였다(Rogers,
1985, p. 103). 모호성을 가지고 있는 인간, 그리고 실존의 소외를
극한 지점까지 질문하지 않기 때문에 발생하는 현상 중의 하나는
'거짓-종교적 칭의(pseudo-religious justification)'이다.

기독교 신앙에서 복음은 값비싼 은혜로 주어진 것임에도 기독교
신앙에는 자기기만, '거짓-종교적 칭의'에 의해서 기독교의 진정한

가치가 가려져 있고, 권위적인 종교형식 아래 인간의 모호성은 그대로 감추어져 있다. 그래서 이러한 거짓된 것들로 인해 복음의 궁극적인 의미들은 사람들에게서 멀어져 있는 것이다.

> 이 고통에 찬 과정 없이 기독교 복음의 궁극적 의미는 인식될 수 없다. 그래서 신학자들은 실존의 모호성(ambiguities)에 대하여 평탄하게 넘어가려는 이상주의를 선전하기보다는 그들이 할 수 있는 한 인간의 참된 상황을 노출시키기 위해서 이러한 도구를 사용해야 한다(Tillich, 1966, p. 88).

틸리히가 말하는 기독교 신앙에서의 '자기기만' '거짓 종교적 칭의'라는 것은 무엇을 의미하는가? 예를 들면, 오늘날 우리는 값싼 복음이나 거짓복음에 대한 이야기를 하곤 한다. 그리고 이러한 것 때문에 기독교가 통째로 비난을 받는 경우도 있다.

죄인에서 의롭게 된다는 복음의 사실을 인간들은 너무나 쉽게 사용하고, 자기이기주의 입장에서 해석해 버린다. 이것이 거짓-종교적 칭의이다. 그러나 성서는 이렇게 인간과 하나님과의 직접적인 거래로 죄를 용서한다는 의미를 강조하지 않는다. 오히려 사람들에게 잘못이 있다면 먼저 그 사람에게 가서 용서를 구하고, 이후에 하나님에게 예배나 예물을 드릴 것을 권고하고 있다. 사람들이 이러한 절차를 밟지 않는 이유는 자의적으로 해석하고, 자기편의 위주의 신앙을 가지기 때문이다. 영화 〈밀양〉의 고발도 이러한 폐단을 지적하는 것이다. 정작 피해를 입은 사람은 아직도 피해 가운데서 헤어나지 못하고 고통을 받으면서 살아가는 데 가해자는 평화를 누리고, 더구나 종교의 이름으로 용서를 받았다는 말을 쉽게 하니 그것이야말로 거짓복음이라는 것이다.

신학자 니버도 사회학적 입장에서 솔직하게 인간 사상, 이념 그리고 기독교 신앙에 대해서 지적한다. 모든 인간 개인과 집단을 개인적 이기성과 집단 이기성을 가지고 있기에 사상과 이념, 신앙에는 이러한 이기성으로 인해 그 진실성이 어느 정도 오염되어 있다는 것을 인정해야 한다는 점이다. 이것을 보지 못한다면 거짓된 복음이나 신앙을 가지고 있는 것이다. 그리고 이러한 이기성에 깃들어 있는 복음은 인간이 살아가는 현장에서 부딪히고 살아감으로써 진정한 의미를 가질 수 있다고 본다(Niebuhr, 1953, pp. 11-15). 니버의 이야기는 기독교복음은 현장성이라는 필터를 거쳐서 좀 더 확연하게 진리의 모습이 나타날 수 있다는 것이다.

인간의 모호성이 가진 가능성과 파괴성은 그것이 개인에게 발생하였건, 사회적으로 발생하였건 그렇게 쉽게 생각하거나 해결될 사항이 아니다. 그래서 인간의 문제로 발생한 정신적인 문제들은 심층심리학과 신학이 더불어 좀 더 깊게 연구를 해야 할 과제이다.

> 정신분석학이 깊이 숨어 있는 인간의 무의식적 파괴본능에 대한 인간의 이해와 여기에 대한 실존주의적 신학 관점에서 본 신학적 인간이해는 상호보완적으로 기독교상담에 필요하다. ……
> 정신분석학은 인간이 가진 제한성과 소원(estrangement)을 지적하고 있으며 동시에 리비도가 가진 무의식적 파괴성을 말해준다(Tillich, 1984, pp. 85-86).

틸리히 관점에서는 정신분석학이 신학에 영향을 준 것은 인간에 대해서 반드시 알아야 할 심리적인 것을 그동안 간과하거나 망각했던 것에 대해 관심을 환기시킨 것이다. 중요한 기여는 '죄'에 대한 추상적 관점을 떠나 좀 더 구체적으로 알고 해석할 수 있는 것이었다(임경수, 2008, p. 351).

현대인이 고통을 받은 여러 가지 다양한 정신질환은 실체에 대하여 숨겨진 콤플렉스(hidden complexities)가 분명하게 있다. 이러한 숨겨진 콤플렉스는 더욱 더 억압받는 요소이기 때문에 인간의 무의식에 자리하고 있으며, 동시에 이 무의식은 의식적인 생활을 하는 인간을 조정하는 중요한 요소가 된다. 그렇다면 이러한 질환에 시달리는 사람들은 실생활에서는 자신이 무엇으로 인해 특정한 행동과 말을 하는지를 알 수 없다. 이유는 인간은 억압된 무의식에 의해서 움직이기 때문이다. 그리고 억압된 신경증은 생물과 같아서 비슷한 상황이나 여건이 되면 그 억압된 것을 다시 발휘하게 되는데 이것이 신경증의 중요한 단면이다. 그렇다면 이렇게 숨어 있어 인간의 의식을 움직이는 무의식의 실체는 고단한 작업의 노력 없이는 복음의 궁극적 의미를 인식치 못한다(Tillich, 1966, p. 88).

무의식의 실체를 알기 위해 우리는 프로이트의 무의식 정의를 볼 필요가 있다. 프로이트가 생각하는 인간의 의식구조론은 그의 활동 초기에 제기한 것이다. 그는 인간의 의식을 무의식(unconscious), 의식(conscious), 그리고 전의식(pre-conscious)으로 구분하였다. 여기서 무의식은 모든 인간정신활동의 에너지가 되는 것이다. 그러나 이것은 힘이 있지만 거칠고 원초적이기 때문에 현실적으로 나타날 때는 수용되기 어렵다.

무의식, 혹은 후에 그가 원초아(id)라고 칭한 이것은 쾌락원칙(pleasure principle)에 의거해서 살아간다. 다시 말해 인간은 쾌락원칙에 의해 살아간다는 점이다(Freud, 1959, pp. 66-69). 인간은 쾌락원칙을 벗어날 수 없다. 원초적으로 말해 성적 쾌락이라는 것이 있고, 보편적으로 말하면 인간은 매우 자기중심적으로 살아간다. 그러나 이러한 성적 쾌락과 자기중심적으로만 살아가는 것도 역시 자신을 잘 보이려고 하는 쾌락원칙에 위배가 되기 때문에 인간은 현실원칙(reality principle)에 준하여 쾌락원칙을 보류 내지 현실에 맞게 변형해서 살아간다. 이런 것이 문명에 녹아 있는데 그것이 매력과 미라고 보고 있다(Freud, 1961, p. 21). 즉, 인간이 만들어 놓은 문명은 인간의 본능인 쾌락원칙에 의거한 것인데, 쾌락원칙의 주를 이루는 성이라는 것이 외부로 노출되는 것은 바람직하지 않기 때문에 현실원칙에 따라 성을 문명에서는 미와 매력이라는 것으로 대체하여 발휘한다는 것이다. 이러한 점에서 모든 문명의 핵심에서 이 두 가지 요소를 배제하고 생각하기는 쉽지 않다. 그리고 이 원칙이 인간 정신세계를 지배하고 있는데, 그 범위가 인간의 소우주(microcosm)부터 대우주(macrocosm)까지 지배한다(Freud, 1961, p. 28).

전의식은 무의식이 의식화되기 전에 있는 일종의 검열기관이다. 이것을 통해서 무의식이 현실원칙에서 위배되는 것들을 배제하고 통용될 수 있는 것만 의식화되도록 한다. 후기에 프로이트는 이 의식 구조론을 성격유형론(typography structure)으로 변형하여 원초아(id), 자아(ego), 초자아(superego)로 명명하였다. 이 원초아는 매우 원시적 본능을 가지고 있으며, 혼란스럽고, 비논리적이고 비조직적이기에 모든 것을 자신의 만족을 위해 추구한다. 그러기에 원초아는 매우 충동적이고 자신이 원하는 것만을 하려고 하고 나머지는 관심을 두지 않는 미숙한 아이와도 같다. 그래서 원초아는 생물학적이고 신체의 본능적 욕구에만 관심을 가진다

(Snowden, 2007, p. 33). 동시에 이것은 비이성적이고 비도덕적이고, 자기중심적이기에 꿈이나 신경증적 현상에서 부분적으로 관찰할 수 있다(Snowden, 2007, p. 33). 이 원초적인 본능을 가진 원초아의 욕구는 과거에도 있었고 현재도 있고 미래에도 영원할 것이라고 본다. 이 말은 인간이 이 땅 위에 살아있는 이상 이 원초아의 욕구도 지속된다는 것이다.

초자아는 인간의 도덕, 교육, 종교 등을 통해서 이상적으로 형성된 것이다. 그러나 이러한 이상적인 것들이 현실을 고려하지 않아 현실성이 없다는 점이다. 그래서 이 초자아는 세 가지로 나뉜다. 첫째, 양심이다. 자신의 잘못된 행동으로 인한 처벌에 의해 형성된 것이다. 둘째, 원시적 양심으로 유아 때 부모의 허락과 불허락에 의해 형성된 것이다. 셋째, 자아이상(ego-ideal)인데, 이것은 행동에 대한 보상에 의해 발달된 것이다. 이 초자아는 인간에게 무엇이 바르고 나쁜 것인지를 알게 하여 수용될 수 있는 것과 수용할 수 없는 것을 조정하여 죄의식의 감각을 준다. 그리고 완벽한 자아상을 가지도록 요구하고, 다다르지 못했을 때는 자아에게 굴욕감을 준다(Snowden, 2007, pp. 106-107).

자아는 원초적 본능인 원초아와 초자아 사이에 위치해 있는 현재의 '나'다. 이 말은 인간의 현재인 나는 원초아의 무의식적 본능, 이기성을 가진 본능의 욕구와 교육, 종교 등을 통해서 형성된 초자아의 사이에 있는 인간이다. 다른 한편에서는 원초아인 쾌락원칙을 추구하려는 나와 쾌락만을 추구하고 나 중심만의 것으로는 안된다는 초자아의 현실원칙으로 고려하는 이 양자의 틀 속에 현재의 내가 위치해 있는 것이다. 베커의 재해석으로는 인간 안에 있는 동물적 몸(animal body)과 상징적으로 살아가고자 하는 상징적 자기(symbolic self) 사이에 갈등을 겪고 있는 것이 현재의 인간이다. 그러기에 인간은 모호성을 가지고 있을 수밖에 없는 동물이다(Becker, 1970, p. 26).

프로이트가 생각하는 인간의 모호성은 인간의식에 대한 이해에서 나타난다. 프로이트의 신경증에 대한 분석은 상당한 충격이 인간의 기억의 잔재로 남아 있고, 그 기억을 싫어하는 인간이 잊기 위해 억압을 하지만 그 기억은 다시 제2의 기억으로 살아남아 또다시 발생하려는 스스로의 생명성을 가지고 있음을 지적한다. 이러한 점에서 보면 틸리히의 지적처럼 신경증을 포함한 인간의 정신적 질환은 인간이 가진 모호성을 살펴보면서 관찰하여야 하는 고난의 작업이 있어야 한다. 이런 점에서 정신분석학에서 가장 중요한 것 중의 하나인 신경불안증을 가지고 있는 인간에 대해 기독교의 이해는 심리학의 풍부한 자료가 없이는 불가하다(W. Rogers, 1985, p. 104). 그리고 단순히 '믿음'으로만 해결된다는 점도 거짓된 종교적 칭의에 가깝다.이러한 사실이 인간 세계에 펼쳐지고 있음에도, 기독교는 인간의 모호성을 간과하고 부드럽게 모든 것을 넘어가는 이상주의에 빠져 있음을 틸리히는 보았다. 그래서 틸리히는 정신분석학이 발견한 원초아에서 발생하는 인간의 욕망이 기독교에서 정의하는 소외와 관계성이 있다는 것과 이 관계성에 대한 정의를 다음과 같이 말한다.

죄는 본질적인 존재로부터의 분리와 소외(estrangement)이다. 이것이 본래 의미이다. 그리고 만일 이것이 심층심리학 작업의 결과라면 이것이야말로 심층심리학과 실존주의가 신학에 제공하는 위대한 선물이다(Tillich, 1984, p. 82).

이러한 점에서 심층심리학(정신분석학)은 그동안 인간이 하나 님의 형상으로 지어졌다는 담론에 대하여 가차 없이 허무하게 만 들었지만, 신학으로 하여금 인간의 정신적 구조에 마성적 구조 (demonic structures)가 있다는 것에 발견하는 데 도움을 주었다고 보았다(Tillich, 1984, pp. 92-93).

3) 정신분석학과 틸리히의 신학

프로이트의 심층심리학은 확실히 틸리히의 인간이해와 신학에 많은 영향을 주었다. 물론 여기에는 긍정적인 면과 미흡한 점이나 부정적인 면이 분명히 있다. 프로이트의 긍정성은 성담론, 인간의 무의식적인 욕구 그리고 역사에서 보인 기독교의 신앙을 빙자한 종교적 폭력성에 대한 그의 '종교에 대한 정직성'이다. 그리고 이 정직성은 지적인 정직과 합리적 비판을 기초로 있다(Küng, 2003, p. 130).

인간의 본능인 성에 대한 근본적인 억압은 프로이트의 지적과 같이 본능을 억압하는 구조가 낳은 부작용도 분명히 있다. 예를 들 어, 강력한 청교도적인 품성 양육방식은 강한 드라이브를 걸어서 교육이 되기 때문에 겉으로 보기에는 좋은 결과를 가져올 수 있지 만, 내적으로는 심리적 재앙을 초래한다(Tourier, 2003, p. 195). 이 유는 인간이 천부적으로 부여받고 있는 성에 대한 몰이해를 하고 억압하였기 때문에 심리적 온전함이 없는 것이다. 즉, 이런 종교교 육은 극단적일 수 있고, 인간을 이분법적 구조에서 보기에, 자기와 다른 것을 수용할 수 없게 된다. 또 다른 예는 프로이트의 정신분 석학은 초기에 유럽 대륙에서 환영을 받지 못했다. 그것은 그가 유

대인이라는 것과 당시 사회가 가진 반유대 정서, 그리고 프로이트
가 행한 당시 기독교에 대한 신랄한 지적비판 때문이었다. 그러나
프로이트의 심리학은 초기 미국 대륙에 상륙해서 환영을 받았다.
'왜 미국 대륙에서 환영을 받았을까?'라는 질문에 대하여 커즈웨일
(E. Kurzweil)은 미국의 청교도적 가치에 기초한 교육에서 사람들
이 성에 대한 불합리한 억압을 느꼈을 때 프로이트의 성담론이 미
국인에게 해방의 창구 역할을 했기 때문이라고 설명한다(Kurzweil,
1989).

　프로이트 심리학이 틸리히의 신학과 기독교상담에 주는 긍정성
은 두 가지이다. 하나는 그가 현대로 이야기하면 학제 간 대화를
통하여 인간이 가진 공통적 문제를 심리학적 이해를 통해서 보려
는 시도이고, 둘째는 틸리히가 제시하는 기독교 신앙과 기독교상
담에 대한 재해석이다. 그는 심리학이 특별히 프로이트의 정신분
석학을 통한 인간의 이해가 인간을 단순하게 이해하는 기독교 신
앙에 도움을 줄 수 있다고 생각한다.

　그러나 프로이트가 결정적으로 약한 것이 있다고 본다. 심리학
자들은 인간의 모호성을 연구하고 탐구하고 관찰하는 데 도움을
주고 있고, 그들의 통찰이 기독교신학과 상담에 통찰을 제공하는
것은 사실이지만 치료에는 약하다는 점이다. 즉, 심리학자들에게
는 궁극적 관심인 하나님에 대한 것이 미약하다는 것이다(Rogers,
1985, p. 106). 예를 들어, 프로이트가 쾌락원칙을 추구하는 인간의
원초아의 본능에 대해 개인과 사회가 억압을 하고, 이 억압으로 인
해 개인적인 정신 문제가 발생한다고 보는 관점이 오늘날에는 적
용이 될까 하는 점이다. 왜냐하면 오늘날의 성의 문제는 억압으
로 발생하는 것이 아니라, 남용이나 절제의 부족으로 발생하는 것

과, 살아가는 삶의 규범과 의미에 대한 인식 결여 때문이다(Küng, 2003, p. 164). 오히려 합리적이며 훈련된 신앙은 사람들에게 규범과 의미를 가져다줄 수 있다.

신학자 한스 큉이 지적하는 것은 프로이트의 성담론이 인간의 소우주부터 대우주까지 지배하는 원초적 본능이라면, 이 성담론은 오늘날에도 억압으로 인한 문제에 대해 개인적으로나 사회적인 문제가 되어야 한다는 점이다. 그러나 오늘날의 문제는 억압에서 오는 것이 아니라, 억압이 되지 않고 자유분방한 것이 문제이고, 이런 것은 삶에서 교육을 통한 의미와 규범의 결여가 성의 혼란을 만들었다고 보는 것이다. 결국 큉의 입장에서는 성의 억압과 그 파생적인 문제는 교육을 통한 의미부여와 규범의 결여로 인해 발생한 것이라는 점이다.

사실 큉이 프로이트의 성담론에 대한 반박을 보충해 주는 근거가 있다. 프로이트는 비엔나 대학에 입학 후에 의사가 되는 길을 선택을 하였지만, 당시 반유대적인 정서에 막혀서 의사가 되는 길이 좌절되었다. 그래서 장래의 진로에 대한 대안으로 찾은 것이 정신분석이다. 그리고 이 정신분석의 핵심, 인간의 신경증적 불안 문제에 있는 최고의 핵심을 '성'과 이에 대한 억압으로 보았다. 이러한 논리를 가지고 비엔나에 설립한 비엔나 정신분석학회에 소속된 회원은 아들러, 융 등이 있다. 그러나 이들이 프로이트를 떠난 것에는 프로이트가 강조하는 성과 억압에 대한 논리의 집요성과 강조 때문이었다(Jung, 1989).

성과 억압에 대한 강조가 보편적 원리에 위배되는 프로이트의 성담론은 그의 성장환경과 사회적 환경과 밀접한 연관이 있다. 프로이트 만이 아니라 모든 사상과 이론들은 그것을 주장하는 사람

들이 어떠한 사회적 환경에 노출되었으며, 부모들이 지향하는 가
치관과 생활이 어떠한가는 중요한 영향을 미친다. 사람을 둘러싸
고 있는 당시 사회문화의 가치도 중요한 영향을 가져다준다. 그가
성담론을 이야기하기 위해 가져온 '오이디프스 콤플렉스(Oedipus
complex)'의 경우는 가족환경에 왔다고 본다(Gay, 1988). 프로이트
의 아버지는 상처를 한 후 두 번째 부인인 아말리아(Amalia)와 재
혼을 했을 때, 전처의 자녀인 첫째는 이미 결혼을 한 상태였고, 아
말리아보다 나이가 많았다(Schur, 1972, p. 20). 프로이트는 성장하
면서 어머니의 사랑을 독차지하고 싶었다. 그의 어머니는 프로이
트의 영특함으로 인해 어린 시절부터 프로이트에게 '금쪽같은 내
새끼'란 표현을 했다. 어머니의 사랑을 독차지하고, 사랑받고 싶은
프로이트는 자신의 아버지와 이복형에 대한 애증의 삼각구도를 형
성하였다(Gay, 1988). 동시에 당시 비엔나가 가진 성에 대한 복잡
한 문화가 프로이트의 이론에 영향을 주었다(Berzoff, 1996).

프로이트가 신경증을 성적 억압과 연관시킨 반면, 심리학자 칼
융은 자신의 내담자들이 신경증으로 고생하는 대부분이 의미의 부
재에서 온 것이며, 이 의미의 부재는 종교성의 상실에서 오는 것이
라고 보았다. 이러한 관점에서 '신경증'은 성의 억압에서 오는 것이
아니라, '성'은 인간의 근원과 일치하려는 인간의 근원적인 면에서
보았다. 마치 어린 시절에 부모의 절대적 돌봄이 불안을 상쇄시켜
주변에 대한 호기심과 탐구의 정신을 가지게 하여 도전하게 하듯
이, 인생의 중년을 지나면서 인간은 자신의 피조성에 대한 하나님
과의 관련성을 가지게 될 때 인생 의미를 가지게 된다. 그렇게 됨
으로써 자신이 인생 전반에 추구하고 또는 현재까지 추구하는 성
공이나 성취라는 방식이 인생을 살아가는 데 모든 것이라는 환상

을 버리게 된다. 그리고 어쩌면 인생 전반에 중점적으로 성취와 성
공만이 진리라고 여긴 것들이 허위였음을 알게 된다. 이러한 과정
에 종교라는 것이 중요한 역할을 한다. 그러나 융에게는 종교의 의
미는 도그마와 형식을 쫓아가는 종교의 틀을 의미하지 않고, 종교
성을 의미한다. 이 종교성을 틸리히는 영혼(soul)이라고 했으며, 이
영혼이 우리의 인격 안에 있다고 했다(Tillich, 1984, p. 91). 이러한
관점에서 프로이트의 성담론이 단지 변하지 않는 본능이고 인간이
이 땅 위에 남는 한 지속될 본능이라는 점은 인간의 표면적 현상에
서만 본 관찰이다. 오히려 인간의 성에 깊숙이 놓여 있는 이면적
이유가 되는 인간 근원에 대한 갈급함을 보지 못했다.

　애착이론의 관점에서는 인간이 성에 대한 병적인 관심이나 행위
는 초기 애착관계형성의 문제로 보는 것과 같은 관점이다. 이 애착
형성의 문제가 본능적인 성의 문제를 낳는다는 것이다. 틸리히도
리비도에 대한 표면적인 해석을 하기보다는 이면적인 본질성을 회
복하려는 희망을 보았다(Tillich, 1957, p. 45).

　　프로이트에게 리비도(원초아)는 인간의 실존이지만, 틸리히에
　게 리비도는 인간이 본질성을 회복하려는 희망으로 본 것이다.
　마치 누구를 증오한다는 것은 사랑의 가능성이 있다는 것과 같
　은 마음의 도식이다. 이것은 프로이트가 보지 못한 틸리히의 신
　학적 통찰이다. 즉, 미움과 파괴를 자행하는 인간의 무의식은 그
　깊은 내면에 구원을 기다리고 있는 본질이 있다는 의미이다. 본
　질을 회복하고자 하는 인간의 구원욕구는 심리적이고 의술적인
　방법으로 제공할 수 없는 것이 인간의 한계이다(Tillich, 1984,
　p. 92).

본질을 회복하고자 하는 욕구는 리비도의 욕망과 좌절에서 나타난 모든 신경증적 불안의 현상에서 볼 수 있다. 인간의식의 기계론적 방식을 주장한 프로이트에게 이 신경증적 불안이 영혼이나 신앙과 연관이 있다는 것은 용납되지 않았다(Wilhelm, 2002, p. 60). 왜냐하면 그는 인간 의식이 기계적이고 물질적이라고 생각했기에 여기에 영혼이나 신앙은 관여할 수 없기 때문이다. 그러나 틸리히의 생각은 근원과 본질에 하나가 되려는 인간의 좌절하는 몸부림은 단순히 의술적인 방법이나 심리적 차원에서 해결을 볼 수 없는 것이다. 왜냐하면 이것은 인간과 종교성에 대한 상관관계이기 때문이다. 인간 문제는 인간인 상담자를 넘어선 신적 실체의 도움으로 치료될 수 있다(임경수, 2008, p. 352).

인간의 종교성에 대한 관심은 종교학자 엘리아데(Mircea Eliade)의 조사에 잘 나타나 있다. 엘리아데는 성(聖)스러움을 추구하는 것은 인간 존재의 한 부분적 요소로 보고, 인간의 경험 어디엔가 절대적이고 진실되고 의미있는 것이 존재하며, 이것은 인간 가치의 핵심에 근원이 되는 중요한 것으로 본다. 이러한 면에서 인간은 존재의 의미를 가지지 않고는 살 수 없기에 그것을 구할 것으로 생각한다. 그는 성스러움을 다음과 같이 인간 의식과 연관시킨다. "만일 성스러움이 내가 생각하는 것처럼 진실한 것이고, 의미있는 것이라면 성스러움은 인간의식구조의 한 부분이다"(Eliade, 1987, p. 101).

프로이트의 성담론이 인간을 이해하는 데 도움이 안 된다는 말은 아니다. 충분히 이해되지만 그 담론의 핵심이 너무 개인적인 의견을 보편화하려는 경향이 문제라는 것이다. 오히려 엘리아데나 융과 같은 이들이 지적하는 인간이 성스러움을 추구하고, 이 성스러움이 인간이 살아가는 데 의미를 줄 수 있다는 해석이 좀 더 의미가 있다는 것이다. 그러면 인간에게 진정한 의미를 찾아가는 과정이 고대인에 비해 현대인에게는 약한 것일까? 인간의 의식에 성스러움을 찾아가는 것이 본능이라면 왜 우리는 찾아가는 것이 더디고 힘이 든 것일까?

틸리히는 이 질문에 대해 현대인은 다른 시대의 사람과 비교해서 경건하지도 않지만 불경건하지도 않다는 의견을 내놓는다(Tillich, 1988, p. 43). 다만, 현대인이 깊은 차원인 영적 차원을 상실한 이유는 인간의 본성이 인간을 조정하는 과학적이고 기술적인 대상에 집중되어 있기 때문이다. 그래서 인간이 수직적으로 향하는 종교성에 대한 수직적 차원은 상실되어 가고 이것을 대체하는 수평적 차원에 대한 관심이 있어 사람들은 더 좋게, 더 많이, 그리고 더 크게라는 것에 익숙해진다고 보고 있다(Tillich, 1988, p. 43).

인간 안에 있는 수직적 차원에 대한 관심을 어떻게 불러올 수 있을까? '더 좋게 더 많이'라는 슬로건은 인간에게 수평적 차원의 관심을 가지게 한다. 수평적 차원에서의 인간기술과 과학문명의 발달은 인간의 의식에 두 가지 영향을 준다. 하나는 '즉각적인 만족(immediate gratification)'을 추구하는 양식으로 변했다. 산업화가 많이 되지 않은 사회, 특별히 농경사회에서는 사람들이 조급하지 않고 기다리는 습관에 익숙했다. 그러나 산업화는 더 빠르게 움직이고 반응을 해야 하는 시대로, 사람의 정신적 구조를 바꾸어 버린다. 빠른 것의 좋은 점도 있지만 인성 면에서는 조급한 인간에게 가져다주는 이익은 없다. 미래를 기다리면서 현재를 준비한다거나, 책임을 짐으로 자유의 열매를 나중에 누리려는 자세는 현대인에게 점점 멀어져만 간다. 둘째, '나만을 위한 세대(me-generation)'

이다. 고도의 산업화는 가족의 중심을 가족 공동체에서 '나'로 우리를 변화시킨다. 그래서 모든 것의 중심은 내가 되어야 한다. 가족과 구성원을 위해 헌신이 필요하지만 이제는 내가 가장 우선이 되는 구조이다(Berger, 1974). 그래서 이 수평적인 것만이 주된 목적이 되어 가고, 나와 빠른 것에 익숙해진 현대인에게 어떻게 수직적 차원의 하나님이 관심이 대상이 될 수 있고, 잃어버리거나 잊혀 가는 삶에 대한 본질적 의미성을 회복해 갈 수 있을까? 틸리히는 이러한 질문에 대하여 다음과 같이 답한다.

> 어떤 사람도 현재를 멈추고 자신을 생각하지 않고는 깊은 심연과 같은 차원을 경험할 수 없다. …… 일시적이고 한시적인 관심이 얼마나 중요하고 가치있으며 흥미로운 것인가에 관계없이 (사람들의 마음이) 고요해지지 않는 한, 궁극적 관심(ultimate concern)에 대한 것을 들을 수 없다. 이것은 우리 시대에 깊은 차원의 상실 중에서도 가장 깊고, 가장 근원적이며, 거시적 의미에 있어서 종교상실이다(Tillich, 1988, pp. 43-44).

한시적이고 일시적인 것들로부터의 무관심, 연속적으로 흘러가는 조류에 자신을 맡기는 것으로부터 잠시 정지해서 자신을 바라보지 않는 한 깊은 차원의 소리를 들을 수 없고 궁극적 차원에 대한 것을 수용할 수 없다. 어쩌면 틸리히의 이러한 주장은 인간의 실존에 대한 명확한 관심을 말하는 것은 아닐까 생각한다. 즉, 현실에 놓여 있는 자신을 객관적으로 보기 위한 멈춤이 필요하다는 의미이다. 이것은 자신을 포함한 자신이 놓인 상황에 대한 실존적 물음이다. 인간이 가지고 있는 양면성, 원초아의 동물적 욕구와 초자아의 다다를 수 없는 도덕적 요구 사이에서 번민할 수밖에 없는 인간의 실존을 보는 것이다. 그리고 원초아의 거대한 욕망이 원시적이고 거친 감정을 가지고 있으며, 논리성으로 설득되지 않는 감정의 덩어리임을 지각하고 있는 인간이지만, 동시에 초자아의 높은 도덕적 경지에 따르지 못하는 인간의 실존이라는 양면성을 보는 것이다. 필자는 이것이 곧 인간 실존의 모습이라고 본다. 그리고 이 실존의 중요성에 대하여 신학자 샤르댕(Chardin)은 다음과 같이 지적한다. "인간이 실존하지 않는 한 어떻게 자신을 하나님께 드릴 수 있는가?"(재인용, Tourier, p. 156).

신학적인 관점에서 프로이트보다 인간의 실존 문제를 정확히 본 사람은 많지 않다. 대부분의 심리학자는 인간의 실존에 대해서 긍정적인 관점을 제시한 반면, 프로이트는 정확하게 인간이 처해 있는 실존적 실체를 보았다(Tillich, 1984, p. 90). 인간에 대한 프로이트의 실존적 해석과 인간에 대한 고민을 내놓은 실존주의의 움직임은 신학을 위해서는 무한적인 가치를 제공하는 것이다. 이 양자는 이천년의 기독교 역사에서 인간에 대하여 우리가 반드시 알아야 할 사실이지만, 잊혀지거나 파묻힌 인간에 대한 자료를 가져다 준 것이다. 이 양자는 '죄들(Sins)'과 '죄(Sin)'를 구분하지 못하는 비지성적 정의에 대한 의미를 다시 발견하도록 하였다. 여기서 '죄'는 인간이 본질로부터 소외되고 분리되는 것이다. '죄들'은 본질에서 벗어났기에 파생되는 것들이다. 그리고 실존주의와 정신분석학은 우리의 의식과 행동을 결정하는 마성적 구조를 발견하도록 신학에 도움을 주었다(Tillich, 1984, pp. 92-93).

프로이트의 정신분석 도움으로 우리는 신경증과 신경증이 가져다주는 불안의 구조를 이해할 수 있다. 그 불안은 성장과정에서 겪는 트라우마적인 사건이고, 개인의 기억에서 삭제할 수 없고 아픈 기억들이 무의식화 되어 의식세계에 있는 우리에게 재발되는 것이다. 그러나 이런 심리학의 통찰이 인간을 궁극적 관심(Ultimate Concern)으로 초대할 수는 없다. 인간을 생물학적 관점에서만 바라보는 정신분석학의 관점은, 고대인들이 자신의 정체성을 '성(聖)'과 연관시킨 엘리아데의 관점과 신경증은 무의미에서 오는 것이며, 이 무의미는 종교적 관점에서 해소될 수 있다고 보는 칼 융의 관점으로 프로이트가 간과한 영역을 신학으로 초대해 주고 있다.

신학에서는 궁극적 관심으로의 초대를 중요한 문제로 삼고 있는 상황에서 심리학에서도 어쩌면 중요한 목표는 현 세대가 다음 세대에 궁극적 관심으로 초대하기 위한 교두보 역할을 하여야 한다. 발달심리학자 에릭슨이 두 가지 입장에서 현 세대가 성장하는 세대에게 어떤 책임을 져야 할 것을 강조한다. 그는 이 책임의 일환으로 현실에서 두 가지 문제가 되는 가난에 대한 것과 신경증 불안을 유발시키는 정서적 학대가 없어야 할 것을 지적했다. 이렇게 됨으로 인간으로서 살아가면서 마주쳐야 할 궁극적 관심인 하나님과 조우할 수 있도록 힘을 제공하는 것이라고 보았다(Erikson, 1964, p. 133). 틸리히보다 30년 후 사람인 에릭슨은 틸리히의 영향으로 그의 심리학에서 인간의 위기를 말하는 양극성을 언급하였고, 심리학에서 좀처럼 보기 어려운 궁극적 관심에 대해 표현하였다.

틸리히의 관심은 당시 심리학에서 궁극적 관심에 대한 미약함이었다. 이것은 이 책의 초반에 틸리히가 언급한 존재론적 불안(ontic anxiety)에 대한 것이다. 이 존재론적 불안은 단순히 정신분석에서 언급하는 인간심리구조로써는 헤아릴 수 없는 또 다른 영역이다. 물론 그렇다고 틸리히가 심리학의 도움을 간과한 것은 아니다. 다만 심리학이 간과하고 있는 존재론적 불안은 모든 인간이 가지는 근본적인 불안이고, 우리가 비존재라는 사라질 존재에 대한 보편적 불안을 심리학이 간과하고 있는 것이다. 신학과 기독교상담은 심리학이 간과하고 있는 비존재의 불안에 대하여 다음과 같은 도식을 제공한다. 존재의 선함(Being as being is good), 보편적인 인간의 소외, 그리고 구원의 필요성이다(임경수, 2008, p. 351). 이 세 가지 과정을 인간은 겪으면서 제3의 가능성을 통해 회복과 치유가 될 수 있다고 본다. "…… 존재론적 선함, 실존적 소외, 그리고 존재와 실존을 넘어 있는 제3의 어떤 가능성을 통하여 그 분열이 회복되고 치유가 된다"(Tillich, 1984, p. 88).

제3의 어떤 가능성을 통하여 인간의 실존적인 분열이 회복과 치유를 경험한다는 것은 인간의 모든 분야에 소외가 침투하였기에 인간은 스스로 치료와 구원을 제공하는 것은 불가능하다는 것이다(Copper, 2006, p. 98). 상담에서는 더 온전한 상담자가 아픈 사람을 치료할 수 있는 것과 같이, 모호성을 가진 인간을 치유할 수 있는 것은 인간의 모호성을 뛰어넘는 존재에 의해 치료될 수 있기 때문이다(Tillich, 1984, p. 149). 즉, 인간 스스로 정화되거나 자정되는 자가치료는 경험할 수 없다. 우리 모두가 실존적으로 소외되어 있고, 모호성을 가지고 경험을 하기 때문이다. 그래서 인간을 넘어서 있는 초월적 영역의 하나님의 개입 없이는 불가하다(McKelway, 1964, p. 197).

2. 기독교의 담을 넘는 기독교상담신학

1) 존재의 뿌리로써의 존재의 용기

정신분석학을 비롯해서 모든 심리학의 분야와 실존주의적 문학과 철학은 인간이 처해 있는 상황에 대하여 물음을 던진다. 인간은 왜 태어났으며, 무엇을 위해 살아가는지, 또 어떻게 살아야 하는지에 대한 것과 더불어 인간이 죽음을 맞이한 이후의 세계에 대한 것들에 대해서다. 그러나 이러한 모든 질문은 왜라는 질문을 제기할 뿐이지 이 질문들에 대한 답은 주지 못한다.

틸리히가 영국의 시인 엘리어트(T. S. Eliot)를 만나서 오랜 시간 동안 위에서 제기한 인간과 인생에 대한 대담을 나눈 일화를 소개한다. 연극과 시를 통해서 엘리어트는 자신의 세계와 그 세계에 대한 인간의 물음을 제기했지만 이것은 단지 물음에 대한 것이지 결코 어떤 답을 제시한 것은 아니다. 중요한 것은 인간에 대한 고민을 한 실존주의(existentialism)와 심리학이 인간에 대한 물음을 제기한 것은 그동안 당연히 질문해야 할 문제들을 물어보지 않은 것을 이 두 분야가 신학의 분야에 수없는 보물을 준 것과 같다(Tillich, 1984, pp. 94-95).

실존주의는 무의미함으로 인한 불안의 표현이며, 이러한 불안을 자기 자신으로서 존재하려는 용기 속으로 포섭하려는 시도의 표현이다. …… 인간은 자신이 만든 생산품에게 자신을 희생했다. 그러나 여전히 인간은 자신이 상실했고 또한 상실하고 있는 것이 무엇인지 알고 있다. 그는 변함없이 자신의 비인간화를 절망으로 경험하기에 충분한 인간이다. …… 오늘날의 실존주의 철학, 예술, 문학을 분석하는 이들은 그런 영역들이 지닌 불명료한 구조를 드러내 보일 수 있다(Tillich, 2006, pp. 175-176).

실존주의와 심리학은 인간이 실존에서 곤경에 처해 있는 상황을 보여 준다. 과거에는 하나님의 형상으로 창조되어 있는 절대적 명제로 인해 함부로 또는 감히 탐험할 수 없었던 인간의 본성과 실체였지만, 이제 그 안에 구성되어 있는 실존의 곤경과 모호성을 파헤치고 그것을 현 세상에 던져 놓았다. 틸리히는 이 분야에서 인간의 실존 상황에서 인간의 모호성을 파헤치는 작업이 신학에게는 엄청난 선물이고, 만일 신학을 하는 이들이 제기하는 인간의 문제와 모호성을 볼 수 있고 이해할 수 있다면 이것은 가장 중요한 것을 잡은 것이고, 최종적이고 결정적인 것을 만난 것과 같다고 했다(Tillich, 1984, p. 84). 이러한 관점에서 틸리히는 인간에 대하여 기독교가 이해하려고 하면 심리학의 풍부한 자료를 사용함 없이는 불가능하다고 보았다(W. Rogers, 1985, p. 104).

인간은 본질에서 벗어나 실존의 한계를 수없이 만난다. 틸리히는 실존의 한계를 인간이 가진 하나님의 형상에 대한 이중적 구조에서부터 말한다. 하나님 형상이 지닌 무한한 뛰어남이 인간의 세계에 도덕, 종교 그리고 문화를 만들지만, 하나님 형상이 지닌 또 다른 하나의 축인 자신의 한계성을 벗어나려고 하는 자유 그래서 자신이 무엇이든지 중심이 되려는 시도는 도덕, 종교, 문화를 자기중심적인 자리로 매김을 한다. 동시에 인간이 가진 시간과 공간에서 생명을 잉태하고 창조를 하지만 이 모든 것이 한계가 있다는 것, 그리고 인과율과 원인론에 대한 한계성과 모호성을 늘 가지고 살아간다(Tillich, 1951, pp. 194-195).

공간과 시간을 소유하려는 인간의 존재론적인 필연성은 사회적 자리와 지리적 자리에 애착을 가질 수밖에 없다. 어떤 면에서 불안 가운데 자리에 대한 것은 최소한의 생존을 위한 나만의 공간과 자리이다. 그러나 이러한 존재의 유한성은, 인간이 자신의 실존적인 불안을 수용하지 않는다면, 신경증적 불안은 자본주의 사회에 더 많은 것들로써 자신의 불안을 대체하려는 가치관으로 전락한다.

같은 관점에서 피터 버거도 현대사회에서 기술을 바탕으로 한 경제의 변형이 사회조직의 확장과 성장에 도움을 주었고 이러한 구조가 현대인에게 많은 영향을 미치고 있다고 보았다(Berger et. al., 1974, p. 9). 프로이트는 이러한 구조의 변형으로 인한 경제적 풍요는 현대인에게 왜곡된 가치관을 심어 주어서 거짓된 가치관을 가지게 되었다고 보았다. 구조의 변화로 거기에 경제적 잉여를 받아 살아가는 현대인에게 익숙한 가치관은 권력(power), 성공(success), 그리고 부(wealth)로 보았다. 그리고 우리는 이러한 가치관에 대해 아무런 비판없이 인생의 목적과 살아가는 이유로 당위성을 가지고 있다. 이렇게 익숙해진 가치관은 삶의 표준이 되고, 이것들이 마치 진정한 자기실현과 직결되는 것으로 되어 있다. 이것은 엄격히 말해 인생의 참된 가치와는 거리가 있는 것이다(Freud, 1961, p. 11).

틸리히는 인류에게 경제적 혁명을 통해서 생활의 변화를 준 가장 큰 원인은 이성의 시대에서 기술적 이성(technical reason)의 시대로 넘어갔고, 기술적 이성을 바탕으로 한 과학 혁명이 인간의 제2본능인 '자본'을 만들었고, 이 자본의 영향으로 인류는 서서히 잠식되어 가고 있다고 보았다(Tillich, 1988, p. 6). 이러한 영향으로 인간은 참된 것을 추구하지 않고 탐욕스러운 공간과 장소를 확보하려는 투쟁의 허무와 허구성 그리고 거짓진실에 들어간다. 인간이 소유하고, 소유하려는 모든 공간은 미래에 모두가 상실해 버릴 수밖에 없는 공간이며, 이러한 공간들과 인간은 필연적인 관계가 없다. 왜냐하면 인간 모두는 이 땅의 순례자이기 때문이다(Tillich, 1951, p. 195).

소유했던 공간과 장소의 상실, 그리고 최종적으로는 모든 것이 비존재가 된다는 죽음의 불안, 그래서 신경증적 불안 속에서 인간의 가진 에너지의 대부분을 이 비존재의 불안을 막으려고 시도하고 이로 인해 일상생활의 비정상화가 오히려 정상으로 여기는 사회와 개인적 구조에 살고 있다. 이 구조는 일상이 신앙이고 신학이 되는 일상의 소소한 행복을 상실해 버리고, 초월적이고 신비화된 것만이 기적과 복으로 생각하는 구조에 익숙해질 수 있다. 이것은 과도한 불안이 가져다 준 형태의 비극이다. 틸리히는 이러한 인간살이와 상황에 대하여 우리로 하여금 직면케 하는 것이 바로 인간의 실존을 날카롭게 보게 하고, 간과하거나 잊어버리고 있는 실존 상태를 보도록 하는 것이 정신분석학과 실존주의의 관찰이라고 보았다. 인간이, 이렇게 각 분야에서 고민하는 사람들이 인간의 상태를 관찰할 수 있다는 것은 인간의 전적 타락이 아니다. 왜냐하면 인간은 자신의 문제를 진단할 수 없을 만큼은 타락하지 않았기 때문이다(Tillich, 1984, p. 63). 그것이 실존주의 신학과 심리학에 묻어 있는 인간 실존에 대한 물음과 절규다.

그러나 이것은 인간에 대한 질문을 던져 우리로 하여금 생각에 잠기게 하는 것이지만 이것들이 결코 인간에게 답은 제시하지 못한다. 정신분석학적 통찰은 이러한 관계의 단절로 인해 교묘한 조작, 투사, 방어기제, 우울증이 숨어 있다는 것을 알게 하고, 용기 안에서 가지는 존재론적 불안은 우리가 인간의 근원이 되는 궁극적 기초와 잠재적 존재를 다룸으로 인해 인간이 자기 자신과 타인 그리고 자연으로부터 소외되어 있다는 불편한 진실을 탐구하게 한다(Rogers, 1985, p. 107). 즉, 정신분석학에서 인간이 가지는 신경증적 불안의 원인과 해석을 통해서 인간 안에 가지고 있는 원초아, 자아 그리고 초자아의 구조를 보게 하여 인간의 구조와 성향 그리고 문제에 대해 충분히 이해하게 하였지만, 모든 인간이 가지는 근본적이고 공통적인 비존재의 불안과 위협에 대해서는 또 다른 차원의 치료가 필요함을 알게 하였다(Rogers, 1985, p. 107).

> "존재의 궁극적인 힘과의 소외로 인간은 그 자신의 유한성에 의해 결정된다. 인간은 그의 타고난 운명 가운데 넘겨진다. 그는 무로부터 와서 무로 돌아간다. 그는 죽음의 권세 아래 놓이고, 죽어야 하는 불안에 의해 이끌린다"(Tillich, 1952, p. 66).

모든 사람이 근원적 불안을 가지고 있다는 것은 틸리히의 신학적 관점이 보게 하는 해석이다. 모든 인간은 이미 근원적인 불안을 가지고 있고, 인간에게 근원적인 불안에 대한 상담과 치료는 단순히 의학적인 영역에서만 아니라, 근원적인것으로부터의 치료가 있어야 한다. 그리고 이러한 실존의 질문에 대해 답을 가질 수 있는 것은 '용기'라고 제시한다. 이 용기의 근원은 다음과 같은 이유에서이다. 즉, 인간 실존과 한계와 모호성으로 우리는 비존재의 위협에 있지만, 이 비존재의 절대적 위험을 만든 이가 하나님이기에, 하나님이 이 비존재의 원인이기에 비존재의 불안과 질문에 대한 답은 하나님이다. 하나님은 인간의 두려움의 대상이기도 하지만, 용기 의 대상이기도 하기 때문이다(Tillich, *Courage to be*, 1953, p. 38).

실존적 불안을 수용하는 신앙이 근본적인 신앙이지만 이 신앙 은 완벽이나 완전을 이루었다는 것은 아니다. 오히려 궁극적 관심 에 대한 신뢰와 인정, 그리고 어두움에서 빛으로 점점 나아가고 있 는 매우 현실적이면서 진실하고 초연한 신앙이다. 실존적 불안은 존재론적 특성이 있기에 존재의 용기(신앙) 안으로 들어와야 한다. 이 존재의 용기는 하나님의 편재성에 대한 확신이며, 인간의 불 안에서 공간에 대한 집착에 빠진 강박관념과 불안을 극복하게 하 며, 실존적 존재들의 공간 소유의 불안을 감당케 하는 용기를 준다 (Tillich, 1951, pp. 276-278).

반면 병리적 불안을 가지게 되면 비현실적인 것에 기초하여 인 간의 자기긍정 속으로 빠져 들어가게 된다. 그래서 병리적 불안은 인간이 가지는 운명과 죽음이라는 한계에 대해 비현실적인 안전함 을 만든다. 이것은 병리적 불안이 비현실적 특성을 가지게 됨으로 운명과 죽음에 대한 방어기제를 사용하여 현실성 없는 안전함을 만들어 낸다. 죄의식과 정죄의 불안은 각각 상대적이고 절대적 특 성을 가지는데, 방어기제를 통해 비현실적인 완전함을 만든다. 어 떤 누구도 죄의식이나 정죄로부터 도피할 수 없음에도 자기 완전 함의 성을 만들어 버려 안전함을 만든다. 의심과 무의미함의 불안 은 비현실성 확실성을 만들어 낸다. 이런 비현실성을 기반으로 한 불안은 모두가 병리적 불안에 기초하고, 허상에 기초한 완전한 도 피성을 만들어 놓기에 이것은 의학적인 도움이 필요하다. 반면 실 존적인 불안은 성직자들이 해야 할 몫이다. 그러나 이 역할은 의사와 성직자가 각각 반대의 몫을 할 수도 있고, 이 두 가지 역할을 통해서 실존불안과 병리적 불안을 떠난 온전한 자기긍정을 가질 수 있는 존재의 용기를 가지도록 하는 것이다(Tillich, 2006, p. 112).

지금까지 인간이 가진 신경증적 불안과 존재론적 불안에 대한 틸리히의 이해를 살펴보았다. 이렇게 틸리히가 인간에 대한 심리적 이해와 존재론적 이해를 시도한 이유는 '용기'에 대해 이해하기 위해서이다. 틸리히는 예일 대학의 테리 재단(Terry Foundation) 후원으로 시작한 첫 강연의 첫 문장을 다음과 같이 시작한다. "(용기란) 인간 실존의 전 영역에 그리고 궁극적으로 존재 그 자체의 구조 속에 뿌리내리고 있다"(Tillich, 2006, pp. 6-7). 그리고 이러한 용기는 인간이 소외로 인하여 하나님과 거리가 멀어졌음에도 인간의 모든 뿌리는 하나님 앞에 있는 근원에서 발생한다. 이러한 분리와 소외에도 불구하고, 죄의식에도 불구하고, 인간은 하나님 관계에서 우리의 용납됨을 용납하는 용기가 있다. 그래서 인간의 존재의 용기는 용서에 대한 믿음이 있다. 여기에서 내가 용납되었다고 수용하는 종교적 용납은 의학적 치료의 수준을 넘어선 것이다. 이것은 용납할 수 없는 자를 용납하며, 치유하는 힘의 원천, 즉 하나님을 추구한다(Tillich, 2006, pp. 201-203).

존재의 용기는 용납될 수 없는데도 용납된 자로서의 자기 자신을 용납하는 용기라고도 말할 수 있다. 이것이 바울과 루터의 '이신칭의(justification of fatih)'교리의 진정한 의미라고 하는 사실을 우리는 신학자들에게 일깨워 줄 필요는 없다(Tillich, 2006, p. 15).

틸리히는 이렇게 용납되었다는 것을 수용하는 용기, 그리고 은
혜에 대하여 그 중요성을 설교를 통해서 인간이 하나님에 의해 수
용되었으며, 인간보다 뛰어난 하나님에 의해 수용되어졌다는 점을
강조했다. 동시에 인간은 그의 실체에 대해서 정확하게 알 수는 없
지만, 후에 그의 이름을 알게 될 것이라고 말했다. 중요한 것은 우
리가 그에게 수용되었다는 사실을 수용할 때 은혜를 경험하게 될
것이라는 점을 강조했다(Tillich, 2006, p. 16).

인간이 하나님에 의해 받아들여졌다는 것은 나의 근원되는 실
체, 존재와 비존재의 실체로부터 수용되었다는 것이다. 이것은 심
리학에서 말하는 신뢰감을 통해 어떤 관계가 형성된다는 이론을
넘어가는 것이며, 이것은 그런 신뢰감 이전에 있는 원형적인 신뢰
성을 의미하는 용기이다. 이 용기는 인간의 행함에 의해서 판단받
거나, 인간의 계획에 의해서 만들어지는 것이 아니다. 다만 이것은
주어진 것이고, 우리는 수용하는 용기를 가지고 서는 것이기에 이
것은 은혜의 경험인 것이다.

용기는 비존재의 허무에 대한 인간 존재의 자기긍정이다. 그래
서 이 용기는 비존재라는 허무를 초월하게 하는 힘이다. 비존재에
대한 영역을 틸리히는 '운명과 죽음의 위협' '공허와 무의미의 불
안' '죄의식과 정죄'의 불안이라는 것을 수용하고, 극복하는 것은
인간 자신보다 더 강한 존재의 영역 속에 뿌리를 두어야 한다고 보
았기에, 이러한 용기의 뿌리에는 종교의 근원이 있을 수밖에 없다
(Tillich, 2006, p. 193).

존재의 용기는 용납될 수 없는 사람이 용납된 자로 자기를 용납
하는 용기이다. 그리고 이 용기는 죄의 용서를 인정하는 것을 말
한다(Tillich, 2006, p. 202). 용납되었다는 용기, 즉 용납되었다는 것

을 수용하는 종교적 용납은 의학적 차원의 치료를 초월하고, 용납하고 치료하는 궁극적인 힘의 원천인 하나님을 추구하는 것이다(Tillich, 2006, p. 203).

2) 존재의 용기로써의 새로운 존재

앞에서 틸리히의 인간이해에 대한 양극성 논리에 영향을 받은 발달심리학자 에릭슨은 세대와 세대 간의 중요성을 언급하면서, 그 중에서도 기존 세대가 다음 세대에 남겨야 할 중요한 과제 중 하나로 '궁극적 관심'에 대한 전수를 언급하였다(Erikson, 1964, p. 133). 궁극적 관심은 틸리히가 사용한 용어이다. 틸리히는 기존 신학의 사상이나 용어가 기독교중심으로 사용되었기에 기독교 안에 있는 사람들에게는 이해가 용이하지만, 기독교 밖에 있는 사람들에게는 이해가 쉽지 않기 때문에 용어를 모든 사람이 보편적으로 수용할 수 있는 용어로 변형하는 것에 대해 관심이 많았다. 그중 하나가 하나님이라는 용어를 대신하는 '궁극적 관심'이고, 다른 하나는 '믿음'을 대신하는 '용기(courage)'라는 용어이다.

우리 자신이 하나님에게 용납되었다는 것, 우리가 어떠한 상황에 처해있든, 무슨 일을 했든, 어떠한 상처를 가지고 있든 용납될 수 없는 우리가 하나님 앞에 용납되었다는 용기를 가지고 서는 것은 은혜의 경험이다. 틸리히는 이러한 은혜를 경험하기 위해서는, 적어도 인간이 가진 모든 것이 수용되었다는 것을 어떻게 정당화할 수 있을까에 대한 물음을 제기하고, 거기에 대한 안내를 제시한다. 여기서 그는 이 물음에 대한 세 가지 관점을 말한다(Tillich, 1984, p. 53).

첫째, 인간이 창조되었을 때 가진 본래의 무죄(original innocence) 상태이며, 이것은 '꿈꾸는 무죄함(dreaming innocence)'의 상태이며, 철학적으로 풀이하면 잠재성을 가지고 있는 상태를 의미한다. 창조된 선함이라는 것이 완전이 아니라 이 또한 선함의 가능성이기 때문이며, 자신의 꿈꾸는 무죄함 상태를 초월하려는 욕구도 동시에 있기 때문에 이것은 인간에게 기본적인 불안을 가져다준다. 이러한 점에서 꿈꾸는 무죄함의 상태는 한계와 불안을 가지고 있는 상태이고, 이 불안은 인간의 본질적 외로움과 격리, 불안전과 이방인의 느낌, 인간의 일시성과 우울감, 그리고 죽음과 질병을 포함한다. 이런 것은 인간의 한계성에서 무한자에게 참여함으로써 극복할 수 있는 것이다. 틸리히는 이런 현상을 무한성과 유한성 사이에 있는 긴장 상태이기 때문에 이 긴장성을 해소할 수는 없다고 본다. 다만 "이런 요소들은 인간과 무한한 근원 그리고 인간 존재의 목적이 되는, 종교적으로 말해 하나님과의 방해되지 않는 결합에 기초해서만 해결될 수 있다"(Tillich, 1984, p. 54).

둘째, 인간이 자신이 가진 자유를 실현하는 과정에서 꿈꾸는 무죄함의 상태를 상실한다. 이 상태를 상실하는 것은 인간인 자신이 무한한 것과 동일시하는 과정에서 발생하는데, 이것은 인간 자신이 모든 것의 중심이 되려는 유혹이다. 결국 자신을 무한대의 절대자에게 속하게 하는 것이 아니라, 무한대를 자신에게 가져오는 것이다. 이러한 과정에서 인간 자신이 가진 한계성, 일시성, 불안, 고독, 그리고 죽을 운명이라는 사실을 수용하지 않기에, 인간이 가진 꿈꾸는 순수의 상태는 결국 충동, 자기파괴와 절망으로 나타난다(Tillich, 1984, p. 55). 이것이 기독교에서 말하는 소위 인간의 타락이다. 그러나 틸리히는 인간의 타락이라는 것이 역사적인 일회적인 사건이 아니라는 점을 명확히 한다. 소위 아담의 범죄로 인해 온 인류가 범죄 안에 있었다는 일회적인 사건으로 보는 것이 아니라, 과거에도 발생하고 현재도 발생하고 미래에도 발생하는 우주적인 현상이라는 것이다.

중요한 점은 인간이 자신의 자유와 인격을 가지고 참여함으로써 자연적인 인간한계성에서 오는 불안이 죄의식의 절망적인 불안으로 변한다는 것이다. 이것은 틸리히가 지적하는 실존적 불안의 상태가 신경증적 불안의 상태로 변하는 것을 말한다. 그는 인간에게 필요한 것은 신경증적 불안으로부터 놓여서 실존적인 불안, 즉 인간의 한계성을 의식하는 존재론적 불안을 갖는 것이며, 이러한 것에 상담자들의 참여가 필요하다고 보았다. 이러한 상담자들은 전문의이든 기독교상담자이든 인간이 가진 실존적 불안이 인간에게는 근본적으로 있다는 사실을 수용하는 자이고, 이것은 인간실존의 불안을 충분히 수용할 수 있는 무한자로 부터의 해결이 있다고 믿는 자들이다.

인간의 한계성에서 실존적 불안이 죄의식의 절망적인 불안 혹은 심리학에서 말하는 신경증적 불안으로 변형되면서 인간이 가진 자연스러운 관계는 이기적으로 바뀌고, 고독은 칩거하는 쓴 것으로 되고, 기이함(strangeness)은 폭력적이 되고, 불안전은 내일에 대한 불안으로 변형이 된다. 결국 틸리히는 이것을 질병으로 규정하고, 이 질병은 인간의 자연적이고 신체적인 온전성을 흩어지게 했고, 죽음의 공포는 단지 용기에 의해서 수용되지 않게 되었다(Tillich, 1984, p. 55).

인간에게 있는 에로스는 관계형성에 가장 밑바탕이 되는 것이지만, 신경증적 불안은 인간의 이러한 관계성의 욕구로 에로스를 자기중심적 사랑으로 변질시켜 버린다. 그래서 인간이 외형적으로는 사랑에 헌신하는 것 같지만, 변형된 사랑은 타인을 자신의 빈핍되고 좌절된 사랑을 채우는 수단으로 사용하는 것이다. 그리고 이러한 사랑의 종말은 자기와 타인을 파괴하는 것이다. 왜냐하면 관계성에 근본이 되는 에로스라는 것을 통해서 이들은 트라우마를 경험했기 때문에 사랑으로부터 더 많은 거리를 두고 살아가거나, 더 위장된 구조 속에 사랑을 탐닉하는 탐닉자가 되는 것이다. 이러한 관점에서 보면 사회심리학자 에리히 프롬의 말이 도움이 될 것이다. 프롬은 결국 자기이기주의나 자기사랑이라는 것은 자기에 대한 적의(敵意)로 보고 있다. 그래서 사람은 사랑의 기술이 중요한 것이 아니라 대상에 의해서 달라질 수 있다고 생각한다. 그래서 사랑이 영혼의 힘의 활동이 아니라고 생각하고, 사랑은 내면의 사랑 기술을 개발하는 것에는 관심이 없고 대상에 의해 결정될 것이라고 믿고 있다. 그리고 이것은 마치 그림을 그리기 위해 미술을 배우지 않고, 그림 그릴 대상을 만나는 것이 더 중요하다고 생각하는 것과 같다(Fromm, 1956, pp. 1-2).

인간의 기이함은 때로는 예술세계에서 창의성을 나타내는 결과를 가져올 수 있다. 기존의 질서대로 생각대로 보지 않으려는 태도, 세상을 거꾸로 보려는 시대, 이제껏 보지 않는 구조 속에서 다시 보려는 것은 기이하지만, 이런 것들은 창의적 결과를 산출할 수 있다. 그러나 내 중심인 이기성의 발단은 독재적이기 때문에 파괴성을 가져올 수 있다. 그리고 불안전은 한계성을 가진 인간이면 누구나 생명, 미래, 건강, 또는 세상에서 살아가는 일들로 인해 경험할 수 있는 일상의 부분들이다. 그러나 변형이 된 후에는 이것이 일상의 소소한 부분이 아니라, 한 개인을 통제하는 불안의 요소가 되어 버린다.

셋째, 치료이다. 치료는 인간의 한계성이 없어지는 것이 아니라 수용(acceptance)되는 것이다. 우리의 있는 그대로의 상태, 인간이 가진 한계성의 상태가 받아들여지는 것이다. 그런데 이렇게 수용이 되려면, 무한자가 한계성 있는 인간에게 오는 것이 필요하다. 기독교에서는 인간의 한계성을 보여 주는 '그럼에도 불구하고'라는, 인간의 한계성을 수용하는 인격적 형태의 성향을 가지고 있다.

기독교의 전통적인 관점에서 수용이라는 것과 치료라는 것은 앞에서 지적한 세 가지 관점이 필요하고, 한 가지라도 부족하면 이해될 수 없다(Tillich, 1984, p. 56). 이러한 관점에서 보면 틸리히는 프로이트가 말하는 원초아의 성격을 말하면서 이 성향을 기독교에서 인간이 가진 죄성에 대한 것을 상세하게 말해 주는, 정신분석학을 통해서 2천년동안 인간의 평가에 대해서 숨어 있던 사실을 발견해 주었다고 보았다. 그래서 프로이트의 심리학은 비이성적인 인간의 민낯을 보여 준다고 보았다(Tillich, 1984, p. 66). 특별히 프로이트의 리비도 이론과 기독교에서 언급하는 욕망(concupiscence)을 비교하려 하였다. 이러한 점에서 프로이트가 서술한 인간에 대한 해석과 소외의 문제는 기독교신학에 도움을 준다고 본다(p. 68). 그러나 프로이트가 말한 이 원초아가 과거도 있었고 현재도 있고 미래에도 있을 것이라는 관점은 반대한다. 왜냐하면 틸리히는 인간이 가진 본질적인 상태는 "꿈꾸는 무죄함"의 상태라고 보기 때문이다. 다른 용어로 설명한다면 틸리히는 이 꿈꾸는 무죄함의 상태가 바로 인간에게 "중심된 자기(the centered self)"가 있다고 믿기 때문이다. 그렇다고 철학자 사르트르(Sartre)가 말하는 것처럼 인간이 본질(essence)을 창조할 수 있다는 것을 믿지 않았다. 왜냐하면 본질을 창조한다는 것은 인간이 우주의 본질이라는 모순에 빠지기 때문이다(p. 66). 이러한 점에서는 틸리히는 "꿈꾸는 무죄함"를 가지고 있다고 보았다.

틸리히가 말하는 앞의 세 가지 사실을 기초로 하여 인간의 한계성 상태가 수용될 수 있는 것은 그가 강조하는 존재의 용기를 통해서이다. 그리고 용기의 뿌리는 하나님 앞에 둘 수밖에 없는 인간의 운명이고, 이것을 통해 새로운 인간으로 태어나려는 인간의 몸부림, 그것이 동양이 되었든 서양이 되었든 그런 추세는 각 문화와 인종 속에 서려 있는 새로운 존재가 도려는 인류 공동의 관심사이다. 이러한 관심사는, 즉 존재의 용기를 가질 수 있는 것은 하나님 안에 뿌리가 있음을 말한다. "존재의 용기는 의심의 불안 속에서 하나님이 사라져 버린 때에 나타나신 하나님 안에 뿌리내리고 있다"(Tillich, 2006, p. 226).

인간이란 신성한 기초(divine ground)가 없이 어떠한 면에서도 자신이 가진 한계성을 극복할 수 없다. 이 기초에 근거하여 인간이 가진 한계성을 극복하는 새로운 존재로 나갈 수 있다. 그러나 이 새로운 존재라는 것은 본질적으로 타락한 인간 혹은 비현실적인 초인간을 의미하지 않는다. 그래서 이 새로운 존재라는 것이 신성한 근거가 되는 하나님과의 일치성과 같은 것을 의미하지 않는다. 오히려 이 새로운 존재라는 것은 "제한된 자유"를 가지고 있는 것이고, 참되고 선하며 창의적인 자기를 가지고 있는 것이지만 절대적으로 의존적인 것이다. 그래서 제한된 자유를 아는 인간이다. 마치 예수 안에 나타난 새로운 존재는 제한된 자기실현을 한 것이기에 그 새로운 피조물은 자기 자체를 잃어버리지 않으면서 자기 자신을 부정하는 존재이다(Adams, 1985, p. 311).

새로운 피조물을 고대하고 기대하면서 진행되는 기독교상담신학은 상관관계론적 방법론에서 자신을 하나님 앞에 철저하게 부정하지만, 자기 자신을 잃지 않는 사람으로 서는 것을 목표로 한다. 이것은 한 인간이 자신의 뿌리가 신성한 기초에 둘 수밖에 없는 운명을 수용하는 것이며, 동시에 창의성을 갖고 살아가는 경계선의 자유를 가진 인간으로서 하나님과의 상관성 속에서 자신과 환경과 하나님을 보며 살아가는 존재이다.

3) 하나님 위의 하나님과 기독교상담신학

사람이 용기를 가지고 새로운 존재로 살아가고 싶은 보편적 관심은 다양한 경로를 통해 인생에 발생한다. 이것은 영적 본향에 대한 향수감일 수도 있고, 인간의 근원에 대한 그리움, 또는 본질적으로 바른 인간이 되어야 한다는 인간 정신에 뿌리내리고 있는 하나님의 이미지의 원형일 수도 있다. 그러나 이러한 인간으로 살아가야 함에도 불구하고 인간의 비존재 경험, 즉 죽음의 불안(운명과 죽음), 무의미의 불안(공허함과 의미 상실), 정죄의 불안(죄의식과 정죄)을 가지고 살아가는 모호성을 가진 인간이 어떠한 대상을 통해 용기를 가질 수 있는가 하는 질문이 남는다.

용기는 진정한 존재 자체로 가는 관문이다. 그리고 이 용기를 통해서 존재의 기반이 드러나기도 한다. 이 용기는 '절대적 신앙'을 가지고 있고, 이 절대적 신앙이란 바로 '하나님 위의 하나님'을 의미한다. 그러나 이 과정에서 용기는 진정한 존재를 왜곡하거나 가릴 수도 있다(Tillich, 2006, p. 217). 그리고 여기에 가장 많이 연관된 것이 '유신론(theism)'이다(Tillich, 2006, p. 221).

하나님이 만일 하나의 존재라면, 하나님은 모든 존재의 근원이라고 할 수 없다. 하나님이 아무리 높은 존재라 하더라도, 하나의 하나님이면 피조물이 되기 때문이다. 그래서 하나님이 "존재 그 자체의 근원(ground of Being-itself)"으로 이해되어야 한다. 이러한 관점에서 하나님은 본질(essence)도 실존(existence)도 아니다. 하나님이 본질이면 이 역시 하나님이 되기 때문이다. 그래서 하나님은 본질과 실존에 참여는 하지만 본질이나 실존도 아니다. 이곳에 참여하지만 이 양자를 뛰어넘는 하나님이다.

유신론적인 하나님은 논리적인 문제만이 아니라, 삶의 의미에 관한 절망과 근본적 의심에 대한 것에 답을 줄 수 없다. 좀 더 구체적으로 말하면 인간의 죽음과 운명, 정죄와 죄의식, 그리고 공허와 무의미에 대한 답을 줄 수 없다. 왜냐하면 유신론의 하나님은 근원적인 존재 자체가 아니기 때문에 인간이 가진 문제에 대한 것에 절대적이지 않고 한 부분이기 때문이다. 그래서 절대적 신앙은 모든 형태의 유신론을 초월하는 것이다.

'존재 그 자체의 근원'이 되는 하나님 위의 하나님만이 존재의 비존재의 불안, 무의미의 불안 그리고 정죄의 불안에서 존재의 용기 속으로 우리를 이끌 수 있다. 그러나 이 과정서 발생하는 신비주의는 극복되어야 한다. 신비주의는 구체성에 대한 모호성을 가지고 있고, 근본적 의심을 수용하지 않기 때문이다. 그러나 하나님 위의 하나님을 향한 용기는 근본적 의심을 수용한다. 인간은 이 하나님으로부터 벗어날 수 없다. 이 하나님은 인간의 자아(ego)를 수용하고 자아가 자아 자체보다 가까운 곳에 있기 때문이다(Tillich, 1951, p. 271).

(절대적 신앙) 그것은 절망의 용기이며 모든 용기 속에 있고 모든 용기를 넘어서는 용기이다. 절대적 신앙은 우리가 눌러 살 수 있는 어떤 장소가 아니라, 말이나 개념들의 안전함을 지니고 있지 않고, 이름이나 교회나 종교(cult)나 신학을 가지고 있지 않다. 그러나 그 믿음은 그러한 모든 요소들의 심층에서 움직인다. 그것은 존재의 힘이며, 모든 요소들은 거기에 참여하므로 그것을 드러내는 단편적인 표현들이다(Tillich, 2006, pp. 224-225).

틸리히의 '하나님 위의 하나님'이라는 절대적 신앙에 대한 표현은 혼돈의 시대에, 하나님에 대한 신앙을 저버리기 쉬운 시대에 하나님에 대한 대중을 위한 변증법적 신학이다. 틸리히의 이 표현은 절대성을 가지고 있으나, 동시에 어떤 규정된 범위에 머무르지 않으려고 한다. 마치 에릭슨의 고백처럼 기성세대는 구체적으로 자라나는 세대들이 가난과 정서적 상처로부터 그들을 보호하고 그들 나름의 방식대로 궁극적 관심을 가질 수 있도록 해 줘야 한다는 고백과 같다고 생각한다. 또는 융은 당시 신경증으로 자신을 찾아온 내담자를 종교로 해결했다는 것은 교리나 교회와 같은 특정화된 것이 아니라 종교성을 말한 것과 같다.

틸리히가 말하는 "절대적 신앙은 우리가 눌러 살 수 있는 어떤 장소가 아니라, 말이나 개념들의 안전함을 지니고 있지 않고, 이름이나 교회나 종교(cult)나 신학을 가지고 있지 않다. 그러나 이 믿음은 그러한 모든 요소의 심층에서 움직인다."는 것은 융과 상당히 많은 공통점을 가지고 있다. 즉, 종교의 형식이 아니라 내용을 보는 것이 진정한 종교성이고, 이 진정한 종교성은 바로 틸리히 신학에 있어 근본적인 신앙(radical faith)이다. 그리고 이 신앙은 인간의 조건을 가지고 바라는 신앙이 아니라 인간의 존재론적 불안을 수용하는 것은 존재의 힘인데 이것은 인간이 비존재가 되는 것에 대해 당황하지 않고 자신 안으로 가져오는 것이라고 했다. "근본적인 신앙이란 명백한 믿음의 내용으로 아직 차지는 않았지만 깊은 신뢰, 인정, 그리고 영혼의 어두운 밤을 통하여 왔다는 감사로 이루어진 것이다"(Tillich, *Courage to be*, 1953, Chs.5-6).

이 절대적 신앙 안에는 근본적 의심(radical doubt)을 가지고 있다. 이 근본적 의심이라는 것은 가장 기본되는, 흔들 수 없는 진실함을 말하는 신앙이며 의심이다. 이 안에서는 모든 종교적이고 신학적인 언어는 사라진다. 종교적이고 신학적 언어가 사라지는 것이 마치 모든 것이 없어지는 것이 아니라, 이러한 구조가 사라지면서 무의미 속에서 의미가 찾아지고, 의심 가운데서 확신이 서는 것이다. 이것이 바로 존재의 원천인 하나님 위의 하나님(God above God)이며, 그 이름에 대하여 모르지만 이들을 통하여 일을 한 하나님을 아는 것이다(Tillich, 1952, p. 12).

중심에서 멀어져 주변으로 밀려나는 한국 기독교와 교회는 무엇을 가지고 국민과 대화하며 공존하면서 살아갈 것인가는 현 시대에 주어진 중요한 문제 중의 하나이다. 우리는 하나님에 대한 의심보다는, 우리가 가진 편협성으로 인한 신앙에 대한 의심을 할 필요가 있다. 하나님의 이름으로 편협화된 신앙에 대하여 틸리히의 지적처럼 근본적 의심과 근본적 신앙을 가지고, 심리학과 신학을 통하여 인간과 인간 세계에 대한 상관관계론적인 방법론을 통하여, 형식과 구조에서 벗어난 진정한 기독교의 종교성을 통하여 절대적 불안에 놓여 있는 현대인의 삶에 대한 질문에 대답을 해야 하면서 영원으로 초대하는 대화에 들어갈 수 있을 것이다 .

3. 상관관계방법론을 통한 기독교상담신학

1) 기독교상담신학: 자기비움의 신학과 공감의 심리학

정신분석학의 시조인 프로이트의 기독교에 대한 비판 중에 핵심에 있는 것은 종교적 정직성에 대한 결여였다. 물론 그는 무신론적 입장에서 인간이 합리적 이성이나 기독교에서 말하는 하나님의 형상을 가진 존재가 아니라, 억압된 무의식에 의해 휘둘리는 가엾은 인간이라는 관점을 가지고 있다. 그러나 그가 이러한 인간관을 가지고 있다 해도 기독교에 대한 비판을 경청할 필요가 있다.

> 만일 종교적 교리의 진실성을 그것을 증거하는 몇 사람의 내적 경험에 의존한다면, 그런 희귀한 경험을 하지 못한 대부분의 사람에게 무슨 의미가 있는가? 우리는 누구나 각자가 소유하고 있는 이성이란 재능을 활용할 필요가 있다. 그러나 우리는 아주 드문 소수의 사람만이 갖고 있는 동기를 기초로 모든 사람에게 적용하는 강제 규정을 만들어서는 안된다(재인용, Küng, p. 133).

프로이트가 지적하는 기독교의 가장 큰 문제 중의 하나는 소수의 사람만이 생각하고 경험했다고 하는 희귀한 경험과 그들로부터 형성된 규정들이 대중에게는 이해와 수용이 안 되는 비합리성을 가지고 있다는 점이다. 즉, 교리의 진실성에 대한 비판인데, 이것이 너무 힘있는 소수자의 의견에 의해서 형성되어 있어 대중이 합리적인 수용이 어렵다는 것이다.

프로이트가 지적하는 "희귀한 경험을 하지 못하는 대부분의 사람에게 무슨 소용이 있는가?"라는 반문은 기독교상담을 하는 상담자들과 일선에 있는 목회자들이 반드시 생각해 봐야 할 문제이다. 초월적인 세계가 없는 것은 아니다. 우리가 보는 세계가 전부라고 생각하는 사람은 많지 않을 것이다. 그러나 초월성이라는 영역이 있는 것은 분명하지만, 인간의 현실은 초월적이지 않다. 인간은 현실에서 부대끼며 살아가는 실존의 존재이다. 이 문제를 다룸없이 초월성은 무의미하다. 이 점에서 틸리히는 인간의 '존재'와 '실존' 상태를 생각해야 한다고 했다.

존재가 실존에 참여하는 것을 철학자 킬케골은 하나님이 어떻게 인간이 되었는가를 왕자와 농부의 딸 비유로 이야기한다. 시찰을 나간 왕자는 한 농가에서 일하는 농부의 딸을 연모하게 되어 결혼할 마음을 정했다. 왕자는 왕자의 신분으로 청혼을 했지만 신분의 차이로 농부의 딸은 거절했다. 그래서 이번에는 힘을 쓰는 장군의 모습으로 가서 청혼을 했지만 권력의 힘으로 자신에게 청혼하는 장군을 거부했다. 마지막으로 왕자가 택한 방법은 농부가 되는 것이었다. 그는 농부의 모습으로 나타나 청혼을 했고, 결혼을 하였다. 이 비유는 하나님이 예수라는 인간의 모습으로 온 이유에 대해서 설명해 준다.

이런 비유에 대한 적절한 성경은 빌립보서 2:6~9절의 내용이다. 주지하는 것과 같이 바울은 기독교 역사상 손꼽는 열정과 지식을 겸비한 사람이었다. 그가 정의하는 예수와 하나님의 관계는 다음과 같다.

여러분 안에 이 마음을 품으십시오. 그것은 곧 그리스도 예수
의 마음이기도 합니다. 그는 하나님의 모습을 지니셨으나, 하나
님과 동등함을 당연하게 생각하지 않으시고, 오히려 자기를 비
워서 종의 모습을 취하시고 사람과 같이 되셨습니다. 그는 사람
의 모양으로 나타나셔서 자기를 낮추시고 죽기까지 순종하셨으
니, 곧 십자가에 죽기까지 하셨습니다.

상담에서 가장 근본적으로 생각해야 할 용어는 '공감(empathy)'
이다. 이 공감의 의미는 남의 신을 신고 걸어 본다는 의미이다. 즉,
부모가 자녀의 마음을 이해하기 위해, 친구가 친구의 마음을 이해
하기 위해서, 성직자가 회중의 마음을 이해하기 위해, 초월적 하나
님이 인간의 마음을 이해하기 위해, 상담자가 내담자의 마음을 이
해하기 위해서는 상대방의 마음 안으로 들어가야 하는데, 들어가
기 위해서는 자신이 신은 신발을 벗어야 한다. 그래야 상대방의 마
음을 비로소 이해할 수 있고, 이해를 넘어 감정이 있는 공감의 영
역을 느낄 수 있다. 우리 대다수가 남의 신을 신지 못하는 가장 큰
이유는 내 신을 벗지 않고 남의 신을 신으려 하는 것으로 인해 서
로가 가진 피해가 커지는 것이다. 우리의 신을 벗으려 하지 않는
것은 우리가 지금껏 가지고 있는 규범(norms)을 절대화하는 것과
같다. 그리고 이 절대화를 가지고 상대의 마음에 강제적으로 들어
가려는 것은 불행을 낳게 한다.

기독교에서 가장 중요한 교리가 되는 빌립보서 2장은 성육신의
교리이고, 이것은 상담심리에서 말하는 '공감'이라는 말과 같다. 또
는 이 빌립보서 2장은 'Kenosis'라는 용어를 사용하며 신학에서는
'자기비움'이라고도 한다. 그러나 기독교상담신학은 자기비움에서

끝나지 않고 자기를 비우고 타인의 신발을 신어 보는 것이다. 진정한 자기비움은 타인 속으로 들어갈 수밖에 없다. 이것은 기독교 신앙과 신학에서 가장 핵심 내용이다. 그래서 신앙의 척도를 보는 기준에는 우리가 이러한 공감의 마음으로 이 세상을 살아가야 하는 것으로 기준을 삼을 수 있다.

칼 융은 하나님이 인간과 관계성을 가지고 있지 않다면 자신이 하나님을 믿을 필요가 없다고 했다(Clift, 1994, p. 4). 하나님이라는 특수성은 보편성을 가지고 인간의 위치 세계로 들어왔다. 정말 진실된 특수성은 보편화가 된다는 것이 자기비움이요, 공감의 의미이다. 특수성이 특수함에만 머문다면 그것은 사람을 해하는 수단이 된다. 앞서 우리는 프로이트가 기독교가 가진 특수성을 문제로 삼는 것은 그의 관점에서 기독교는 영원히 특수성을 가지고 특수성에 머무르려는 경향 때문이다. 특수한 성직자나 힘을 사용할 수 있는 소수자에 의해 기독교가 점령당하고 있으며, 소수의 영적인 신비한 경험을 보편적인 내용의 접근없이 일방적으로 보편화하려는 것에 대한 거부이다. 어느 개인이나 자신이 가진 특수함은 있다. 기독교도 마찬가지이다. 그러나 이 특수함이 특별함에만 머무른다면 이것은 나르시시즘이고, 자기기만이고, 신학적인 면에서는 마성을 나타내는 전초기지가 된다.

개인이나 집단 그리고 기독교가 가진 특별함은 그 성격이 보편화되었을 때 그 의의가 있다. 이것은 기독교의 정신이고 핵심적인 가치이다. 기독교상담신학은 어떤 추상적인 가치를 높이 세워 자신의 신앙이나 특별함을 외치는 데 동조하는 분야가 아니다. 오히려 인간 개인이나 집단이 가진 특수함이 보편함으로 변하지 않을 때 가정은 파괴되고, 교회는 부패하고 국가는 독재국가로 되어가는 현상을 경험하기 때문에, 이 특별함은 보편성의 가치를 가짐을 사명으로 생각해야 한다. 그리고 이렇게 되어야 하는 것이 하나님의 형상으로 지음받은 인간이 가야 할 천명(天命)이다.

> 윤리적이고 종교적인 면에서 인간은 하나님의 형상으로 창조되었기에 공감적으로 연관을 지어야 하며, 인간이 공감적으로 행동하는 책임성과 능력을 가진 것은 하나님의 형상으로 지음을 받은 것이다. 돌봄의 스타일로서 공감이라는 것은 하나님의 형상에 대한 표현이다(Schilauch, 1990, p. 3).

예수의 사역 중에 가장 눈에 띄는 것은 율법사들의 도그마에서 헤어 나오지 못하는 종교적 사디즘과 보편적 가치를 상실한 율법사들의 빗나간 가치관과 그로 인하여 고통받는 대중에게 하나님 나라의 보편적 가치관을 보도록 하여 준 것이다. 그는 지도자들과 대중의 눈을 보편적 현상을 통하여 하나님의 진리세계를 맛보도록 해 주었다. 즉, 특별성은 보편성과 상관관계를 늘 가지고 있었다. 그리고 이 상관관계를 통해 특별성은 끊임없이 보편성의 영역으로 접근해야 하고, 보편성의 영역은 특별성을 통해 개인의 낮은 자존감을 향상시키는 재평가의 상관성을 가져야 한다. 그래서 보편성은 심리학을 통해 인간이 가진 보편적인 마음구조를 보게 하며, 신학은 인간 개개인이 가진 무한한 우주적인 가치를 보게 한다. 이러한 점에서 어느 한쪽의 치우침으로는 우리 자신의 정체성이나 신앙의 정체성을 온전하게 가질 수 없기 때문이다.

상관관계론 입장에서 보는 기독교상담신학자는 현실에 존재하는 자이지만 우리들이 실존에 참여하는 바가 없이는 실효성은 없다. 자신을 있는 그대로 수용한다는 하나님에 대한 용기를 가지는 사람은 자신을 실존에 맡기는 것이고, 실존에 참여함으로 그는 예수의 삶과 정신을 찾아가는 순례의 길을 시작하는 것이다. 실존의 참여함은 경직된 사람이나 사회구조에서 좀 안다는 사람들이 '정답'만을 되풀이하는 식상한 도식에서 벗어나 실존세계에서의 인간과 사회구조에서 발생하는 수많은 질문은 끊임없이 경직화되고 구조화된 정답에 대한 새로운 해석을 가져올 수 있다. 실존참여는 인간애의 깊은 심연의 구조를 보는 실존주의이다. 이 참여의 관계성을 가짐으로써 유한성은 무한성에 나온 것이며, 무한성은 유한성이 되어야 한다는 이 양자의 불가분의 관계성을 가지고 있다는 것을 수용하는 것이다. 나라는 인간은 하나님 없이 존재할 수 없지만, 하나님 역시 인간 없는 존재의 무의미함을 가지는, 즉 필수적 상호관계성의 운명을 알게 되는 것이다.

2) 나-너의 상관관계론을 통한 기독교상담신학

하나님을 인간의 세계와 창조의 세계와 분리해서 생각할 수 있을까? 무신론의 시대와 유물적 사관이 강한 시대, 그리고 인간이 가진 한계성을 점진적으로 극복하고 정복하고 있는 시대에 인간과 하나님은 어떠한 관계성을 가지고 있을까? 프로이트가 유물사관으로 동물적인 인간의 자기중심적 이기적 사고가 종교를 환영에 의해 조성한 것으로 보는 반면, 칼 융은 인간의 종교성과 신을 향한 목마름은 프로이트가 말하는 인간본능의 성욕/사랑보다 강한 것으로 본다. 즉, 융은 신을 향한 인간의 향수는 인간 본능의 깊은 곳에서 솟아오르는, 어떤 외부 영향에 흔들리지 않으며, 인간의 사랑보다 더 깊고 강하다고 본다(Jung, CW. Vol. 7. p. 134).

> (신의 형상에 대하여) 융은 인간의 전통이 파괴된다고 하여
> 도 신(신의 형상)을 향한 향수병은 파괴되지 않고 일어설 것이
> 라고 했다. 왜냐하면 인간의 정신구조에서 신을 이해하는 가
> 장 근본적인 구조가 형성되어 있기 때문이다. 신의 형상을 구함
> 으로 삶의 의미를 구하려는 의지를 가지는 인간의 경향은 열정
> (passion)이나 사랑보다 강한 것이다. 이것은 인간의 목마름이
> 다(Lim, 2000, p. 23).

하나님을 향한 인간의 깊은 곳에서 부르는 존재론적 외침은 어
떤 외부 환경에 의해서 흔들리지 않고, 인간의 감정에서 가장 핵
심인 사랑의 감정보다 강하다는 융의 언급은 인간은 어떠한 경우
에서라도 존재론적인 의미에서 하나님과 결별할 수 없다는 의미
이다.

사람은 인생 초반에 사회구조와 그 영향을 받은 개인들이 끊임
없이 성공과 성취를 추구하지만, 인생 중년기에 인간이면 존재론
적 의미에서 물어볼 수밖에 없는 인생의 참의미에 대해 성취와 성
공만이 답을 줄 수 없는 것으로 인해 겪는 무의미와 절대적 공허감
에 놓이게 된다. 이것은 마치 부와 명성을 갖은 톨스토이가 인생
중반에 질문한 내용과 유사할 것이다.

> 내가 기초로 하여 서 있는 모든 것이 무너지는 것을 느낀다.
> 이제 내가 기초로 하여 서 있어야 할 것이 사라졌다. 나는 그동안
> 아무것도 아닌 무가치한 것을 위해 살았으며, 왜 살아야 하는지
> 에 대해서도 아무런 이유를 가지고 있지 않았다. 진실한 것은 인

생에 의미가 없다는 것이다. 나는 인생에서 과연 무엇을 가질 수 있는가? 나는 왜 살고, 무엇을 해야 하며, 어떤 것을 얻어야 하는가? 피할 수 없는 죽음, 나를 기다리는 죽음으로부터 파괴될 수밖에 없는 내 인생에는 어떤 특별한 의미가 있는가? (Tolstoy, 1965, p. 12).

개인에 따라서 조금은 다를 수 있지만, 인간은 인생의 어느 시점에 노화, 질병, 죽음, 인간관계 또는 일을 통해서 인생의 한계성에 놓이게 되고, 이러한 제한성으로 자신이 추구하던 목적에 대한 허구성에 직면하게 된다. 그리고 그 목적들이 허무로 나타나는 것에 대한 인생의 무의미와 무목적으로 인한 신경불안을 경험하게 될 수 있다. 칼 융은 이러한 인생의 무의미는 신경증 원인에 결정적인 원인을 제공하는 것을 본다. 자신을 찾아온 내담자의 1/3이 임상적으로 원인을 밝힐 수 없는 신경증으로 고통받았으며, 이러한 현상은 명확한 것은 아니지만 이것은 영혼의 고통으로 보고 있다 (Jung, CW. Vol.11, 1981, p. 83).

이 영혼의 고통이라는 점과 임상적으로 원인을 밝힐 수 없었다는 부분은 융에 의하면 종교적 관점에 많은 도움을 주었다. 그래서 자신의 무의미로 신경불안에 시달리는 내담자들은 종교적 도움을 통해서 해결을 받았다. 이 점은 심리상담에 있어 정신적 치료와 함께 종교적 도움이 협력해야 하는 필요성을 보여 준 것이다. 그러나 융의 이야기를 조금 더 들어 보면 기독교에 왜 기독교상담신학이 필요한지를 보여 준다.

35세 이상의 중년기에 있는 나의 내담자들의 경우에는 자신

의 인생 문제에 대해 종교적 관점에서 마지막 안식처를 찾지 않
는 사람은 없었다. 그리고 이들 중에 종교적 도움을 받지 않고 문
제가 해결된 사람은 아무도 없었다. 물론 이 말은 교회의 구성원
이 되거나 특정한 교리를 통해서 해결을 받았다는 것은 아니다
(Jung, 1979, p. 123).

교인이나 성직자가 가지고 있는 종교적 도그마는 환경, 교육, 시
대적 문화, 그리고 개인의 성향을 통해서 형성된 것이다. 이 구조
는 필요한 것이지만 절대화를 시키는 이상 문제로 남는다. 이 형성
된 도그마는 각 시대의 문화와 인간의 삶의 현장을 통해서 도그마
의 경계선의 영역이 도전 및 재해석이라는 과정을 겪어야 비로소
진리에 조금씩 가깝게 접근하게 된다.

융의 이러한 비판은 기독교상담신학을 하는 성직자와 상담자들
이 명심해야 할 사항이다. 기독교의 특별한 교리나 어떤 것이 보통
사람들이 수용할 수 없다는 것은 그 특수성이 보편화되는 성향을
가지고 있지 않기 때문이다. 이것은 기독교의 문제라기보다는 기
독교 신앙을 하는 성직자와 상담자의 문제이다. 진정한 특수성은
보편성의 길을 걷는 것이 바른 신앙이다. 그래서 특수성과 보편성
을 상호보완적이며 상관관계성이 형성될 때 그 각자의 가치를 가
질 수 있다. 그리고 이 특수성과 보편성이라는 양극성의 위기와 긴
장을 통해 우리는 성숙해지는 것이다. 이것은 틸리히가 지적하는
경계선상의 신학/신앙을 하는 것이다.

사상가인 부버는 이 상관관계성을 인간관계에서 보도록 한다.
인간이 가지는 관계성을 두 가지로 본다. 첫째, 나를 중심으로 하
는 관계성과, 둘째, 너를 중심으로 하는 관계성이다. 나를 중심으

로 하는 관계성은 상대를 항상 '물건(it)'으로 여긴다. 이것은 자기 중심적인 사고방식이다. 모든 것의 시작과 과정과 결과는 자기를 중심으로 이루어져야 한다. 이 사고방식에는 타인은 하나의 물건이고 대상이다. 물건은 자기 마음대로 움직이고 조정할 수 있다는 생각을 가진 것이다. 이것은 결코 자기의 세계를 벗어나지 못하고 자신이 생각하고, 이제껏 행했던 익숙한 것으로부터 나오지 못하는 것이다. 그래서 이러한 것은 인간의 '사이(between)'가 없거나, 관계없이 사이가 먼 경우이다(임경수, 2009, p. 293).

나-그것의 관계에서 자신이 중심이기에 모든 사람/대상은 자신을 위한 부수적인 인간이라고 생각한다. 그리고 이러한 구조는 수직적인 관계인 갑을의 관계가 형성되며 일방적인 관계가 형성된다. 이러한 일방적이고 수직적인 관계를 가진 인간이나 사회가 가진 특성 중 하나는 외적인 요소를 중요시한다는 점이다(Buber, 1979, p. 53). 인간이 가진 내면의 가치를 보기보다는 겉으로 드러난 현상과 조건을 더 크게 본다는 의미다. 예를 들면, 우리 사회가 병폐로 생각하는 학연, 지연, 혈연과 같은 것은 이러한 수직적 사회가 형성되었기 때문이다. 사람을 내면세계와 소양으로 보는 것이 아니라 인맥, 혈통 그리고 학연 등을 중심으로 보는 것이다.

나-그것의 관계성을 추구하는 개인이나 집단은 자체 내에서의 비판이 수용되지 않기 때문에 이것은 세월을 거듭할수록 자체의 부패로 존립의 위기를 맞이하게 된다. 혈연과 지연, 학연으로 연결되어 있는 구성원들은 처음에는 공통분모를 찾아 결함이 잘될 수 있지만, 이 관계는 비판에 대한 구조를 열악하게 만들기 때문에 자체 내의 부패로 쇠락의 길을 걷는다.

우리 사회 구조와 교회의 구조는 가부장적 제도하에 있었으며,

아직도 그 그늘을 벗어나지 못하고 있는 것이 사실이다. 명령과 복종의 구조가 업적은 낳게 할 수 있을지 모르지만 장기적인 면에서 언젠가는 부패하게 된다. 이런 일방적 구조가 선호하는 것은 지위, 명예, 물질 등에 대한 집착을 가진다. 이러한 구조가 처음에는 잘되는 것 같지만 이러한 사람의 삶은 곧 황폐해진다. 왜냐하면 인간의 상호관계성을 보지 않았기 때문이다. 우리는 초월성의 신앙이 잘못하면 보편성이 되지 않는 것을 살펴보았는데, 나-그것의 관계가 바로 그러한 현상과 같다. 또 틸리히의 신학이 세상과 세상에 속한 사람들의 질문을 받아 여기에 답을 해 주는 신학이 되어야 한다는 점도, 기독교의 신앙과 신학이 독단적 세계에 파묻혀 자기의 성에서 고립되지 말아야 하며, '너'가 되는 세상의 목소리에 대해 상호관계성 속에서 응답을 해야 한다는 것이다.

부버가 이야기하는 또 다른 관계는 나-너의 관계이다. 이 관계는 어떤 결과에 대한 관심보다는 인간과 자연에 대한 관심을 가지고 살아가는 관계이다(LeFevre, 1977, p. 108). 이러한 관계의 시작은 처음에는 어렵다. 그러나 시간이 지나면서 이러한 관계성을 가진 사람들 사이에서 잠재성과의 만남을 가질 수 있다. 그래서 관용과 격려 속에 있으면서 자기와 타인이 동시에 중심으로 서게 되는 것이다. 이 관계는 양쪽을 인정하는 것이며 상호에 대한 자질이나 객관화에 대한 평가없이 신뢰가 우선되는 관계이다. 피상적이고 이상적인 것이 이 관계성 안에서 역할을 하지 못한다. 왜냐하면 피상적이고 이상적인 것이 현실성을 벗어난 것이기 때문이다. 신학이나 신앙이 일방성을 가지고, 피상적인 세계에서만 머물게 되면 관계성을 상실하게 된다. 그래서 무한성을 가지고 있을수록 그것은 더 보편성에 머물러야 한다. 이러한 보편성의 관계성은 모든 결과가 상호관계성에서 온 것을 인정한다.

무한적인 것 혹은 초월성의 것이 그 영역에만 머무른다면 이것은 진정한 무한성이 되지 못한다. 즉, 무한성이 그 영역에 머무른다면 유한과의 상호관계성을 가지지 못한다. 무한성은 자신이 유한성을 가지게 될 때 진정한 무한성이 되는 것이다. 앞서 언급한 성육신 사건은 바로 무한성이 유한성에 머무르는 사건이다. 다른 비유를 든다면 삶은 죽음이라는 유한성을 수용할 때 의미를 가지는 것이다. 그러나 죽음이라는 유한성을 배제해 버리면, 삶이 마치 초월적이고 모든 것을 자유롭게 하는 것 같지만 결국 균형의 상실로 파괴된다. 이러한 점에서 보면 하나님은 인간을 창조할 수밖에 없고, 인간과의 관계성을 통해서 하나님은 하나님이 되고, 인간은 인간이 되는 것이다.

부버는 하나님의 인간창조 목적은 '대화'로 보고 있다. 이것은 매우 상관관계방법론적 시각이다. 우주의 창조 후에 하나님은 인간에게 군림하는 것이 아니라, 대화의 파트너로 인간을 만든 것이다. 그래서 그는 태초에 '대화'가 있었다고 언급한다(Buber, 1979, p. 69). 대화는 독백(monologue)과 구별이 된다. 독백은 자기가 하고 싶은 말을 하는 것이다. 독백은 마치 대화와 같은 말을 하고 있지만 상대방의 의견을 듣지 않고 혼자 하고 싶은 말을 하는 것이기에, 가부장적이고, 수직적인 인간관계를 가지고 있는 개인이나 집단이 하는 것이다. 마치 성 어거스틴의 언급처럼 하나님 없이 인간이 없고, 인간 없이 하나님이 없다라는 말은 하나님과 인간은 상관관계성을 이미 형성하고 있다는 의미이다.

인간은 관계성 안에서 살아간다. 그러나 이 관계성 때문에, 때로는 관계성의 결핍으로 때론 관계성의 융합 문제로 힘들어한다. 좋은 관계성은 상호보완적이고 호혜적이다. 이것은 '나'가 있으면서 동시에 '너'를 인정하고 수용하는 것이다. 그러나 과연 인간이 나-너와 같은 상관관계론에 익숙하게 될 것인가는 의문이다. 왜냐하면 틸리히가 이미 그의 신학을 통해 설명했듯이 인간이 가진 모호성과 자신의 범주를 벗어나고자 하는 욕망들이, 모든 것에 자신이 중심이 되려는 동물적 본능이 길들여지지 않았기 때문이다. 그래서 필자는 인간관계나 신앙이나 신학이 상관관계성을 가지려는 것은 신성의 한 부분이며, 창조주의 선물이라고 본다.

인간이 상관관계성에서 서로를 보지 못하는 것, 나-너의 관계성을 가지지 못하는 것은 인간 내부적 분열이 있는 것을 의미하며, 이 분열은 인간 내부에 악(evil)이 있기 때문이다(LeFevre, 1977, p. 112). 인간이 가진 내부적 분열은 가져야 할 바른 목적에 대한 상실이다. 바른 목적은 인간을 분열과 악에서 멀게 할 수 있지만, 바른 목적을 가지지 않을 때는 악에 함몰되기가 쉽다. 이것이 인간의 속성이다.

인간에게 나-너 관계성의 상실은 존엄성의 상실 문제이고, 이 상실의 근원이 되는 내적 분열과 악은 인간의 무의미로부터 종교성이 치료의 근거를 제시한다는 융의 말처럼, 하나님은 인간 자기(the self)의 영원한 기초자이기 때문에 인간은 나-너 관계의 영원한 너가 되는 창조자의 만남을 통해 진정한 관계를 형성할 수 있다(임경수, 2009, p. 306). 이러한 관계성을 형성하게 될 때 기독교상담자들은 본질적인 사람들의 아픔의 이야기를 경청할 수 있게 되고, 개인과 사회에 대한 이해, 관심 그리고 변형에 관심을 가지는 사람으로 설 수 있다.

인간관계에서 영원한 너인 하나님과 인간의 관계에서 나-너의 관계성만이 하나님과의 상관관계를 가능케 한다고 보고, 이 관계성을 만들기 위해서는 이것을 향하여 열려 있는 마음이 이 관계성을 형성할 수 있는 중요한 근거가 된다. 이렇게 열려 있는 관계가 될 때 인간이 범하기 쉬운 나-그것의 일방적이고 자기중심적인 관계성을 넘어 틸리히가 말하는 상관관계방법론, 즉 인간의 실존에서 겪는 질문에 신앙과 신학이 숙고하여 응답할 수 있고, 자연을 통하여 서려 있는 질서가 인간 세계에 접근할 수 있고, 일방적이고 자기중심적인 이기적 가치관을 넘어 다각적인 대화와 관계성을 통해 보다 편만한 하나님의 나라가 개인과 가정과 사회에 들려올 것이다.

나를 잃지 않으면서 너를 알고 수용하는 것은 상관관계론의 핵심이다. 나를 잃어버리고 상대를 사랑하는 것은 맹목적 사랑이고 나를 잃어버리고 신앙을 하는 것 역시 맹신이 될 수 있다. 틸리히가 그의 신학을 통해 우리에게 주는 교훈은 경계선상에 서려는 인간의 몸부림이다. 법과 율법은 인간 사회에 필요하지만, 법과 율법 안에만 인간이 머무를 때 인간은 역동성과 창의성을 상실한다. 그렇다고 법과 율법을 위반하는 것도 문제이다. 그곳에는 파괴만이 있기 때문이다. 그래서 틸리히의 상관관계방법론과 그의 경계선상의 신학은 법을 넘어가지만, 법을 위반하지 않는 단계를 우리에게 말하고 있다. 이 법을 넘어가는, 정해진 외연을 조금씩 확장하면서 우리가 모르는 또 다른 세계에 대하여 마음을 열어가는 것에 의해서 긴장의 순간을 맞이하는 것, 그것이 창의적인 우리가 모르거나 간과했던 세계를 만나게 되는 것이다.

틸리히의 신학이 오늘날 우리에게 주는 교훈은 무엇일까? 인간은 법(율법)과 사랑의 구조를 가지고 인생을 살아간다. 법은 인간

282 Ⅶ. 틸리히의 상관관계방법론을 통한 기독교상담신학

사회 및 개인의 성장과 성숙을 위해 필요한 요소이다. 개인은 훈련
과 양육을 통해 사회화될 수 있는 힘을 가지는 것도 가정이나 사회
그리고 국가가 가진 법안에 적응하기 때문이다. 법은 인간에게 필
수적이지만, 법의 가장 큰 취지는 휴머니티/인간애이다. 인간애를
더 증진시키고 인간의 바람직한 구조를 형성하기 위해서 법이 필
요하다. 그러나 법으로만 살아갈 수 없다. 낭만과 삶을 노래하는
것은 법으로만 될 수 없다. 법은 사랑/인간애의 상관관계성 속에
서 계속적으로 해석과 재해석을 하여야 하고, 그 외연과 취지를 넓
혀 나가야 한다.

　역으로 인간에게는 낭만과 인간애라는 것이 절실하지만, 동물적
본능에 익숙한 인간은 낭만만으로는 살아가는 것이 어렵다. 어쩌
면 법이 수용하는 내에서의 사랑을 추구하고, 사랑을 잃지 않는 범
위 내에서 법을 가져야 하는 것이 인간의 운명이다. 규범과 규제를
넘으려는 것만으로 이 세상을 살아간다면 그러한 집단과 개인은
스스로를 세울 수 없다. 이러한 관점에서 틸리히의 신학은 우리에
게 법을 가지되 인간애를 잃지 않아야 하며, 이 양자 간의 경계선
을 통해서 각 시대에 주어진 과제를 해결해 나가길 부탁하고 있다.

　기독교가 가지는 법이나 율법이라는 것에 대하여 경계선상의 긴
장을 가져야 하는 이유는 인간이 가진 제한성에서 오는 이기성과
편협성의 가능성 때문이다. 이러한 긴장은 바로 틸리히가 지적하
는 수직적 차원에서 끊임없이 경계선상에 노출되어 긴장할 때 비
로소 좀 더 건강한 하나님의 나라에 노출될 수 있다. 이것을 하지
못할 때 기독교는 기독교가 만든 법과 율법에 대한 절대적 신뢰에
파묻혀, 세상과 소통하지 않는 절대의식의 성(城)에 갇혀 스스로를
노예로 만들어 버린다. 기독교상담신학은 오늘날의 기독교인에게

인간 개인과 집단의 한계성을 인정하고, 자신을 율법과 생명, 법과 인간애의 경계선에 잇대어 실존을 보도록 요청하고 있다. 그리고 이러한 경계선의 작업은 인간의 규범/법과 인간애라는 양극성의 구조에서 긴장을 가짐으로써 좀 더 바람직한 하나님의 나라가 가정, 교회 그리고 사회구조에 뿌리내리도록 도와주는 것이다.

3) 신률성을 통해 본 기독교상담신학

1919년 독일 사회는 1차 세계대전 후 혼돈기에 놓여 있었다. 사회주의 노선에 가득한 독일 사회의 게르만 민족에 대한 우월성의 열기, 그러나 1차 세계대전 후 전범 국가로 인한 독일민족의 실추 그리고 각 대학에서 신학과와 신학과 교수에 대한 불필요성이 제기되는 시점에 틸리히는 1919년 베를린대학교에서 연설하였고, 그때 중요한 화두는 "문화의 내용은 종교이고, 문화는 종교의 형식이다."라는 문화와 종교의 필수적인 상관성에 대한 것이었다. 그가 당시 독일 사회의 대학 내에 신학과 폐지를 언급한 중요한 이유는 각 대학 내의 신학과는 교단의 신학에 얽매여서 그 신학과 교리에서 종속하는 기관에 불과했기 때문이었다. 따라서 광범위한 범주에서 신학이 세상과 대화를 하지 못했다(Bulman, 1981, p. 70).

틸리히가 지적하는 문화와 종교는 불가분의 관계이기에, 시대와 환경에 따라 문화는 변형되어 나타나지만 모든 문화의 근본에 놓여 있는 인간의 근원적인 한계성과 물음에는 종교와의 필연성의 관계를 보여준다. 이러한 점에서 틸리히는 이 필연적인 관계의 관점에서 신앙과 신학이 세상과 교류해야 한다고 보았다.

필자의 관점에서는 1차 세계대전 후 독일 사회와 당시 대학의 신학 풍조는 흡사 오늘의 우리 사회와 교회 그리고 신학의 풍토와 비슷하지 않을까 생각해 본다. 독재와 제왕적 정치풍토를 국민의 힘으로 조금씩 회복하고 개인 중요성과 민주화의 열풍 속에 합리주의와 보편타당성의 원리가 편만해지고 있지만, 교회와 신학은 마땅하게 이러한 민주적 열풍과 합리주의의 경향에 대해 적합한 답을 내놓지를 못하고 주저하고, 여전히 신학과 교회는 신앙의 합리화를 내세워 맹종과 거짓 믿음에 익숙해져 있다. 각 교단의 신학은 대부분 다 자신들의 교리와 믿음을 옹호하는 신학으로 변모해 버렸고, 자신의 교단 신학이 아니면 배척하는 풍토는 여전히 만연하다. 이러한 신앙과 신학의 모습은 틸리히가 정의하는 문화의 내용이 종교라는 근본적 교훈에 어긋나는 것이며, 오히려 대중을 기독교로부터 등지게 하는 환경을 조성하는 것이며, 기독교의 신앙은 외딴섬에 고립되는 상황이 될 수도 있다.

틸리히는 자신의 신학을 '문화 신학'(theology of culture)이라고 한 중요한 이유는 기독교가 세속적 문화와 필연적으로 연관이 있는 것을 말하려 했기 때문이고, 이러한 관점에서 그의 대부분 저서는 저술이 되었다. 기독교가 세속과의 연관성을 가지고 신앙을 보려는 그의 노력은 기독교 신앙과 교회가 세상의 문화에 종속되기 위한 것이 아니라, 세상 문화와의 변증법적 태도를 가짐으로써 수용할 것은 수용하고 거부할 것은 거부하여 모든 면에서 기독교 신앙과 세상 문화 양자가 더 깊은 자기이해를 하기 위함이었다 (Bulmann, 1981, p. 35). 틸리히는 종교와 인류애의 관계를 다음과 같이 서술한다.

종교와 인류애(humanity)의 질문에 대한 첫 번째이자 가장 오래된 답은 모든 인간과 통상적인 인류의 심연에 나타난 것에 대한 자각이다. …… 여기에 인류애의 종교적 뿌리가 있다. 여기에 진정한 인류애를 결정하는 가능성이 있다(재인용, Bulman, 1981, p. 55).

동시에 그는 하나님 중심의 신앙과 진정한 인간관심의 입장을 종합해서 더 바른 자기 이해를 하기 위한 것이기에 하나님 중심의 신학(God-centered theology)과 진정한 인간성(authentic humanism)에는 차이가 없다고 본다. 즉, 진지하게 이 세상을 과학자나 사실주의 예술가의 눈으로 본다면, 영원성의 상징과 모든 의미의 무조건적 근원과 모든 존재의 근원이 되는 것을 받아들일 것이다(Bulmann, 1981, pp. 48-49).

하나님의 형상을 가진 인간의 가능성을 양극성의 입장에서 '완전' 대 '유혹'의 구도로 보는 그의 신학적 관점에서 인간과 신앙을 이해하는 모든 점에 양극적 입장을 견지하고 있다. 완전 대 유혹의 구도는 인간의 본질을 나타낸다. 그러나 이러한 균형은 실존에서는 균형이 무너지고, 무너진 균형으로 인해 긴장을 가져온다. 인간에게 있어 균형이라는 것은 상대에 의해서 형성이 된다. 즉 인간의 완전은 유혹이라는 것에 의해 균형이 발생한다는 점이다, 그래서 양극성의 균형이라는 것은 상대적인 요인에 의해 유지되기도 하고 제한도 되기에, 상대를 잃어버린다는 것은 곧 자신을 잃어버리는 것을 의미한다(Martin, 1966, p. 101).

양극성의 관점에서 보면 기독교 신앙(종교)과 세속적 문화는 불가분의 관계다. 그러나 어느 한쪽이 일방적이면 그것은 균형을 잃어버리고 긴장과 불안을 초래하게 된다. 이성과 합리주의에 근거한 인간의 자율성(autonomy)은 르네상스와 계몽주의를 이끌어 현대 민주주의의 꽃을 피웠지만, 이성과 합리주의에 균형을 가져다 줄 수 있는 양극성이 없다면 비극을 맞이하는 것이다. 반면 이성과 합리주의를 배격하는 신앙은 교리에 집착한 율법주의나, 초자연적인 현상만을 수용하는 매우 자기중심적이고 세상과 격리되는 신앙을 가지는 모순에 빠지게 된다.

권위적이고 집단적인 힘의 암흑기를 지나서 인간은 한 개인의 정체성과 자율성의 중요한 시기를 거치고 있다. 자율성은 인류애의 발전을 위한 변증법적인 단계였고, 이것은 타율성에 대한 예언자적 단계이다. 그러나 이 자율성에 대한 강조는 서방세계에서는 1, 2차 세계대전을 통해 허물어졌다. 전쟁은 틸리히에게 많은 영향을 주었고, 그가 독일이 갖는 전통적 이상주의의 문제와 실패를 보았고, 독일민족의 부르주아적 자기만족의 긍정주의의 문제점을 보았다. 그래서 틸리히는 인간은 이 자율성만으로는 안 되고, 이것을 발판으로 신률성에 이르러야 한다고 보는 것이다. 즉, 스스로 내버려진 자율성은 공허로 이끌고, 이 자율성은 악마적인 힘의 형태를 완성하기 때문이다(Adams, 1969).

신률성은 영적 현존(Spiritual Presence)의 영향 아래에 있는 문화를 의미한다. 이것은 하나님의 영이 결정하고, 인도하는 문화이지만 이것은 문화를 파괴하는 것이 아니라 문화를 완성한다. 그래서 신률성의 문화는 반인류애적이지 않지만, 매 순간 인간이 어디로 향하는가에 대한 분명한 방향이 없을 때 이것을 초월하여 인도하는 것이다(Tillich, 1951, p. 249).

신률성은 인간 자신을 안내하는 원칙을 인간 내부에 가지는 것이며, 이것은 인간이 지닌 지성과 창의성, 인간의 존엄성의 자율성을 지키도록 하되, 인간이 가진 진정한 인류애와 가치의 궁극적 의미는 신성에 기반(divine ground)을 두고 있다고 보는 것이다(Bulmann, 1981, p. 49). 그래서 신률성은 자율성의 자신의 심원함과 연결된 자율적 이성으로 보고 있다(Tillich, 1951, p. 5).

틸리히가 신률성의 단계를 강조하는 것은 세속문화에서는 자율성이 가진 인간 이성의 절대화로 인한 마성적 파괴의 결과다. 이것은 이미 인류의 비극적 전쟁에서 나타났다. 기독교 신앙적인 차원에서 같은 논리다. 기독교 신앙과 교회에서 마성이나 우상주의가 나타나는 것은 자신들이 가진 것을 절대화하는 모순 속에 빠지기 때문이다. 인간과 인간 문화의 속성은 각자의 균형을 이루어지도록 해주는 양극성이 필요하다. 심지어 신앙도 자신의 신앙을 점검해 볼 수 있는 균형이 필요한 것이다. 이러한 관점에서 틸리히는 신앙/교회가 끊임없이 세속과 함께 대화를 나누어야 할 필요성을 말하는 것이다. 그래서 모든 인간의 심연과 문화에는 깊은 내적 목적이 있고 이것이 진정한 인류애를 가장 잘 설명해 줄 수 있으며, 이것을 통해서 개인적이고 사회적인 완성을 경험하는 것으로 보고 있다(Bulman, 1981, p. 49).

인간의 깊은 심연의 고뇌와 문화와 함께 교류할 수 없는 신앙은 어쩌면 참된 신앙이기보다는 자신 자신이 만든 교리에 깊게 파묻히는 교조주의에 빠질 수 있다. 안착하고 거룩한 언어에 과도하게 집착을 하는 것은 율법주의 만들게 된다(Adams, 1965, p. 3). 결국, 이러한 현상은 자신을 객관적으로 보려는 신률성에 이르지 못한 것이며, 깊은 차원에 들어가지 못한 것이고, 진정한 초월성의 상실에서 오는 것이다. 반면 자율성에서 자신을 객관적으로 들여다보지 못하는 오류성에 지속해서 노출이 되면 인간 심연에서 존재론적으로 바라는 깊은 차원의 갈망은 세속적이고 기술적인 문화가 대체되고, 여기에 인간이 심취하도록 하고 때로는 이러한 구조가 인간에게 궁극적 답을 주려고 시도를 한다. 그리고 이러한 것들이 거짓 종교로써 현대인의 마음에 자리 잡을 수 있다.

신뢰성은 한 개인의 의미와 의의를 파괴하지 않기에, 한 개인이 가지는 불신이나 의심을 수용한다. 즉, 종교적인 것과 비종교적인 것에 대한 벽이 없으며, 세속과 신앙은 분리가 아니라 불가분의 관계라는 점이다. 이러한 점에서 신앙을 의심한다는 것은 신앙이 없다는 뜻이 아니며, 신앙이 있다는 것이기에 진정한 의심은 신앙을 위한 바른 과정으로 본다. 신앙은 의심 가운데 있는 신앙이 있지만, 신뢰 가운데 있는 신앙도 있기에 자신이 표현한 신앙만이 진리라는 것은 그 자신이 진리에 대한 편견을 가지고 있는 것이다. 왜냐하면 거룩의 주체는 세속과 자신을 가지고 있기 때문이다(Bulman, 1981, p. 57).

이러한 신뢰성의 관점에서 틸리히는 인간이 가진 진정한 합리적 이성은 신뢰성으로 가는 교두보라고 생각했다. 그러나 이러한 신뢰성의 문화가 완전함으로 의미하지 않는다. 왜냐하면 이 신뢰성의 문화로 가는 것은 인간이 실존에서 소외를 경험하기 때문에 언제나 부분적 완전함으로 성취하는 것이고, 동시에 신뢰성 문화의 좌절도 인간이 본질에서는 신뢰성에 있기 때문에 완전한 패배가 아니라 부분적인 좌절이나 패배인 것이다(Tillich, 1951, p. 250).

신뢰성의 학문적 관점이나 상관관계론적 방법에서의 학문적 관심은 세속과 신앙/신학을 보는 것이었다. 그래서 틸리히의 주된 관심은 첫째, 인간의 변화에 대한 관심 혹은 구원과 구속에 대한 관심이었다. 결국 새로운 피조물로의 변형과 과정에 대한 관심이었다. 이러한 관심을 진실에 대한 답을 찾는 과정은 주체와 객체가 만나는 지점이라고 생각했기 때문이다(Tillich, 1966, p. 81). 이 답을 찾기 위하여 그는 많은 동료와 존재론적 불안과 거기에 대한 희망을 보려고 노력하였다. 둘째, 에로틱 사랑(the erotic)에 대한 관심이었다. 신률성이 자율성을 위배하지 않기에 그는 인간이 살아가는 데서 이 사랑이 중요함에도 불구하고 신학에서는 상실되어 추방된 주제로 전락되었다고 보았다. 그가 리비도를 인간의 죄업 본성과 연관시키려는 노력은 이 주제와 많은 연관이 있는데, 중요한 것은 이 사랑이 인간에게 창의성을 가져다 주기도 하지만 악마적인 주제도 되기 때문이었다. 셋째, 심리학이 정의하는 인간 자기(self)에 대하여 너무 많은 갈등을 강조하는 반면, 신학적 관점에서 가지는 자기(the self)가 현실의 일시적 존재를 초월하는 힘을 가진 것을 보지 못하고, 동시에 이 자기가 가지는 상실과 소외를 다루는 데 실패했다고 보고 있다(Rogers, 1985, p. 105).

주체와 객체가 만나는 곳에 인간의 실존적인 문제를 풀 수 있는 답이 있다는 틸리히의 신률적인 관점은 어쩌면 인간을 양극성의 균형과 상관관계론 방법에서 보려는 그의 신학구조와도 일치한다. 즉 우리가 이제껏 살펴본 인간의 실존상황, 특별히 근원적인 불안과 소외된 상태는 인간이 씨름해야 할 문제인 것은 분명하다. 그러나 인간이 이 문제에 대한 문제의식을 느끼고 있되 이 실존서 오는 근원적 불안의 해결은 인간이 해결하여 제공해 줄 수 있는 것의 문제는 아니다(Tillich, 1984, p. 63).

인간의 문제는 오히려 우리의 근원적 불안으로부터 탈출하려는 수많은 시도가 오히려 현대인들에게 심리적인 문제를 발생하게 된다. 그러나 현실에 발생하는 많은 심리적인 문제들은 그 현상을 통해 근원적인 인간의 불안을 직면해야 한다. 즉, 불안을 두려움으로 바꾸어 현실을 살아가는 사람은 유한한 것을 사랑하고 신격화를 시키는 과정을 통해서 심리적 대가를 치르고 있다. 유한한 것의 사랑과 신격화는 지속해서 인간이 자신들의 한계성을 느끼지 못하게 한다.

프로이트는 소원화된 인간이 바로 인간의 본질이며 참모습이라고 보았다. 현대 심리학은 본질로부터 소원화된 인간을 보기보다는 인간의 본질과 실존을 구분하지 않았다. 그러나 틸리히는 이것이 인간 본연의 모습이 아니라, 본질로부터 소외된 인간의 모습임을 말한다. 즉 중심된 자기의 상실로 인해 유한한 것과 무한 것을 혼용하는 것으로 본다. 다만 인간이 본질에 대한 연구가 아니라, 소외된 상태에 대한 씨름과 연구의 필요성을 말한다(Tillich, 1984, p. 67). 이러한 관점에서 틸리히는 당시의 심리학이나 실존주의가 인간의 소외와 씨름하는 영역으로 보았다.

자신의 본질로부터 소외되어 실존에 살아가는 인간은 자신이 가진 소외의 현상으로부터 스스로 치료가 될 수 없다는 사실을 안다. 그러나 본질에서 근원적인 연결을 하나님과 가지고 있는 인간은 새로운 피조물(New Being)로의 고대함이 인간을 초월하고, 인간이 있는 모습을 그대로 수용하는 하나님에 의해 발생한다고 생각한다. 그러기에 그가 말하는 신률성의 신학은 인간의 실존을 철저하게 보려는 몸부림과 인간 자체를 구원할 수 없으며, 모든 존재의 근원이 되고 인간을 부르고, 안아주는 하나님의 치료하는 힘(healing power)에 의해서만 가능하다고 생각한다(Tillich, 1984, pp. 84-85). 그런 하나님이 오늘날 우리를 다음과 같이 초대한다.

아무것도 당신에게 요구되는 것은 없다-하나님에 대한 생각, 당신의 선함, 당신이 종교적이어야 한다는 것, 당신이 기독교인이어야 한다는 것, 현명해야 한다는 것, 도덕적이어야 한다는 것. 다만 당신의 존재가 열려 있고, 당신에게 주어진 새로운 피조물을 수용하려는 것만 요구가 된다. (새로운 피조물은) 자신의 멍에는 쉽고, 짐은 가볍다고 말한 사랑과 정의와 진리의 존재이다(Tillich, 1976, p. 102).

참고문헌

임경수(2004). "A Pastoral Psychological Perspective on the Correlation between the Sacred and Midlife Identity." 한국기독교신학논총.

임경수(2007). 칼 융의 개성화과정과 중생에 대한 상담신학적 담론. 한국기독교상담학회지, 171-196.

임경수(2008). 신학자 폴 틸리히의 '중심된 자기'의 존재론적 양극성관점에서 본 기독교상담의 중요성. 한국기독교상담학회지, 335-262.

임경수(2009). 심리학과 신학에서 본 인간이해. 서울: 학지사.

임경수(2010). 신학자 폴 틸리히의 '죽음불안개념'에 대한 기독교상담신학적 통찰. 한국기독교상담학회지, vol. 19, 237-256.

임경수(2013). 인간발달이해와 기독교상담. 서울: 학지사.

임경수(2014). 실존주의적 관점에서 본 기독교상담자의 정체성. 한국기독교상담학회지, vol. 24, 167-188.

Adams, J. (1965). *Paul Tillich's Philosophy of Culture, Science and Religion*. New York: Harper & Row Publishers.

Adams, J. (1969). "On the Idea of a Theology of Culture." In J. Adams (Ed.). *What is Religion?* New York: Harper & Row.

Ashbrook, J. (1988). *Paul Tillich in Conversation: Psychotherapy, Religion, Culture, History, Psychology*. Wyndham Hall Press.

Bacal, H., & Newman, K. (1991). *Theories of Object Relations: Bridges to self psychology.* NewYork: Colombia University Press.

Becker, E. (1973). *The Denial of Death.* New York & London. The Free Press.

Berger, P. (1969). *A Rumor of Angels: Modern Society and the Rediscovery of the Supernatural.* New York: Doubleday & Company.

Berger, P. (1974). *Homeless Mind: Modernization and Consciousness.* New York: Vintage Book.

Berger, P. (1990) *The Sacred Canopy: Elements of a Sociological Theory of Religion.* New York: Anchor Books.

Berzoff, J. (1996). *Inside Out and Outside in: Psychodynamic Clinical Theory and Practice in Contemporary Multicultural Contexts.* London: Jason Aronson Inc.

Bowlby, J. (1961). *Child Care and the Growth of Love.* London: Penguin Books.

Browning, D. (1975). *Generative Man: Psychoanalytic Perspectives.* New York: Delta Press.

Brunner, E. (1954). *Our Faith.* New York: Charles Scribner's Sons.

Buber, M. (1979). *I and Thou.* New York: Charles Scribner's Sons.

Bulman, O. (1981). *A Blueprint of Humanity: Paul Tillich's Theology of Culture.* Bucknell University Press.

Capps, D. (1983). *Life Cycle Theory and Pastoral Care.* Philadelphia: Fortress Press.

Carey, J. (1978). *Kairos and Logos: Studies in the Roots and Implications of Tillich's Theology.* Macon. Ga: Mercer University Press.

Carey, J. (1984). *Theonomy and Autonomy: Studies in Paul Tillich's Engagement with Modern Culture.* Macon. Ga: Mercer University Press.

Clift, W. (1994). *Jung and Christianity.* New York: Crossroad.

Cooper, T. (2006). *Paul Tillich and Psychology*. Macon, Ma: Mercer University Press.

Dourley, J. (1981). *The Psyche as Sacrament: A Comparative Study C.G. Jung and Paul Tillich*. Inner City Book.

Dourley, J. (2008). *Paul Tillich, Carl Jung and the Recovery of Religion*. London/New York: Routledge.

Edinger, E. (1992). *Ego and Archetype*. New York & Boston. Shambala.

Eliade, M. (1987). *The Sacred and the Profane*. New York & London: Harcourt Brace.

Erikson, E. & Erikson, J. (1981). On Generativity and Identity: From a Conversation with Erik and Joan Erikson. *Harvard Educational Review*, 51:2.

Erikson, E. (1963). *Insight and Responsibility*. New York: Norton.

Erikson, E. (1977). *Toys and Reasons*. New York: Norton.

Erikson, E. (1980). *Identity and the Life Cycle*. New York: Norton.

Erikson, E. (1984). *The Life Cycle Completed*. New York & London: Norton.

Erikson, E. (1985). *Childhood and Society*. New York& London: Norton.

Fingarette, H. (1972). *Confucius: The Secular as Sacred*. New York: Harper & Row Publishers.

Freud, S. (1959). *Beyond the Pleasure Principle*. New York: Bantam Books.

Freud, S. (1961). *Civilization and Its Discontents*. New York: Norton and Company.

Freud, S. (1973). *Introductory Lectures on Psycho-Analysis*. SE. 16. London: Hogarth Press.

Fromm, E. (1956). *The Art of Loving*. New York: Harper & Row.

Gay, P. (1988). *Freud: A Life for Our Time*. New York: Norton & Company.

Gilkey, L. (1990). *Gilkey on Tillich*. New York: Crossroad.

Hammond, G. (1965). *Man in Estrangement: Paul Tillich and Erich Fromm Compared*. Vanderbilt University Press.

Holmes, J. (2005). John Bowlby, & Attachment Theory. 존 볼비와 애착이론. 서울: 학지사.

Jaques, E. (1965). 'Death and the Midlife Crisis' International Journal of Psychoanalysis 46, 502-515.

Jaques, E. (1981). 'The Midlife Crisis' in Greenspan,S. & Pollock, G. (eds). *The Course of Life* Vol. 3. Maryland: Mental Health Study Center.

Jung, C. (1977). *Collected Works, 7*. New Jersey: Princeton University Press.

Jung, C. (1979). *Word & Image. Bollingen Series XCVII:2.*. New Jersey: Princeton University Press.

Jung, C. (1981). *Collected Works, 11*. New Jersey: Princeton University Press.

Jung, C. (1981). *Collected Works, 8*. New Jersey: Princeton University Press.

Jung, C. (1989). *Memories, Dreams, Reflections*. New York: Vintage Books.

Jung, C. (1989). *World and Image*, Bollingen Series XCVII:2, Ed., Jaffe, A. (New Jersey: Princeton University Press).

Kegley, C. & Bretall, R. (1952). *The Theology of Paul Tillich*. New York: Macmillan Company.

Küng, H., (2003). 프로이트와 신의 문제. 서울: 하나의학사.

Kurzweil, E. (1989). *The Freudians: Comparative Perspective*. New Haven & London. Yale University Press.

LeFevre, P. (1977). *Understandings of Man*. Philadelphia: The Westminster Press.

Legge, J. (1971). *Confucius: Confucian Analects, The Great Learning & The Doctrine of the Mean*. New York: Dover Publications.

Levinson, D. (1978). *The Seasons of a Man's Life*. New York: Ballantine

Books.

Lifton, R. (1974). "The Sense of Immortality: On death and the Continuity of Life," in *Exploration in Psychiatry*. New York: Simon and Schuster.

Lim, J. (2000). *Male Midlife Crisis: Psychodynamic Interpretations, Theological Issues, Pastoral Interventions*. New York: University Press of America.

MacAdams, D. (1993). *Stories We Live By*. New York: William Morrow and Company.

Marron, M. (2000). Attachment and Interaction. 이민희 역(2005). 애착이론과 심리치료. 서울: 시그마프레스.

Martin, B. (1966). *Paul Tillich's Doctrine of Man*. Welwyn, Herts: James Nisbet & Co. Ltd.

May, R. (1973). *Paulus: Reminiscences of Friendship*. New York/London: Harper & Row Publishers.

May, R. (1988). *Paulus: Tillich as Spiritual Teacher*. Saybrook Pub.

Mayer, N. (1978). The Male Mid-life Crisis: Fresh Starts After 40. New York: Dobule Day & Company.

McAdams, D. (1993). *The Stories We Live By: Personal Myth and the Making of the Self*. New York: William Morrow and Company.

McKelway, A. (1964). *The Systematic Theology of Paul Tillich*. New York: A Delta Book.

Nelson, J. (1997). *The Intimate Connection*. Philadelphia: The Westminster Press.

Niebuhr, R. (1953). *The Nature and Destinty of Man I*. New York: Charles Scribners Sons.

O'meara, T. & Weisser, C. (1964). *Paul Tillich in Catholic Thought*. Dubuque, Iowa: The Priory Press.

Patton, J. (1993). *Pastoral Care in Context*. Philadelpia: Westmister John Knox Press.

Peck, S. (2000). *The Roadless Traveled*. New York: Touchstone.

Poling, J. (1991). *The Abuse of Power*. Nashiville: Abingdon Press.

Rennie, B. (1996). *Reconstructing Eliade: Making Sense of Religion*. New York: Stage University of New York Press.

Roberts, D. (1952). 'Tillich's Doctrine of Man' in *Theology of Paul Tillich*. New York: The Macmillan Company.

Rogers, C. (1990). *A Way of Being*. Boston: Houghton Mifflin Company.

Rogers, W. (1985). "Tillich and Depth Psychology" in *The Thought of Paul Tillich*, eds. Adams, J. Pauck, W, Shinn, R. San Francisco: Harper & Row.

Schilauch, C. (1990). "Empathy as the Essence of Pastroal Psychotherapy". *The Journal of Pastoral Care XLIV*(Spring).

Schur, M. (1972). *Freud: Living and Dying*. New York: International Universities Press.

Snowden, R. (2007). *Freud*. Balcklick: McGraw-Hill.

St. Clair, M. (1996). *Object Relations and Self Psychology*. New York: Borroks/Cole Publishing Company.

Stenger, M. & Stone, R. (2002). *Dialogues of Paul Tillich*. Mercer University Press.

Steinberg, L., & Beslky, J. (1991). *Infancy Childhood & Adolescence: Development in context*. New York: MoGraw-Hill.

Tillich, P. (1936). *The Interpretation of History*. New York: Charles Scribner's Sons.

Tillich, P. (1948). *Protestant Era*. Chicago: The University of Chicago Press.

Tillich, P. (1951). *Systematic Theology* Vol. 1, Chicago: The University of Chicago Press.

Tillich, P. (1952). *Systematic Theology* Vol. 2, Chicago: The University of Chicago Press.

Tillich, P. (1953). *Courage to Be*. New Haven: Yale University Press.

Tillich, P. (1953). *The Protestant Era*, trans. Adams, L. Chicago: University of Chicago.

Tillich, P. (1954). *Love Power and Justice: Ontological Analyses and Ethical Applications.* London, New York: Oxford University Press.

Tillich, P. (1955). *Biblical Religion and the Search for Ultimate Reality.* Chicago: University of Chicago Press.

Tillich, P. (1955). *The New Being.* New York: Charles Scribner's Sons.

Tillich, P. (1956). *Systematic Theology* Vol. 3. Chicago: University of Chicago Press.

Tillich, P. (1956). *The Religious Situation.* New York: Living Age Books.

Tillich, P. (1957). *Dynamics of Faith.* New York: Harper & Brothers.

Tillich, P. (1958). "Psychoanalysis Existentialism and Theology" in *Pastoral Psychology* 87.

Tillich, P. (1959). *Theology of Culture.* ed. Kimball, R. London, New York: Oxford University.

Tillich, P. (1962). *The Eternal Now.* New York: Charles Scribners' Sons.

Tillich, P. (1963). *Christianity and the Encounter of World Religion.* New York: Columbia University Press.

Tillich, P. (1963). *Morality and Beyond.* Kentucky: Westminster John Know Press.

Tillich, P. (1963). *Systematic Theology III.* Chicago: University of Chicago.

Tillich, P. (1965). *The Future of Religion.* New York: Harper & Row, Publishers.

Tillich, P. (1966). *On the Boundary.* New York: Charles Scribner's Sons.

Tillich, P. (1968). *A History of Christian Thought.* ed. Braten, C. New York: A Touchstone Book.

Tillich, P. (1969). *What is Religion.* trans. Adams, L. New York/London: Harper & Row Publishers.

Tillich, P. (1971). *Political Expectation.* Macon. Ga: Mercer University Press.

Tillich, P. (1976). *The Shaking of the Foundations.* New York: Charles Scribner's Sons.

Tillich, P. (1981). *The Meaning of Health: The Relations of Religion and Health*. Richmond: North Atlantic Books.

Tillich, P. (1984). *The Meaning of Health*. Chicago: The Exploration Press.

Tillich, P. (1987). *The Essential Tillich: An Anthology of the Writings of Paul Tillich*. Chicago: University of Chicago.

Tillich, P. (1988). *The Spiritual Situation in Our Technological Society*, Georgia: Mercer University Press.

Tillich, P. (1990). *The Encounter of Religion and Quasi-Religions*. Lewiston/Queenston/Lampeter: The Edwin Mellen Press.

Tillich, P. (1996). T*he Irrelevance and Relevance of the Christian Message*. Cleveland, Ohio: The Pilgrim Press

Tillich, P. (2006). 존재의 용기(*Courage to Be*). 서울: 예영커뮤니케이션.

Tolstoy, L. (1965). *My Confession My Religion The Gospel in Belief*. New York. Charles Scribner.

Tolstoy, L. (1967). *Great Short Works of Leo Tolstoy*. New York. Harper & Low.

Tourier, P. (2013). 인간의 자리(*The Place of Man*). 서울: 눈.

Wallin, D. (2012). 애착이론과 심리치료(*Attachment in Psychotherapy*). 서울: 학지사.

Wei-ming, T. (1978). "The Confucian Perception of Adulthood" in *Adulthood*. New York. Norton Company.

Wei-ming, T. (1985). *Confucian Thought: Selfhood and Creative Transformation*. New York. State University of New York Press.

Wei-ming, T. (1989). *Centrality and Commonality: An Essay on Confucian Religiousness*. New York. State University of New York Press.

Wilhelm, R. (2002). 프로이트(Sigmund Freud). 서울: 시공사.

Winnicott, D. (1975). *The Maturational Process and the Facilitating Environment*. London Press.

Wright,E. (1982). *Erikson, Identity and Religion*. New York: The

Westminster Press/Seabury Press.

Yalom, I. (1990). *Existential psychotherapy*, New York: Basic Book.

Yalom, I. (2013). 실존주의 심리학(*Existential Psychotherapy*). 서울: 학지사.

Young-Eisendrath, P., & Hall, J. (1991). *Jung's Self Psychology: A Constructive Perspective*. New York & London: The Guilford Press.

Yut, F. (2009). *The Ecotheology of Paul Tillich: Spiritual Roots of Environmental Ethics*. Santa Barbara: Barred Owl Books.

찾아보기

[인명]

[내용]

저자 소개

임경수(Lim Kyungsoo)

계명대학교 인문국제대학 교수. 시카고 신학대학에서 기독교상담전공으로 박사학위(Ph. D.)를 받았다. 수학기간 중 노스웨스턴 대학교, 시카고 대학교, 시카고 칼 융 연구소에서 심리학을 공부하고, 노스웨스턴 대학병원에서 임상실습을 하였다. 계명대학교 교목실장과 연합신학대학원 원장을 역임하였으며, 한국기독교상담학회회장(2018. 6.~2020. 5.), 한국목회상담협회 감독회원, 아동/놀이치료수련감독, 한국가족문화상담협회 수련감독 등 다양한 활동을 하고 있다.

[대표 저서]
오후수업: 중년 리모델링(시그마프레스, 2016)
죽음불안과 발달심리학(계명대학교출판사, 2015)
애착이론과 역기능 발달 상담(학지사, 2014)
심리학이 모르는 기독교(학지사, 2013)
인간발달 이해와 기독교 상담(2판, 학지사, 2013)
심리학과 신학에서 본 인간 이해(학지사, 2009)
인생의 봄과 가을: 중년의 심리이해와 분석(학지사, 2005)
Male Mid-life Crisis: Psychological Dynamics, Theological Issues, and Pastoral Interventions(New York · Oxford: University Press of America, 2000)

[대표 역서]
하나님의 방법으로 훈육하라(CUP, 2011)
실존주의 심리치료(학지사, 2007)

폴 틸리히의 인간이해와 기독교상담신학
Paul Tillich's Understandings of Human being
and Christian Therapeutic Theology

2018년 9월 20일 1판 1쇄 발행
2019년 9월 20일 1판 2쇄 발행

지은이 • 임경수
펴낸이 • 김진환
펴낸곳 • (주) **학지사**

　　　　04031 서울특별시 마포구 양화로 15길 20 마인드월드빌딩
대표전화 • 02)330-5114　　　팩스 • 02)324-2345
등록번호 • 제313-2006-000265호

홈페이지 • http://www.hakjisa.co.kr
페이스북 • https://www.facebook.com/hakjisabook

ISBN 978-89-997-1608-9 93180

정가 15,000원

이 도서의 국립중앙도서관 출판시도서목록(CIP)은 서지정보유통지
원시스템 홈페이지(http://seoji.nl.go.kr)와 국가자료공동목록시스템
(http://www.nl.go.kr/kolisnet)에서 이용하실 수 있습니다.
(CIP 제어번호: CIP2018028592)

출판 · 교육 · 미디어기업 **학지사**

간호보건의학출판 **학지사메디컬** www.hakjisamd.co.kr
심리검사연구소 **인싸이트** www.inpsyt.co.kr
학술논문서비스 **뉴논문** www.newnonmun.com
원격교육연수원 **카운피아** www.counpia.com